Wolfgang Männel

Entwicklungsperspektiven
der Kostenrechnung

W0234139

Wolfgang Männel

Entwicklungsperspektiven der Kostenrechnung

**Integriertes Rechnungswesen,
Ergebniscontrolling, Kostenmanagement und neue
Kostenrechnungskonzepte, Plankostenrechnung,
Prozeßkostenrechnung und Deckungsbeitragsrechnung,
Produktkostenpolitik und konstruktionsbegleitende Kalkulation,
Steuerung und Verrechnung von Entwicklungskosten**

Verlag der GAB
Gesellschaft für angewandte Betriebswirtschaft
Lauf a. d. Pegnitz
1999

Männel, Wolfgang

Entwicklungsperspektiven der Kostenrechnung
Wolfgang Männel
Lauf an der Pegnitz: Verlag der GAB
(Schriften zur Betriebswirtschaftslehre)
NE: Wolfgang Männel
5. Auflage 1999

ISBN-3-927878-37-5

Verfasser

Dipl.-Kfm. Dr. rer. pol. Wolfgang Männel
ord. Professor der Betriebswirtschaftslehre
Direktor des Betriebswirtschaftlichen Instituts
der Friedrich-Alexander-Universität Erlangen-Nürnberg

Verlag und Druck

(c) Verlag der GAB Gesellschaft für angewandte Betriebswirtschaft mbH
D-91207 Lauf an der Pegnitz, Peter-Henlein-Straße 15

Druck: Rosch-Buch, 96110 Scheßlitz

ISBN 3-927878-37-5

Für die Herstellung dieses Druckerzeugnisses wurden ausschließlich holzfreie, chlorfrei gebleichte,
voll recyclingfähige, umweltfreundliche Materialien (Karton und Papier) verwandt.

Vorwort

Die Kostenrechnung entwickelte sich in den zurückliegenden Jahrzehnten hauptsächlich als Instrument zur Ermittlung kostenmäßiger Preisuntergrenzen. Sie diente insofern primär der kostenmäßigen Absicherung der Preispolitik. Hierfür wurden einerseits die Betriebsabrechnung und andererseits die Kalkulation immer weiter ausgebaut und verfeinert. Mit der vorrangigen Ausrichtung auf die Kalkulationsfunktion wird die Kostenrechnung der an sie gestellten Anforderung, als Führungsinstrument zu dienen, jedoch nicht gerecht. Zur Unterstützung des Controlling muß die Kostenrechnung Informationen für eine breite Palette an Rechnungszwecken zur Verfügung stellen. Um diesem Anliegen nachzukommen, vollzog und vollzieht sich die Weiterentwicklung der Kostenrechnung zum Führungsinstrument auf mehreren Ebenen.

Vergangenheitsbezogene Betriebsabrechnungen und Nachkalkulationen werden von modernen Konzepten der Plankostenrechnung abgelöst. Die kostenstellenbezogene, auf Bezugsgrößen abstellende Kostenplanung sowie Plankalkulationen gehen der Istkostenerfassung voraus und ermöglichen Plan-Soll-Ist-Vergleiche für das Kostencontrolling. Das Rechnen mit Umlagen und Zuschlägen wird konsequent in diesem Zusammenhang durch eine prozeßorientierte Kostenrechnung abgelöst. Es gilt, das unternehmensinterne Prozeßgeflecht, den Beziehungszusammenhang zwischen Ressourcen, Prozessen und Produkten, möglichst detailliert aufzudecken. In diesem Sinne wird schon seit langem der Ausbau der Leistungsrechnung gefordert. Die Prozeßkostenrechnung stellt sich im Kern als eine ausdrücklich leistungsbezogene Rechnung und von daher als wichtiger Bestandteil des unternehmensindividuell aufzubauenden kostenrechnerischen Gesamtkonzepts dar.

Die Integration des prozeßkostenrechnerischen Gedankengutes sollte nicht unkritisch und auch unter Verzicht auf eine planmäßig-analytische Kostenauflösung erfolgen. Die Verbindung von Prozeßkostenrechnung, Grenzplankostenrechnung und Deckungsbeitragsrechnung ist sicherzustellen. Für das Ergebniscontrolling werden nach Produkten, Kunden, Märkten und anderen Strukturen differenzierende Deckungsbeitragsrechnungen aufgebaut. Als stufenweise, retrograde Fixkostendeckungsrechnungen sind sie speziell für Unternehmen mit Geschäftsfeld- und Spartenorganisation wertvoll. Darüber hinaus machen Methodiken der frühzeitigen, entwicklungs- und konstruktionsbegleitenden Produktkalkulation und Produkterfolgsrechnung die Kostenrechnung zu einem effektiven Führungsinstrument, da sie davon ausgehen, daß die Einflußnahmemöglichkeiten auf Kosten, Erlöse und Erfolge in den frühen Phasen der Produktentstehung am grössten ist. Die konzeptionelle Entwicklung und instrumentelle Unterstützung produktlebenszyklusbezogener Kosten-, Erlös- und Ergebnisrechnungen wird forciert. Das trägt dem Anstieg und der Bedeutung von Vorleistungs- und Nachleistungskosten Rechnung. Lebenszyklusrechnungen werden wie erzeugnisspezifische Amortisationsrechnungen aufgebaut und bilden die Produkte als Investitionen ab.

Die nicht nur in industriellen Unternehmen stetig fortschreitende Technisierung prägt das Aufgabenspektrum der Kostenrechnung in besonderer Weise. Zunehmend kommt es darauf an, für eine hohe Auslastung und Verfügbarkeit fixkostenintensiver Ressourcen Sorge zu tragen. Außer der Fixkostensteuerung erlangt die ergebnisorientierte Optimierung der Auslastung hochtechnisierter Potentiale zunehmend an Bedeutung. Folgerichtig ist das Kostenmanagement konzeptionell geschlossen mit dem Leistungs- und Ressourcenmanagement zu verbinden. Da sich nicht zuletzt im Zusammenhang mit der Technisierung das Innovationspotenial und die Innovationsgeschwindigkeit immer mehr als entscheidende Wettbewerbsfaktoren herauskristallisieren, intensivieren Unternehmen ihre Forschungs- und Entwicklungsaktivitäten. Wegen des vielfach zu verzeichnenden Anstiegs der Forschungs- und Entwicklungskosten wird es immer wichtiger, diese sowohl kostenstellenbezogen zu planen, zu erfassen und zu kontrollieren und parallel dazu auch ein Projektcontrolling zu etablieren.

Ein zentrales Aufgabenfeld des Unternehmenscontrolling ist auch das Ergebniscontrolling. Für eine differenzierende Steuerung des Ergebnisses benötigen Unternehmen eine integrierte Kosten- und Betriebsergebnisrechnung. Dies erfordert ein das Rechnen mit Nettoergebnissen ergänzendes, auf den Erkenntnissen der Deckungsbeitragsrechnung aufbauendes Konzept. Für die Zwecke des Ergebniscontrolling ist zudem eine konsequente periodenbezogene Planung von Betriebsergebnissen erforderlich. Für ein konzeptionell geschlossenes Ergebniscontrolling wird in letzter Zeit zunehmend die Forderung nach einer Annäherung der Rechenkreise des internen und externen Rechnungswesen erhoben. Insbesondere sind Differenzen zwischen Betriebsergebnis und GuV-Ergebnis für das Ergebniscontrolling interpretierbar zu machen. Die vorliegende Schrift stellt inhaltlich vorrangig auf die zuvor angesprochenen Entwicklungsperspektiven und -schwerpunkte der Kosten- und Ergebnisrechnung ab.

Im Vergleich zur 4. Auflage wurde der 1. Abschnitt zur Harmonisierung des Rechnungswesens vollständig neu geschrieben. Dabei sind insbesondere die mit der Internationalisierung der Rechnungslegung verbundenen Anforderungen berücksichtigt worden.

Wolfgang Männel

Teil 1:
Integriertes Rechnungswesen, Teilkostenrechnung und Deckungsbeitragsrechnung

Teil 2:
Kostenmanagement, Erfolgsmanagement und frühzeitige Produktkostenkalkulation

Teil 3:
Kostenrechnung für moderne Technologien, Ressourcencontrolling und Leistungscontrolling

8. Prozeßorientiertes Ressourcencontrolling 181

9. Planung, Kontrolle und Verrechnung von Forschungs- und Entwicklungskosten 187

Literaturverzeichnis 199

Harmonisierung des Rechnungswesens
für ein integriertes Ergebniscontrolling

1. Problemfelder des traditionellen Zweikreis-Konzeptes

Die meisten deutschen Unternehmen gestalten ihr Rechnungswesen als **Zwei-kreissystem** aus, derart, daß die Kostenrechnung als weitgehend separater Rechenkreis fungiert. Dies gilt vor allem für größere Betriebe. Zur Entwicklung solcher Zweikreissysteme kam es insbesondere deshalb, weil sich die zumindest früher vorrangig auf die Preiskalkulation ausgerichtete Kostenrechnung immer weiter von der Aufwandsrechnung des GuV-Rechenkreises entfernte. Zu dieser Separierung von internem und externem Rechnungswesen hat zweifelsfrei auch der Einfluß steuerrechtlicher Regelungen auf die handelsrechtlichen Jahresabschlüsse beigetragen, der eine deutsche Besonderheit darstellt, welche sich international keineswegs durchgesetzt hat. In der deutschsprachigen Betriebswirtschaftslehre hat das Zweikreissystem jedoch eine weit zurückreichende Tradition[1].

Die ehemals vorrangig auf die Selbstkosten-plus-Gewinnzu-schlags-Kalkulation ausgerichtete Kostenrechnung zielte von Anfang an darauf ab, spezielle **Kostendeckungsvorgaben** vor allem für die Preiskalkulation festzulegen, die sich mehr und mehr von der bilanziellen Aufwandsrechnung lösten. Während der vom **Nominalprinzip** geprägte Jahresabschluß nur periodisch erfolgswirksame Ausgabenteile als Aufwand erfaßt, bewirkt der auch heute noch vorherrschende **wertmäßige Kostenbegriff**, daß in die Kostenrechnung auch Kosten eingehen, denen keine adäquaten Aufwendungen oder aber zumindest in ihrer Höhe anders veranschlagte Aufwendungen gegenüberstehen. So gesehen ist vor allem das **Rechnen mit kalkulatorischen Zusatzkosten und Anderskosten** ein wichtiger Grund für die konzeptionelle Loslösung der Kostenrechnung von der zum Jahresabschluß hinführenden Aufwandsrechnung[2].

Der Ansatz kalkulatorischer Zusatz- und Anderskosten geht vor allem auf das **öffentliche Preisrecht** zurück[3]. Dessen Regelungen zielen darauf ab, durch eine vom betriebsnotwendigen Vermögen und betriebsnotwendigen Kapital ausgehende gesamtkapitalbezogene Veranschlagung kalkulatorischer Zinsen die Unternehmensfinanzierung aus der kostenrechnerischen Diskussion zu eliminieren und insofern unterschiedlich finanzierte Unternehmen direkt vergleichbar zu machen. Demnach sah das öffentliche Preisrecht von Anfang an auch den kostenrechnerischen Ansatz von kalkulatorischen Unternehmerlöhnen und Eigenmieten vor. Die **Theorie des Rechnens mit Opportunitätskosten** folgte dieser Auffas-

---

[1] Vgl. **Arbeitskreis Internes Rechnungswesen der Schmalenbach-Gesellschaft – Deutsche Gesellschaft für Betriebswirtschaft**: Interne Unternehmensrechnung... (1999), S. 2.
[2] Vgl. zum Rechnen mit kalkulatorischen Kosten u. a. **Coenenberg, A. G.**: Kostenrechnung und Kostenanalyse... (**1999**), S. 59.
[3] Vgl. **Ebisch, H. – Gottschalk, J.**: Preise und Preisprüfungen... (**1994**), S. 431 ff.

sung und legitimierte dadurch ein solches Umdefinieren von Gewinnelementen in Kostenelemente.

Das öffentliche Preisrecht sah ursprünglich auch eine **Ableitung kalkulatorischer Abschreibungen von Wiederbeschaffungs- bzw. Tagesneuwerten** vor[4]. Die meisten Lehrbücher zur Kostenrechnung tendieren auch heute noch zu einer solchen Festlegung kalkulatorischer Abschreibungen, die über die Amortisation des ursprünglich für Investitionen eingesetzten Kapitals hinaus auch einen Innenfinanzierungseffekt zur Schließung inflatorischer Lücken sicherstellen soll. In dieser Grundausrichtung folgt die Kostenrechnung dem **güterwirtschaftlichen Gewinnbegriff**, der inflationsbedingte Scheingewinne ausklammert.

Die betriebswirtschaftliche Theorie der Kostenrechnung und die Kostenrechnungspraxis sind sehr stark von den Grundprinzipien des öffentlichen Preisrechts geprägt. Die Fachliteratur argumentiert dahingehend, daß sich die Kostenrechnungssysteme wegen ihrer spezifischen **Kostenrechnungszwecke** doch deutlich von den für die bilanzielle Aufwandsrechnung relevanten Grundregeln lösen sollten. Die beiden Rechenkreise des Rechnungswesens folgen allein schon aus diesem Grund **zwei verschiedenen Erfolgskonzeptionen**. Während die bilanzielle Rechnungslegung auf die **Nominalkapitalerhaltung** ausgerichtet ist, folgt die von der Kostenrechnung ausgehende innerbetriebliche Betriebsergebnisrechnung meistens der Konzeption der **Substanzerhaltung**.

Es ist völlig unbefriedigend, daß das unternehmensinterne Rechnungswesen einer anderen Gewinnkonzeption folgt als das vom Handelsrecht geprägte bilanzielle Rechnungswesen. Diese vom traditionellen Zweikreissystem geprägte **Divergenz der Erfolgskonzeptionen des internen und des externen Rechnungswesens** verursacht nicht nur Abstimmungsprobleme, sondern steht einem insgesamt durchgängigen Ergebniscontrolling grundsätzlich im Wege. Es fällt schwer, den externen Bilanzadressaten das Zustandekommen des bilanziellen Jahreserfolges näher zu erklären, wenn die unternehmensinterne Kostenrechnung und die darauf aufbauende Betriebsergebnisrechnung auf eine **substantiell andere Gewinnkonzeption** abstellt. Diese Divergenzproblematik und die daraus resultierende Intransparenz gilt es zu überwinden.

In diesem Zusammenhang ist auch darauf zu achten, daß die von der Kostenrechnung ausgehende innerbetriebliche Betriebsergebnisrechnung auch deshalb regelmäßig einem anderen Kostenbegriff folgt, weil nach herrschender Lehre **Fremdkapitalzinsen** generell als **Kostenelement** gelten, während das handelsrechtliche Betriebsergebnis als wesentliche Komponente des Ergebnisses aus gewöhnlicher Geschäftstätigkeit nur als **Kapitalverwendungsergebnis** vor Fremdkapitalzinsen definiert ist[5]. Dieses sehr bedeutsame Faktum wird erstaunlicherweise nur selten thematisiert, die unterschiedliche Behandlung der Fremdkapitalzinsen zählt aber doch zu den Phänomenen, die insgesamt für die Divergenzen zwischen externem und internem Rechnungswesen ausschlaggebend sind.

---

[4]   Vgl. **Ebisch, H. – Gottschalk, J.**: Preise und Preisprüfungen... **(1994)**, S. 433.
[5]   Vgl. **Coenenberg, A. G.**: Jahresabschluß und Jahresabschlußanalyse... **(1997)**, S. 308.

Meist folgt das innerbetriebliche Rechnungswesen auch einer anderen **Bestandsbewertungs-Konzeption**. Hinsichtlich des handelsrechtlichen Jahresabschlusses eröffnet das HGB zwar den bilanzierenden Unternehmen die Wahlrechte des § 255 HGB, doch entscheidet sich die Praxis meist für eine Bewertung unfertiger und fertiger Erzeugnisse zu deren **vollen Herstellungskosten**, weil man auf eine für die Steuerbilanz und für die Handelsbilanz einheitliche Bewertungskonzeption achtet. So gesehen prägt die Mußvorschrift des Abschnitts 33 EstR, die ausdrücklich eine Bewertung zu vollen Herstellungskosten vorsieht, sehr häufig auch die Bestandsbewertung der Handelsbilanz. Demgegenüber richten die meisten Unternehmen die Bewertung ihrer Bestände an unfertigen und fertigen Erzeugnissen im innerbetrieblichen Rechnungswesen regelmäßig auf die jeweils relevante Erfolgskonzeption ihres internen Rechenkreises aus. Die auf die Vollkostenrechnung abstellenden Unternehmen bewerten ihre Halbfertigwaren und Fertigwaren zu **vollen Herstellkosten**. Die den Grundprinzipien der Deckungsbeitragsrechnung folgenden Betriebe bewerten ihre unfertigen und fertigen Produkte zu **proportionalen Herstellkosten**[6]. Die so begründete Divergenz der Bestandsbewertungs-Konzeptionen verstärkt die separierenden Wirkungen des Zweikreissystems.

Die Unternehmen, denen eine ausdrücklich marktorientierte Ergebnissteuerung wichtig ist, werden ihre differenzierende Betriebsergebnisrechnung regelmäßig nach den **Grundsätzen der Deckungsbeitragsrechnung** gestalten. Sie werden die unbestrittenen Vorteile der **Gewinnschwellenanalyse** nutzen und demzufolge ihren Periodengewinn als jenen Überschuß definieren, der letztlich verbleibt, wenn von den aufsummierten Deckungsbeiträgen sämtliche unternehmensspezifischen Fixkosten in Abzug gebracht wurden. Es ist sehr zweckmäßig, das Zustandekommen des Periodenerfolgs auf diese Weise zu erklären, denn nur nach diesem Konzept lassen sich die bedeutsamen **Erfolgsfaktoren** gut darstellen. Wer sich kompromißlos an den Grundprinzipien der Deckungsbeitragsrechnung orientiert, kann das **Entstehen von Erfolgsveränderungen** schlüssig erklären, da er den Einfluß von Volumeneffekten, Veränderungen des Erlösniveaus, Veränderungen der proportionalen und der fixen Kosten und vor allem Sales-Mix-Verschiebungen genau beurteilen kann. Differenzierende Deckungsbeitragsrechnungen machen die Auswirkungen von diesen **controllingrelevanten Erfolgsfaktoren** transparent. Da das zum Jahresabschluß hinführende externe Rechnungswesen eher nach **Aufwandsarten**, nicht aber nach **Aufwandskategorien** (im Sinne einerseits volumenabhängiger und andererseits volumenunabhängiger Aufwendungen) differenziert, erklärt dieser bilanzielle Rechenkreis das Zustandekommen des Unternehmenserfolges auf andere Weise entweder im Sinne des Gesamtkostenverfahrens oder im Sinne des Umsatzkostenverfahrens.

Die eher kleineren Industrie- und Dienstleistungsbetriebe konzipieren ihre Gewinn- und Verlustrechnung regelmäßig deshalb nach dem **Gesamtkostenverfahren (GKV)**, weil sie nicht über einen letztlich konzeptionell geschlossenen internen Rechenkreis verfügen. Insofern ermitteln sie ihren Jahresüberschuß durch

---

[6]   Vgl. **Kilger, W.**: Flexible Plankostenrechnung und Deckungsbeitragsrechnung... (**1993**), S. 818.

Gegenüberstellung von Gesamtkosten und Gesamtleistung. In diesem Fall wird die Aufwandsstruktur nach Material-, Personalaufwendungen und Abschreibungen differenziert dargestellt. Demgegenüber sind die eher größeren Unternehmen, deren innerbetriebliches Rechnungswesen konzeptionell geschlossen ist, deshalb in einer günstigeren Position, weil sie nach dem aussagefähigeren und deshalb bei ausgebauter Kostenrechnung stets zu präferierenden **Umsatzkostenverfahren (UKV)** von den Umsatzerlösen die auf die abgesetzten Leistungen entfallenden Vertriebskosten sowie die diesbezüglich anteilig zu veranschlagenden Herstellungskosten in Abzug bringen und diese getrennt ausweisen können. In diesem Fall werden die Aufwendungen nach Funktionalbereichen differenziert und ausgewiesen.

Nach dem **Umsatzkostenverfahren** aufgebaute Gewinn- und Verlustrechnungen sind aber regelmäßig trotzdem keine von den Umsatzerlösen ausgehenden Deckungsbeitragsrechnungen, weil sie in der Regel **keine Trennung fixer und proportionaler Herstellungskosten** vorsehen. Prinzipiell lassen die sich aus § 255 HGB ergebenden Wahlrechte zur Voll- bzw. Teilkostenbewertung zwar durchaus eine Rechnungslegung nach dem Konzept der Deckungsbeitragsrechnung zu, doch wird dieser Weg in der Praxis wegen der meist priorisierten Abstimmung von Handelsbilanz und Steuerbilanz äußerst selten beschritten. Es läßt sich daher nicht leugnen, daß das innerbetriebliche Rechnungswesen das Zustandekommen des Unternehmenserfolgs anders erklärt als die externe Rechnungslegung. Diese gravierende Divergenz kann deshalb nicht befriedigen, weil das Rechnungswesen in seiner Gesamtheit generell ein **durchgängiges Verfolgen der relevanten Erfolgsgrößen** erlauben sollte. Die an einer ergebnisorientierten Unternehmensführung interessierten Informationsempfänger sollten eine in sich stimmige, für alle Beteiligten gleichermaßen nützliche und insofern **integrierend wirkende Kommunikationsbasis** erhalten. Idealerweise sollten demnach alle ergebnisrelevanten Informationen in einem Einkreissystem geführt und zusammengestellt werden.

2. Internationalisierung der Rechnungslegung als Herausforderung

Deutsche Unternehmen haben ihre externe Rechnungslegung im Sinne des handelsrechtlichen Jahresabschlusses bislang ausschließlich auf die **Vorschriften des Handelsgesetzbuches (HGB)** ausgerichtet und insofern ihr Betriebergebnis gemäß § 275 HGB neben dem Finanzergebnis als wichtigste Komponente des Ergebnisses aus laufender Geschäftstätigkeit ausgewiesen. Diese handelsrechtlichen Regelungen basieren zwar auf dem **Prinzip der periodengerechten Erfolgsermittlung**, doch werden sie gleichzeitig sehr stark von dem für Handelsbilanzen besonders bedeutsamen **Vorsichtsprinzip** geprägt.

Dieser Einfluß des Vorsichtsprinzips wirkt sich vor allem dahingehend aus, daß die für selbst geschaffene (originäre) immaterielle Potentiale getätigten Ausgaben nicht aktiviert und sodann auf die Teilperioden der Nutzungsdauer verteilt werden dürfen, sondern direkt (jeweils in voller Höhe) aufwandswirksam abgeschrieben werden müssen. Das deutsche Handelsrecht regelt auch, daß Erlöse erst dann ausgewiesen werden dürfen, wenn die hergestellten Produkte den Abnehmern übergeben wurden und wenn die Kunden sodann auch die Gefahr eines möglicherweise zufälligen Untergangs der betreffenden Objekte tragen. Das so ausgelegte **Realisationsprinzip** verschiebt daher den Erfolgsausweis auf jenen Zeitpunkt, zu dem Forderungen (Debitoren) entstehen. Andererseits sind aber **drohende Verluste aufgrund noch schwebender Geschäfte** schon dann erfolgsmindernd zu bilanzieren, wenn sie sich abzeichnen und erkennbar sind. Diese handelsrechtlichen Prinzipien der Erfolgsermittlung werden meist auch dem internen Rechnungswesen zugrunde gelegt. Demnach bestehen insoweit – mit Ausnahme der bilanziellen Rückstellungen für drohende Verluste aus schwebenden Geschäften - regelmäßig keine Divergenzen zwischen dem externen Rechnungswesen einerseits und der Kostenrechnung und Betriebsergebnisrechnung andererseits.

Die sich zur Globalisierung weiterentwickelnde **Internationalisierung der Geschäftsbeziehungen** konfrontiert die bilanzierenden Unternehmen in zunehmendem Maße mit anderen, vom deutschen Handelsrecht abweichenden Prinzipien der Rechnungslegung. Denn die Internationalisierung der Geschäftsbeziehungen betrifft mehr und mehr auch die **Investitionstätigkeit**, die **Unternehmensfinanzierung** und darüber hinaus auch das **Eingehen von Beteiligungen**, das **Bilden strategischer Allianzen** oder sogar die **Übernahme ganzer Unternehmen**. Deshalb wird es für die deutsche Wirtschaft immer bedeutsamer, auch auf internationalen Kapitalmärkten zu agieren. Dies führt zwangsläufig zu einer Internationalisierung der bilanziellen Rechnungslegung.

Unternehmen, die sich auf internationalen Kapitalmärkten bewegen, werden vor allem mit den **United States Generally Accepted Accounting Principles (US-GAAP)** und mit den **International Accounting Standards (IAS)** konfrontiert[7]. Deshalb kommt es auch immer mehr dazu, daß parallel zum handelsrechtlichen Jahresabschluß auf die US-GAAP bzw. auf die IAS ausgerichtete Bilanzen erstellt werden. Eine Reihe größerer Unternehmen erstellt schon heute einen Konzernabschluß nach IAS oder US-GAAP, meist derart, daß eine Überleitungsrechnung vom HGB-Konzernabschluß zu einem Jahresabschluß nach internationalem Recht hinführt. Die Öffnungsklausel des Kapitalaufnahmeerleichterungsgesetzes macht es möglich, daß börsennotierte deutsche Muttergesellschaften einen **befreienden IAS-Abschluß** aufstellen[8].

Diese primär das externe Rechnungswesen betreffenden, diesbezüglich aber höchst aktuellen Entwicklungen, werden zwangsläufig eine **Annäherung von internem und externem Rechnungswesen** zur Folge haben, denn sie tangieren die Rechnungslegung speziell deshalb, weil die einschlägigen Erfolgskonzeption

---

[7] Vgl. **Busse von Colbe, W.**: Zur Anpassung der Rechnungslegungsnormen...(**1995**), S. 373 ff.
[8] Vgl. **Arbeitskreis Internes Rechnungswesen der Schmalenbach-Gesellschaft - Deutsche Gesellschaft für Betriebswirtschaft**: Interne Unternehmensrechnung (**1999**), S. 71.

der US-GAAP und auch der IAS ihrerseits in mehrfacher Hinsicht grundlegend von handelsrechtlichen Normen abweichen. **Abbildung 1** informiert über diese Divergenzen. Wie sich dieser Übersicht im einzelnen entnehmen läßt, erheben die US-GAAP und die IAS den Grundsatz der **periodengerechten Erfolgsermittlung** zum eindeutig dominierenden Prinzip der bilanziellen Rechnungslegung. Diesem Grundsatz folgen auch die einzelnen in den IAS und US-GAAP kodifizierten Ansatz- und Bewertungsvorschriften. Demnach sind auch die für **originäre immaterielle Potentiale** verausgabten Beträge zu aktivieren und planmäßig abzuschreiben. Die Bewertung unfertiger und fertiger Erzeugnisse ist auf den **Ansatz voller Herstellungskosten** ausgerichtet. Das Realisationsprinzip stellt auf den **Zeitpunkt der Fertigstellung** ab und erlaubt den Betrieben mit langfristiger Fertigung auch eine Bilanzierung nach der **Percentage of Completion-Methode**.

Da die internationalen Kapitalmärkte den Erfolg der Wirtschaftsunternehmen vorrangig anhand der US-GAAP- bzw. IAS-Kriterien beurteilen, nimmt der Einfluß der einschlägigen Erfolgskonzeptionen zu. Dies stellt die Harmonisierung des Rechnungswesens vor neue Anforderungen. Es kommt mehr und mehr darauf an, daß die unternehmensintern **nach Produkten, Kunden und Märkten differenzierende Ergebnisrechnung** möglichst weitgehend mit den Prinzipien der internationalen Rechnungslegung korrespondiert. Die Integration von externem und internem Rechnungswesen ist deshalb in Zukunft sehr stark auch aus dieser Warte zu beurteilen. Dies ist ein weiterer Grund dafür, daß sich die letztlich zu **differenzierenden Betriebsergebnisrechnungen** hinführende Kostenrechnung möglichst wenig von jenem Grundkonzept lösen sollte, das die bilanzielle Aufwandsrechnung determiniert.

3. Auf die Kapitalrentabilität ausgerichtete Ergebnissteuerung

Wegen der fortschreitenden **Technisierung** und wegen der zunehmenden Bedeutung der **Innovationstätigkeit** hat die **Kapitalintensität** der Industrie- und Dienstleistungsunternehmen in letzter Zeit erheblich zugenommen, sie wird auch künftig weiter ansteigen. Deshalb kommt es verstärkt darauf an, die von den Unternehmen erwirtschafteten Periodenerfolge (Jahresüberschüsse) am **Kapitaleinsatz** zu messen. Dies bedeutet, daß die Kapitalrentabilität zur ausschlaggebenden Maßgröße des Ergebniscontrollings wird. Zwar wird sicher auch weiterhin die **Umsatzrentabilität** eine für Unternehmensvergleiche bedeutsame Kenngröße bleiben, doch wird die Kapitalrentabilität im Vergleich dazu künftig eine vorrangige Bedeutung erlangen.

Die Internationalisierung der Kapitalmärkte verstärkt diese Renaissance **kapitaleinsatzbezogener Rentabilitätskalküle**, da sich das zur Unternehmensfinanzierung verfügbare Kapital immer mehr auch über die Grenzen der Länder und Kontinente hinweg zu jenen Kapitalmärkten und Investitionsfeldern, somit also letztendlich zu jenen Unternehmen und Investitionen bewegen wird, die möglichst hohe Kapitalrentabilitäten erwarten lassen. Deshalb ist es sehr verständlich, daß

Abbildung 1-1
Rechnungslegung nach HGB, IAS und US-GAAP

		HGB	IAS	US-GAAP
Rechnungslegungsprinzipien	**Vorsichts-prinzip**	Dominantes Prinzip	untergeordnete Bedeutung	Lediglich Ergänzungsfunktion - jedoch stärkere Gewichtung als nach IAS
	Perioden-abgrenzung	Aufwendungen und Erträge sind **unabhängig von den Zeitpunkten der entsprechenden Zahlungen** im Jahresabschluß zu berücksichtigen (§ 252 Abs. 1 Nr. 5 HGB)	**Periodengerechte Erfolgsermittlung (Accrual Principle)**	**Periodengerechte Erfolgsermittlung (Accrual Principle)**
	Realisations-prinzip	Gewinne sind erst zu berücksichtigen, wenn sie realisiert sind (§ 252 I, Nr. 4 HGB)\n\nGefahrenübergang als Realisationszeitpunkt (herrschende Meinung)	**Realisierbarkeit** am Bilanzstichtag als Voraussetzung für die Erfolgswirksamkeit\n\nAnwendung der **Percentage-of-Completion-Methode** bei langfristiger Fertigung	**Realisierbarkeit** am Bilanzstichtag als Voraussetzung für die Erfolgswirksamkeit\n\nAnwendung der **Percentage-of-Completion-Methode** bei langfristiger Fertigung
	Imparitäts-prinzip	Vorhersehbare **Risiken und drohende Verluste** sind zu berücksichtigen (§ 252 I, Nr. 4 HGB)	im **Vorsichtsprinzip (Prudence bzw. Conservatism)** enthalten	im **Vorsichtsprinzip (Prudence bzw. Conservatism)** enthalten
Bilanzansatz	**Vermögens-gegenstand**	**Selbständige Bewert-barkeit, Verkehrsfähig-keit** und **Vorhandensein eines wirtschaftlichen Wertes** als Vermögensgegenstands-Eigenschaften	**Vorliegen eines Nutzenpotentials (existence of future benefits)**	**Vorliegen eines Nutzenpotentials (existence of future benefits)**
	Selbst erstellte immaterielle Vermögens-gegenstände	**Ansatzverbot**	**Ansatzpflicht**	**Ansatzwahlrecht**
	Ingang-setzungs-aufwendungen	**Ansatzwahlrecht**	**Ansatzpflicht**	**Ansatzwahlrecht**
Bewertung	**Herstellungs-kosten**	**Bewertungswahlrecht** zum Ansatz von Voll- oder Teilkosten	**Bewertungspflicht** zu vollen Herstellungs-kosten	**Bewertungspflicht** zu vollen Herstellungs-kosten
	Wertpapiere des Umlauf-vermögens	Anschaffungskosten als **Bewertungsobergrenze**	Wahlrecht zur Bewertung zu Börsenpreisen mit **erfolgswirksamer Verrechnung unrealisierter Gewinne**	Wahlrecht zur Bewertung zu Börsenpreisen nur für **Trading Securities** (Wertpapiere, die zum baldigen Verkauf gehalten werden)

sich nicht nur die Anteilseigner der Unternehmen, sondern auch potentielle Anleger und die kreditierenden Banken verstärkt darum bemühen, sich ein besonders klares Bild von den **unternehmensspezifischen Kapitalrentabilitäten** zu machen.

Aus den zuvor genannten Gründen intensivierten sich in letzter Zeit auch die fachlichen Erörterungen über geeignete Konzepte zur Messung von Kapitalrentabilitäten. In **Abbildung 2** sind die bedeutsamsten Varianten solcher unternehmensbezogener Kapitalrentabilitäts-Rechnungen zusammengestellt. Innerhalb dieses Gesamtzusammenhangs kommt zweifelsfrei dem **Shareholder Value-Konzept** eine besonders große Bedeutung zu, weil es den **Wert des Eigenkapitals** abbildet und auf diese Weise direkt auf die Interessenslagen der Eigenkapitalgeber abzielt.

Abbildung 1-2
Ansätze zur Messung der Kapitalrentabilität

Auf den Periodenerfolg abstellende Rentabilitätsberechnung

Eigenkapitalrentabilität
Periodenerfolg im prozentualen Verhältnis zum Eigenkapital des Unternehmens

Gesamtkapitalrentabilität
Periodenerfolg vor Fremdkapitalzinsen im prozentualen Verhältnis zum Gesamtkapital des Unternehmens

Zahlungsorientierte einperiodische Rentabilitätsberechnung

Economic Value Added (EVA)
Korrigiertes Betriebsergebnis nach Steuern abzüglich der Fremdkapitalzinsen und der Eigenkapitalverzinsung des Unternehmens

Zahlungsorientierte mehrperiodische Rentabilitätsberechnung

Market Value Added (MVA)
Unternehmenswert als Summe aus investiertem Kapital zuzüglich dem Barwert aller zukünftigen EVA

Cash Flow Return on Investment (CFRoI)
Ermittlung der Interne Verzinsung durch Gegenüberstellung des Barwertes der Brutto-Cash Flows und des Residualbarwerts mit der Bruttoinvestitonsbasis

Discounted Cash Flow
Unternehmenswert als Summe aus dem Barwert zukünftiger Free Cash Flows und dem Residualbarwert

Shareholder Value
Unternehmenswert auf Basis der Discounted Cash Flows abzüglich des Marktwertes des Fremdkapitals

Das Streben nach größtmöglicher Kapitalrentabilität beeinflußt die Harmonisierung des Rechnungswesens deshalb, weil die einschlägigen rentabilitätsrechnerischen Kalküle generell von **Cash Flow-Größen** ausgehen. Die Quantifizierung periodischer Cash Flows geht ihrerseits regelmäßig vom Grundkonzept der bilanziellen Rechnungslegung aus. Insofern orientieren sich auch Cash Flow-Prognosen an den letztlich für die Gewinn- und Verlustrechnung ausschlaggebenden **Ertrags- und Aufwandsgrößen**, die freilich hinsichtlich ihrer Zahlungswirksamkeit noch in geeigneter Weise modifiziert werden müssen. In diesem Sinne verweisen auch andere Experten darauf, daß die von Zahlungsstromgrößen abgeleiteten Renditekennzahlen letzlich aufgrund einer meist indirekten Quantifizierung des Cash Flows auf Basis bilanzieller Erfolgsgrößen ermittelt werden[9].

Aus den zuvor dargelegten Gründen wird der auf die Umsatztätigkeit eines Unternehmens zurückzuführende Free Cash Flow zu einer für Kapitalrentabilitätskalküle besonders bedeutsamen Kenngröße. Wenn das innerbetriebliche Rechnungswesen aufzeigen soll, inwieweit einzelne **Geschäftssparten, Produktgruppen, Märkte und strategische Geschäftsfelder** zum gesamten Free Cash Flow eines Unternehmens beitragen, muß es sich weitestgehend an ein Rechnen mit aufwandsgleichen Kosten halten.

Denn kalkulatorische Kosten stehen in keiner direkten Beziehung zu den für Cash Flow-Kalkülen relevanten Zahlungsströmen, so daß sie für unternehmenswertorientierte Betrachtungen und Berechnungen nicht geeignet, strenggenommen sogar irrelevant sind[10]. Dies ist einer von vielen Gründen, die dafür sprechen, in Zukunft dem Rechnen mit kalkulatorischen Zusatzkosten und kalkulatorischen Anderskosten eine konsequente Absage zu erteilen. Vielmehr kommt es auf ein Rechnen mit pagatorischen Kosten an.

4. Verzicht auf ein kostenrechnerisches Umdefinieren von Gewinnelementen

Wenn eine Harmonisierung des Rechnungswesens und insofern vor allem eine Integration von internem und externem Rechnungswesen gelingen soll, ist vor allem ein konsequenter Verzicht auf das Veranschlagen kalkulatorischer Zusatzkosten geboten. Denn kalkulatorische Zusatzkosten sind ihrem Wesen nach zweifelsfrei **steuerpflichtige Gewinnelemente**, denen in bilanzieller Hinsicht keine Aufwendungen gegenüberstehen. Nach Ansicht der gängigen Kostenrechnungs-Literatur werden vor allem kalkulatorische Eigenkapitalzinsen, kalkulatorische Unternehmerlöhne und kalkulatorische Eigenmieten als Opportunitätskosten

---

[9] Vgl. **Arbeitskreis Internes Rechnungswesen der Schmalenbach-Gesellschaft - Deutsche Gesellschaft für Betriebswirtschaft**: Interne Unternehmensrechnung (**1999**), S. 52.

[10] Vgl. **Arbeitskreis Internes Rechnungswesen der Schmalenbach-Gesellschaft - Deutsche Gesellschaft für Betriebswirtschaft**: Interne Unternehmensrechnung (**1999**), S. 53.

in kostenrechnerische Kalküle eingestellt[11]. Dieser Ansatz kalkulatorischer Zusatzkosten leitet sich von der Absicht ab, die Kostensituation unterschiedlich strukturierter Betriebe **vergleichbar zu machen**, worauf vor allem die Regelungen des öffentlichen Preisrechts abzielen. Bekanntlich leiten sich alle diese kalkulatorischen Kostenarten nicht von Ausgaben bzw. Auszahlungen ab. Dies hat zwangsläufig zur Folge, daß die von einer solchen Kostenbasis abgeleitete Betriebsergebnisrechnung niedrigere Betriebsergebnisse ausweist als die bilanzielle Gewinn- und Verlustrechnung.

Das innerbetriebliche Rechnungswesen veranschlagt regelmäßig vor allem kalkulatorische Eigenkapitalzinsen als Zusatzkosten. Diese **kalkulatorischen Eigenkapitalzinsen** sind Bestandteil der kalkulatorischen Verzinsung des insgesamt betriebsnotwendigen Kapitals. Diese weit verbreitete Methodik einer **gesamtkapitalbezogenen Zinskostenkalkulation** soll global die Verzinsung jenes Geldkapitals erfassen, das zur Finanzierung des für die Abwicklung der Leistungserstellung und der Leistungsverwertung erforderlichen Anlage- und Umlaufvermögens unternehmensspezifisch eingesetzt wird. Das entweder nach der **Restbuchwertmethode** oder nach der **Durchschnittswertmethode** ermittelte betriebsnotwendige Vermögen wird nach diesem traditionellen Konzept der Zinskostenkalkulation um das zinslos zur Verfügung stehende Abzugskapital vermindert. Dieser Rechengang führt zum zinspflichtigen betriebsnotwendigen Kapital, für das in der Regel ein einheitlicher landes- oder branchenüblicher Zinssatz angesetzt wird[12].

Im Bemühen um Harmonisierung von internem und externem Rechnungswesen sollte auf den Ansatz eines nur gesamtkapitalbezogenen, die Finanzierungsstruktur des Unternehmens vernachlässigenden kalkulatorischen Zinses verzichtet werden. Wenn auf das betriebsnotwendige Kapital, das rechnerisch dem betriebsnotwendigen Vermögen entspricht, ohne weitere Differenzierung ein **gesamtkapitalbezogenes Zinskostenelement** veranschlagt wird, verfälscht dies die allein schon der Terminologie wegen gebotene Separierung von Gewinnen und Kosten. Denn ein solches Zinselement ist seinem Wesen nach, speziell in bilanzieller Hinsicht, im Ausmaß der anteilig darin enthaltenen Eigenkapitalverzinsung ein **Mischzins**. Die vom öffentlichen Preisrecht geprägte Kostenrechnung behandelte diesen Mischzins bislang in voller Höhe als Kostenelement. Stattdessen sollte man **Eigenkapitalzinsen** und **Fremdkapitalzinsen** künftig konsequent separieren. Im Hinblick auf die angestrebte Konvergenz von internem und externem Rechnungswesen sollten auch kalkulatorische Unternehmerlöhne und kalkulatorische Eigenmieten als spezifische **Gewinn-Kategorien** interpretiert und veranschlagt werden. Dadurch gelingt es zu analysieren, inwieweit die Erlöse eine Deckung dieser "**Sollgewinne**" bzw. "**Mindestgewinne**" ermöglichen. Steu-

---

[11] Vgl. u.a. **Coenenberg, A. G.**: Jahresabschluß und Jahresabschlußanalyse... (**1997**), S. 62 ff oder auch **Eisele, W.**: Technik des betrieblichen Rechnungswesens... (**1998**), S. 646 ff.

[12] Vgl. **Schweitzer, M. – Küpper, H.-U.**: Systeme der Kosten- und Erlösrechnung... (**1995**), S. 119 ff.

erpflichtige Gewinnbestandteile würden somit nicht länger in Kostenbestandteile umdefiniert[13].

Der Ansatz derartiger, bisher als Kosten definierter Kalkulationsbestandteile als **Komponenten des Gewinns** bewirkt zudem Klarheit hinsichtlich der jeweils relevanten **Ertragsteuer-Zahllasten**. Da den kalkulatorischen Zusatzkosten in der GuV keine bilanziellen Aufwendungen gegenüberstehen, gelten sie auch für die steuerliche Gewinnermittlung als Gewinnkomponente. Sie unterliegen daher insbesondere der Körperschaftsteuer und der Gewerbeertragsteuer. Die Kalkulation muß die von den Gewinnbestandteilen abgehenden Steuern entsprechend antizipieren.

Die in Kalkulationen veranschlagten Eigenkapitalzinsen werden regelmäßig durch jenen Risikofaktor erhöht, der dem **allgemeinen Unternehmerwagnis** entspricht. Wer darüber hinaus gegebenenfalls einen kalkulatorischen Unternehmerlohn oder eine kalkulatorische Eigenmiete erwirtschaften will, ist auf eine **differenzierende Gewinnkalkulation** angewiesen[14]. Dies ist ein sehr wichtiges Gebot. Die traditionelle Kalkulationslehre operiert bis heute speziell in Form der bekannten Selbstkosten-plus-Gewinnzuschlags-Kalkulation regelmäßig nur mit einem einzigen **pauschalen Gewinnzuschlag**, der den rein kostenrechnerisch kalkulierten Selbstkosten hinzugefügt wird. Dieser traditionelle Ansatz prozentualer Gewinnzuschläge läßt eine **Differenzierung nach Gewinnverwendungen** gänzlich vermissen. Wenn Unternehmer zur Kompensation ihrer Eigenkapitalüberlassung, zum Ausgleich ihres persönlichen Arbeitseinsatzes oder für die unentgeltliche Überlassung von Grundstücken, Gebäuden oder anderen Anlagen spezifische Sollgewinne bzw. Mindestgewinne fordern, zwingen solche besonderen Gewinnverwendungen zu einer adäquat differenzierenden Gewinnkalkulation. Demzufolge ist die Kalkulation von Gewinnelementen methodisch weiterzuentwickeln. Die Konsequenzen derart spezifischer Gewinnziele sollten künftig nicht mehr als kostenrechnerische Problematik behandelt werden. Sollte es geboten erscheinen, lassen sich die für die Preiskalkulation und somit letztlich für die Preispolitik relevanten Gewinnelemente rechnerisch auch als **Umsatzrentabilität** vorgeben, so daß man auch dem vom Marktpreis und von der geforderten Umsatzrentabilität ausgehenden Denkansatz des **Target Costings** folgen kann. Jedenfalls gibt es keinen zwingenden Grund dafür, die hier angesprochenen Gewinnelemente in Kosten umzudefinieren. Es kann daher auch keinesfalls die Rede davon sein, daß eine direkt aufwandsorientierte Kostenrechnung etwa im Falle eines Verzichts auf den Ansatz kalkulatorischer Unternehmerlöhne und Eigenmieten als Zusatzkosten „den Produktionsfaktorverzehr für die betriebliche Leistungserstellung nicht vollständig erfassen (würde)"[15]. Im übrigen haben kalkulatorische Unternehmerlöhne und Eigenmieten in der Praxis ohnehin nur noch eine unterge-

---

[13] Vgl. **Schneider, D.**: Entscheidungsrelevante fixe Kosten... (**1984**), S. 2528.
[14] Vgl. **Männel, W.**: Zinsen im innerbetrieblichen Rechnungswesen... (**1998**), S. 84 f.
[15] Vgl. **Arbeitskreis Internes Rechnungswesen der Schmalenbach-Gesellschaft - Deutsche Gesellschaft für Betriebswirtschaft**: Interne Unternehmensrechnung (**1999**), S. 29 und S. 69.

ordnete Bedeutung, weil immer mehr Unternehmen als Kapitalgesellschaften firmieren.

Wer eine Harmonisierung des Rechnungswesens anstrebt, hat auch darauf zu achten, daß in der Kostenrechnung nur in dem Ausmaß **kalkulatorische Wagnisse** angesetzt werden, wie im GuV-Rechenkreis damit korrespondierende **Rückstellungen** zugeführt werden. Gleichzeitig ist zu bedenken, daß die kostenrechnerische Veranschlagung kalkulatorischer Wagnisse und die bilanzielle Rückstellungsbildung möglichst auf der selben **Abschätzung von Eintrittswahrscheinlichkeiten** beruhen sollten. In diesem Sinne müssen beispielsweise kalkulatorische Gewährleistungswagnisse den Zuführungen für Gewährleistungs-Rückstel-lungen entsprechen. Solche Gewährleistungswagnisse wird man regelmäßig umsatzbezogen veranschlagen und mit den innerhalb eines Geschäftsjahres effektiv hinzukommenden Aufwendungen für Garantieleistungen vergleichen. Wegen der letztlich unüberwindlichen Prognoseproblematik wird man umsatzbezogen fortgeschriebene Gewährleistungs-Rückstellungen freilich spätestens zum Ende eines Geschäftsjahres erfolgswirksam korrigieren müssen. Das jeder Wagniskalkulation und jeder bilanziellen Rückstellungsbildung anhaftende **Prognoseproblem** belastet zwar die Aussagefähigkeit monatlicher Erfolgsrechnungen, deren Sinnhaftigkeit wird dadurch aber doch keinesfalls in Frage gestellt.

5. Fremdkapitalzinsen in der Finanzergebnisrechnung

Da das Handelsrecht die bedeutsamsten Erfolgsquellen eines Unternehmens separat aufdecken will, spaltet es das Ergebnis aus gewöhnlicher Geschäftstätigkeit konsequenterweise weiter auf. Demgemäß steht das **Betriebsergebnis** neben dem **Finanzergebnis**. Besonders bedeutsam ist, daß die Regelungen des § 275 Abs. 2 und 3 das Betriebsergebnis in diesem Zusammenhang als **Kapitalverwendungserfolg** definieren. Dies bedeutet, daß **Fremdkapitalzinsen** nicht in die Betriebsergebnisrechnung eingehen, sondern als Aufwandsposition in die Finanzergebnisrechnung einzustellen sind[16]. Diese spezifische Behandlung der Fremdkapitalzinsen resultiert aus dem handelsrechtlichen Verzicht auf eine Kapitalzuordnung, die bekanntlich ohnehin regelmäßig nicht eindeutig gelingen kann. Denn es läßt sich in den meisten Fällen nur schwer belegen, welche Teile des von einem Unternehmen insgesamt aufgenommenen Fremdkapitals einerseits zur Finanzierung des betriebsnotwendigen Vermögens und andererseits zur Finanzierung des nicht betriebsnotwendigen Vermögens eingesetzt wurden. Diesbezüglich diskutiert die Fachliteratur zwar verschiedene **pragmatische Kapitalzuordnungsregeln,** von denen sich aber keine als zwingend bzw. als allein richtig beweisen läßt.

Aus den zuvor genannten Gründen ist das handelsrechtliche Betriebsergebnis als jener Erfolg definiert, der nicht nur die **Eigenkapitalverzinsung,** sondern auch

---

[16] Vgl. **Coenenberg, A. G.**: Jahresabschluß und Jahresabschlußanalyse... **(1997),** S. 89.

die **Fremdkapitalverzinsung** abdecken soll. Demzufolge ist auch der aus der Betriebsergebnisrechnung ableitbare Cash Flow seinem Wesen nach ein **Free Cash Flow**. Der anzustrebenden Harmonisierung des Rechnungswesens steht im Wege, daß die kostenrechnerischen Grundsätze von den zuvor angeführten handelsrechtlichen Regelungen abweichen. Wer ausgehend vom betriebsnotwendigen Vermögen und vom betriebsnotwendigen Kapital kalkulatorische Zinsen in die Kostenrechnung einstellt, regelt für das interne Rechnungswesen eine **Verzinsung des betriebsnotwendigen Gesamtkapitals**. Wer die Eigenkapitalverzinsung richtigerweise als Gewinnelement einstuft, behandelt Fremdkapitalzinsen aber meistens trotzdem als Kostenelement.

Die Behandlung der Fremdkapitalzinsen als Kosten korrespondiert damit, daß man das zur Unternehmensfinanzierung herangezogene Fremdkapital ebenfalls als einen spezifischen Potentialfaktor ansehen kann, dessen Inanspruchnahme Kosten verursacht. Andererseits ist aber sicherlich auch denkbar, daß sich das interne Rechnungswesen hinsichtlich der Fremdkapitalverzinsung der zuvor erklärten Erfolgskonzeption des externen Rechnungswesens anschließen könnte[17]. Dies wäre ein weiterer Anlaß für eine **stärker differenzierende Gewinnkalkulation**. Aus der Sicht der bislang herrschenden Kostenrechnungs-Theorie mag dieser Beitrag zur Konvergenz der beiden Rechenkreise zwar als sehr weitgehend erscheinen, doch kann man sich durchaus vorstellen, daß die auf ein integriertes Ergebniscontrolling bedachte Praxis den hier zur Diskussion gestellten Vorschlag positiv aufgreift. Die dadurch bedingte Umorientierung dürfte deshalb nicht besonders schwer fallen, weil sich jene Fremdkapitalzinsen, die aufgrund einer pragmatischen Kapitalzuordnungsregel das direkt zur Verfolgung des Betriebszweckes eingesetzte Kapital betreffen, unschwer aus dem Kapitalverwendungsergebnis herausrechnen lassen.

Wegen der aufgrund des Nebeneinanders von betriebsnotwendigem Vermögen und nicht betriebsnotwendigem Vermögen prinzipiell **unüberwindlichen Problematik einer Zuordnung bilanzieller Kapitalkosten** wird demnach bewußt kein Ansatz bilanzieller Zinsen in einer aufwandsorientierten Kostenrechnung gefordert, der die Aussagefähigkeit der Kostenrechnung wegen der Kapitalzuordnungsproblematik beeinträchtigen würde[18]. Stattdessen wird der Praxis eher angeraten, die interne Betriebsergebnisrechnung künftig in Übereinstimmung mit der handelsrechtlichen Rechnungslegung als **Kapitalverwendungserfolgsrechnung** auszulegen. Insofern wird im Streben nach Harmonisierung des gesamten betrieblichen Rechnungswesens vorgeschlagen, die Kalkulation jenes Beitrags, den die Leistungserstellung und Leistungsverwertung zur Deckung der bilanziellen Kapitalkosten beisteuern soll, in eine **differenzierende Gewinnkalkulation** zu verlagern, somit also zu einem **Anliegen der Gewinnverwendung** zu machen.

---

[17] Vgl. **Männel, W.**: Integration des Rechnungswesens... **(1999)**, S.19.
[18] Vgl. **Arbeitskreis Internes Rechnungswesen der Schmalenbach-Gesellschaft - Deutsche Gesellschaft für Betriebswirtschaft**: Interne Unternehmensrechnung... **(1999)**, S. 57.

Wenn Unternehmen über ein durchaus erhebliches nicht betriebsnotwendiges Vermögen verfügen, kommen sie um einschlägige Kalküle im Sinne einer pragmatischen Bewältigung der Kapitalzuordnungsproblematik freilich letzten Endes doch nicht umhin. Die traditionelle Veranschlagung pauschal gesamtkapitalbezogener kalkulatorischer Zinsen ist diesem Grundproblem nur dadurch ausgewichen, daß sie auf eine Differenzierung zwischen Eigenkapitalverzinsung und Fremdkapitalverzinsung verzichtete. Wie gezeigt wurde, haften diesem vermeintlich zielführendem Weg aber besonders gravierende Mängel an, so daß man sich hiervon künftig distanzieren sollte. Da sich eine direkte Übernahme des bilanziellen Zinsaufwandes in die Kostenrechnung wegen der Kapitalzuordnungsproblematik ebenfalls als nicht sinnvoll erweist, kann die Deckung des bilanziellen Zinsaufwandes nur ausgehend von der **Ertragskraft des gesamten Unternehmensvermögens** beurteilt werden. Möglicherweise kann sich hierfür der Grundgedanke der **Restwertrechnung** als nützlich erweisen. Ein solcher restwertrechnerischer Kalkül könnte dann sinnvoll sein, wenn es vertretbar erscheint, die durch das nicht betriebsnotwendige Vermögen erwirtschafteten Kapital-, Zins- oder sonstigen Erträge von der gesamtunternehmensbezogenen Zinslast in Abzug zu bringen.

6. Verzicht auf wiederbeschaffungswert- und tagesneuwertbezogene Abschreibungen

Im Streben nach Substanzerhaltung leiten viele Unternehmen kalkulatorische Abschreibungen von prognostizierten Wiederbeschaffungswerten oder Tagesneuwerten ab, um eine Innenfinanzierung durch Abschreibungsgegenwerte zum Ausgleich inflatorischer Lücken zu erreichen. Ein solches Vorgehen wird auch von der einschlägigen Literatur zur Kostenrechnung nahezu durchgängig empfohlen[19]. Wegen des Nominalprinzips der Bilanzierung führen aber solche Wiederbeschaffungswert- bzw. Tagesneuwertabschreibungen unweigerlich zur **Vermischung von Kostenelementen und steuerpflichtigen Gewinnelementen**. Die kostenrechnerische Abschreibungskonzeption zählt deshalb zu den wesentlichen Ursachen, die Divergenzen zwischen externem und internem Rechnungswesen auslösen.

Die Kalkulation der zur Substanzerhaltung notwendigen, durch Innenfinanzierung aufzubringenden Mittel muß keineswegs zwingend über den Ansatz entsprechend höherer Abschreibungen erfolgen. Diese Vorgehensweise ist vielmehr Ausfluß einer bestimmten **Gewinnvorstellung**, der ein in der Kostenrechnung vorherrschender **güterwirtschaftlicher Gewinnbegriff** zugrundeliegt. Danach gilt das Betriebsergebnis nur dann als positiv, wenn die Erlöse höher sind als jene Kosten, die bei einer wiederbeschaffungspreisorientierten Bewertung der Kosten-

---

[19] Vgl. u.a. **Eisele, W.**: Technik des betrieblichen Rechnungswesens... (**1998**), S. 450; **Freidank, C.-C.**: Kostenrechnung... (**1992**), S. 111; **Gabele, E. – Fischer, P.**: Kosten- und Erlösrechnung... (**1992**), S. 91; **Kilger, W.**: Einführung in die Kostenrechnung... (**1987**), S. 116; **Olfert, K.**: Kostenrechnung... (**1994**), S. 119.

güterverbräuche entstehen. Diese Gewinnkonzeption ist jedoch keineswegs zwingend.

Die Vorgehensweise, kalkulatorische Abschreibungen ausgehend von den Wiederbeschaffungskosten bzw. Tagesneuwerten zu bestimmen, beruht nicht zuletzt auf den Empfehlungen von **Branchenverbänden**[20]. Auch im **öffentlichen Preisrecht** war früher eine von den jeweiligen Wiederbeschaffungskosten einer Anlage ausgehende Bemessung kalkulatorischer Abschreibungen möglich. Diese LSP-Regelung wurde allerdings durch die **Verordnung PR 1/89** aufgehoben. Maßgeblich für die Abschreibungsbemessung im Rahmen der Kalkulation öffentlicher Preise sind nunmehr ausschließlich die Anschaffungs- bzw. Herstellungskosten der jeweiligen Vermögensgegenstände[21]. Diese Neuregelung bewirkt demnach eine Annäherung zwischen internem und externem Rechnungswesen und sollte deshalb generell in der Kostenrechnung Anwendung finden. Den LSP kommt somit eine Vorreiterrolle zu, die gewürdigt werden sollte.

Auf eine Substanzerhaltung durch Innenfinanzierung muß dennoch **nicht verzichtet werden**. Doch sollten einschlägige Innenfinanzierungsbeiträge als **kalkulatorische Substanzerhaltungsrücklagen** angesetzt werden[22], die Gewinnbestandteile darstellen. Dies erfordert ein weiteres Umdenken hinsichtlich der bislang vorherrschenden Gewinnvorstellung. Neben der Annäherung von internem und externem Rechnungswesen schafft dies den Vorteil, daß die von dieser auch im Steuerrecht als Gewinnbestandteil geltenden Kalkulationsposition noch abgehende **Ertragsteuerlast** direkt erkannt und schon anläßlich der Kalkulation antizipiert werden kann.

Hinsichtlich der Abschreibungsbemessung bleiben allerdings möglicherweise dennoch Divergenzen bestehen, die die **Abschreibungsmethoden** und **Abschreibungszeiträume** betreffen. Denn das Ableiten kalkulatorischer Abschreibungen von den Anschaffungspreisen oder Herstellungskosten stellt lediglich sicher, daß in der Kostenrechnung veranschlagte Abschreibungen ausgehend von der auch bilanziell relevanten **Abschreibungssumme** bemessen werden. Demnach verbleibt die Problematik, daß für die handels- und steuerrechtlichen Jahresabschlüsse aufgrund bilanzpolitischer und steuerpolitischer Erwägungen vielfach andere **Abschreibungsmethoden** gewählt werden und daß nicht selten auch die **Abschreibungszeiträume** anders (meist kürzer) angesetzt werden. Diesbezüglich ist selbst dann, wenn man von steuerlich relevanten Sonderabschreibungen absieht, vor allem auf die in bilanzieller Hinsicht große Bedeutung **degressiver Abschreibungen** hinzuweisen.

Andererseits sehen kostenrechnerische Kalküle vielfach auch **kalkulatorische Abschreibungen "über Null hinaus"** vor. Man vertritt die Auffassung, die Verrechnung kalkulatorischer Abschreibungen sei im Sinne eines Ausweises von

[20] Vgl. die empirische Untersuchung von **Pampel, J. R. – Viertelhaus, M.**: Substanzerhaltung... (**1997**), S. 14 ff.
[21] Vgl. **Ebisch, H. - Gottschalk, J.**: Preise und Preisprüfungen... (**1994**), S. 434.
[22] Vgl. **Männel, W. – Distler, H.**: Substanzerhaltung durch kalkulatorische Abschreibungen...(**1997**), S. 50 ff.

Istkosten deswegen fortzusetzen, weil es nicht plausibel sei, „daß die betriebliche Leistungserstellung plötzlich ohne Wertverzehr von Anlagegütern möglich ist"[23]. Bei näherer Betrachtung zeigt sich freilich, daß dies aber doch der Fall ist. Denn der ursprüngliche Wert bereits voll abgeschriebener Anlagegegenstände wurde bis zum Ende des planmäßig festgelegten Abschreibungszeitraums **in vollem Umfang als Kosten verrechnet** und ist somit auch vollständig in die kostenrechnerischen Kalküle eingegangen. Die längere Nutzung solcher kalkulatorisch schon voll abgeschriebener Anlagen löst demnach tatsächlich – im strengen Sinne des Wortes – keinen weiteren „Wertverzehr" aus.

Die Veranschlagung kalkulatorischer Abschreibungen „über Null hinaus" wird in der Literatur teilweise vor allem zur **Erleichterung von Betriebsergebnis-Vergleichen** empfohlen[24]. Der Arbeitskreis Internes Rechnungswesen der Schmalenbach-Gesellschaft – Deutsche Gesellschaft für Betriebswirtschaft verweist darauf, daß Abschreibungen „über Null hinaus" vor allem vor dem Hintergrund einer kostenorientierten Preisermittlung mit der angestrebten „Kontinuität der Kostenverrechnung" und einer „glaubwürdigen Preispolitik" gerechtfertigt werden[25]. Eine solche Argumentation kann allerdings kaum überzeugen, sie kann auch der Praxis nicht dienlich sein. Denn sie trägt – wie jedermann leicht nachvollziehen kann – die Gefahr in sich, daß auf Kostendeckung bedachte Unternehmen **zu hohe kostenmäßige Preisuntergrenzen** veranschlagen und sich insofern möglicherweise viel zu früh aus dem Markt heraus kalkulieren.

Im Sinne einer marktorientierten Preispolitik, die sich in sinnvoller Weise von einer rein schematischen Selbstkosten-plus-Gewinnzuschlags-Kalkulation löst, kann es für ein Unternehmen nur von Vorteil sein zu wissen, daß über Abschreibungsgegenwerte bereits voll amortisierte Kapitalbeträge nicht nochmals verdient werden müssen. Das Bemühen um **preispolitische Kontinuität** zwingt keinesfalls unbedingt zu einer Weiterverrechnung kalkulatorischer Abschreibungen für Anlagegegenstände, die schon in der Vergangenheit voll abgeschrieben wurden. Fachlich gut geschulte Kostenrechner und Controller werden in Zusammenarbeit mit den für die Preispolitik zuständigen Instanzen die für die Leistungen einzelner Kostenstellen fixierten Kalkulationssätze nicht etwa deshalb kurzfristig absenken, weil anlagenspezifische Abschreibungszeiträume ausgelaufen sind. Vielmehr werden sie anlässlich der Fortschreibung solcher Kalkulationssätze auf das **Kostenniveau künftiger Technologien** achten, die als Ersatz für alte Produktionsmittel vorgesehen sind. Insofern macht es ohnehin keinen Sinn, die zur Untermauerung einer kostenorientierten Preispolitik festgelegten Kalkulationssätze etwa nur rein schematisch vom Kostenniveau eines kurzfristigen Zeitraums abzuleiten.

---

[23] Vgl. **Arbeitskreis Internes Rechnungswesen der Schmalenbach-Gesellschaft - Deutsche Gesellschaft für Betriebswirtschaft**: Interne Unternehmensrechnung... (**1999**), S. 50.

[24] Vgl. **Adam, D. – Hering, T.**: Kalkulation von Abwassergebühren... (**1995**), S. 264; **Schneider, D.**: Entscheidungsrelevante fixe Kosten... (**1984**), S. 2527; **Plinke, W.**: Industrielle Kostenrechnung... (**1991**), S. 81 f.

[25] Vgl. **Arbeitskreis Internes Rechnungswesen der Schmalenbach-Gesellschaft - Deutsche Gesellschaft für Betriebswirtschaft**: Interne Unternehmensrechnung... (**1999**), S. 37.

Einzelfallspezifisch verrechnete Mehrabschreibungen müssen grundsätzlich auf einem **Abschreibungswagniskonto** ausgeglichen werden[26]. Demgemäß hält das öffentliche Preisrecht jene Betriebe, die öffentliche Aufträge abwickeln und hierfür ihre Selbstkosten zu kalkulieren haben, ausdrücklich dazu an, ein Abschreibungswagniskonto zu führen, das hinsichtlich des gebotenen **Ausgleichs von Mehr- und Minderabschreibungen** von den Preisprüfern auch regelmäßig kontrolliert wird[27]. Auch die allgemeine betriebswirtschaftliche Fachliteratur zur Kostenrechnung betont, daß es für ein Unternehmen über die Perioden hinweg nicht zu einer Verrechnung überhöhter Abschreibungen kommen darf[28]. Hierfür ist das **Prinzip der Einmaligkeit der Abschreibungen** maßgeblich[29]. Dieser Grundsatz wurde auch im öffentlichen Preisrecht fest verankert[30], um sicherzustellen, daß bereits voll abgeschriebene Anlagegegenstände nicht etwa ein zweites Mal abgeschrieben werden. Eine kostenrechnerisch durchweg abzulehnende **Doppelverrechnung von Abschreibungen** würde das Kostenvolumen eines Betriebes wirklichkeitsfremd „aufblähen".

Wenn die kostenrechnerisch angesetzten Abschreibungen aus den zuvor dargelegten Gründen – etwa vor allem wegen bilanziell degressiver Abschreibungen in ihrer Höhe letztlich doch nicht generell mit den bilanziellen Abschreibungen übereinstimmen, muß eine Überleitungsrechnung die jeweiligen **Abschreibungs-Divergenzen** als gesonderten Posten transparent machen. Auf diese Weise läßt sich das zunächst auf Basis kalkulatorischer Abschreibungen quantifizierte Betriebsergebnis in das **Betriebsergebnis auf Basis bilanzieller Abschreibungen** überführen. In der Praxis spielt diese "Abstimmbrücke" wohl auch weiterhin noch eine große Rolle, weil die hier im Detail nicht diskutierbaren steuerlichen Motive in bilanzieller Hinsicht auch in Zukunft ein **Bevorzugen degressiver Abschreibungen** bewirken, während die Kostenrechnungszwecke ein **Veranschlagen linearer oder direkt leistungsbezogener Abschreibungen** verlangen.

7. Monatsgenaues Rechnen mit aufwandsgleichen Kosten

Die Kostenrechnung löst sich unter anderem häufig auch deshalb von der bilanziellen Aufwandsrechnung, weil sie sich auf **spezifische Kostenerfassungs-Methoden** stützt, während der GuV-Rechenkreis vielfach **keine monatsgenaue Aufwandsabgrenzung** gewährleistet, worunter die Aussagefähigkeit von Monatsabschlüssen zwangsläufig leidet. Dieser mißliche Umstand ist darauf zurückzuführen, daß sich viele Unternehmen unterjährig damit begnügen, nicht unwesentliche Teile der über die Monate hinweg auflaufenden Aufwendungen buch-

---

[26] Vgl. **Coenenberg, A. G.**: Jahresabschluß und Jahresabschlußanalyse... (**1997**), S. 61 f.; **Plinke, W.**: Industrielle Kostenrechnung... (**1991**), S. 81.

[27] Vgl. **Ebisch, H. - Gottschalk, J.**: Preise und Preisprüfungen... (**1994**), S. 450 ff.

[28] Vgl. **Coenenberg, A. G.**: Jahresabschluß und Jahresabschlußanalyse... (**1997**), S. 61 f.; **Plinke, W.**: Industrielle Kostenrechnung... (**1991**), S. 81; **Seicht, G.**: Moderne Kosten- und Leistungsrechnung... (**1990**), S. 113.

[29] Vgl. **Seicht, G.**: Moderne Kosten- und Leistungsrechnung... (**1990**), S. 113.

[30] Vgl. **Ebisch, H. - Gottschalk, J.**: Preise und Preisprüfungen... (**1994**), S. 450.

halterisch anläßlich des Entstehens der Ausgaben bzw. anläßlich der realisierten Auszahlungen zu erfassen. Unter solchen Bedingungen wird eine periodengenaue Aufwandsabgrenzung dann nur zum Ende eines Geschäftsjahres durch geeignete **nachträgliche Abgrenzungen** sichergestellt, nicht aber für die einzelnen Monate.

In der zurückliegenden Zeit erwiesen sich **monatsgenaue Aufwandsabgrenzungen** vor allem wegen der funktional und methodisch begrenzten Buchführungskonzepte und der analog limitierten Softwarefunktionalitäten als sehr aufwendig. Doch wurden diese Schwierigkeiten mittlerweile zweifelsfrei überwunden. Heute stehen auch den kleineren Industrie- und Dienstleistungsbetrieben leistungsfähige und zugleich wirtschaftliche Erfassungs-, Abrechnungs- und Buchführungssysteme mit **methodisch weit entwickelten Abgrenzungs-Funktionalitäten** zur Verfügung, so daß sich monatsgenaue Aufwandsabgrenzungen durchaus auf einer unter Wirtschaftlichkeitsgesichtspunkten vertretbaren Basis realisieren lassen Insofern fällt es leicht, dem wichtigen Postulat zu entsprechen, welches besagt, daß sich Aufwandsrechnung und Kostenrechnung auf dieselben **Erfassungs- und Abgrenzungs-Methodiken** stützen müssen [31].

8. Umsatzsynchrone Erfassung von Erlösschmälerungen und Vertriebseinzelkosten

Wer monatsgenaue Betriebsergebnisse ausweisen will, muß sich um eine umsatzsynchrone Erfassung der Erlösschmälerungen und der Vertriebseinzelkosten bemühen. **Erlösschmälerungen** sind ihrem Wesen nach zwar erlösmindernde Beträge, lassen sich aber durchaus in Analogie zu den Aufwendungen erfassen und abgrenzen, wie es in der Praxis regelmäßig geschieht [32]. **Kundenskonti** werden von den Unternehmen buchhalterisch regelmäßig erst dann erfaßt, wenn die Zahlungen der Kunden liquiditätswirksam eingehen. Soweit man solche vielfach durchaus gewichtigen Skontoabzüge ausgehend vom meist keineswegs unbekannten Zahlungsverhalten der Kunden schon zum Zeitpunkt der Fakturierung prognostizieren kann, sollte man diese Kundenskonti unter gleichzeitiger Bildung von **Wertberichtigungen** antizipieren und so buchhalterisch auch erfassen.

Gut ausgebaute Konzepte des internen Rechnungswesens sehen einen solchen **Ansatz von Standard-Erlösschmälerungen** durchaus vor [33]. Die einzelnen Kunden lassen sich nach dem erwarteten Zahlungsverhalten klassifizieren, so daß anläßlich der Fakturierung auch die bezüglich eines abgewickelten Kundenauftrags **zu erwartenden Kundenskonti** rechnerisch antizipiert und in die Rechnungslegung des betreffenden Abrechnungsmonats einbezogen werden können. Die später tatsächlich auflaufenden Kundenskonti mindern die zunächst rechnerisch gebildeten Wertberichtigungen entsprechend.

---

[31] Vgl. **Männel, W.**: Integration des Rechnungswesens... (**1999**), S. 18.
[32] Vgl. **Männel, W.**: Bedeutung der Erlösrechnung... (**1992**), S. 631-655.
[33] Vgl. **Männel, W.**: Integration des Rechnungswesens... (**1999**), S. 18.

Soweit Fakturierungssysteme und andere Software-Funktionalitäten einen solchen **Ansatz von Standardsätzen für Kundenskonti** ermöglichen, sollte man grundsätzlich hiervon Gebrauch machen, um die Genauigkeit monatlicher Erfolgsrechnungen weitestgehend zu erhöhen. Diese Erfassungsmethodik bewirkt eine **unterjährig permanente Fortschreibung der umsatzsynchron veranschlagten Wertberichtigungen.** Wegen der unbestreitbaren Prognoseproblematik wird man die auf die hier geschilderte Weise gebildeten Bestände debitorenspezifischer Wertberichtigungen freilich von Zeit zu Zeit (spätestens zum Jahresende) überprüfen und gegebenenfalls korrigieren müssen. Dies ist deshalb unumgänglich, weil die letztlich zahlungswirksam anfallenden Kundenskonti keineswegs generell den über Standardsätze veranschlagten Kundenskonti entsprechen werden. Derartige Korrekturen gleichen die prognosebedingt unvermeidlichen Ungenauigkeiten aus und **präzisieren die innerhalb eines Geschäftsjahres kumulativ auflaufenden Monatsergebnisse.** Auf diese Weise läßt sich durchaus erreichen, daß lediglich die sich auf jeweils tatsächlich noch offene Posten beziehenden Wertberichtigungen mit der hier angesprochen Prognoseproblematik belastet sind.

Die monatsgenaue Abgrenzung der ebenfalls absatzvolumenabhängig anfallenden **Aufwendungen des Verkaufs und Vertriebs** ist speziell deshalb ein Anliegen, weil die in der Praxis gebräuchlichen Abrechnungsmethoden mitunter **keine absatz- bzw. umsatzsynchrone Erfassung** garantieren, wie dies u.a. auf Verkaufs- bzw. Vertriebsprovisionen zutrifft. Da zum Zeitpunkt des Fakturierens produktspezifischer Umsätze regelmäßig auch die jeweils verantwortlichen Verkaufsorgane (Reisende, Provisionsvertreter) bekannt sind, bereitet es aber eigentlich keine unüberwindlichen Schwierigkeiten, für alle kundenspezifisch fakturierten Erzeugnisumsätze auch die diesbezüglich **fälligen Umsatzprovisionen** zu quantifizieren, so daß es gelingt, die meist nur **quartalsweisen Provisionsabrechnungen** zur Erhöhung des Genauigkeitsgrades von Monatserfolgsrechnungen zu antizipieren[34].

Innerhalb eines ausgebauten internen Rechnungswesens sind differenzierende Ergebnisrechnungen unbedingt auf ein solches **Rechnen mit volumenabhängigen Standardkosten** angewiesen, da Deckungsbeitragsrechnungen ansonsten nicht genau und deshalb auch nicht hinreichend aussagefähig wären. Wegen des diesbezüglich bei geeigneter Computerunterstützung nur geringfügigen Rechenaufwandes ist eine solche **direkt umsatzvolumenproportionale Erfassung von Umsatzprovisionen und anderen umsatzabhängigen Vertriebskosten** (Ausgangsfrachten, Versandverpackungen und dgl.) den um ein aussagefähiges Ergebniscontrolling bemühten Unternehmen dringend anzuraten. Die Möglichkeiten und Grenzen einer derartigen rechnerischen Antizipation umsatzabhängiger Vertriebskosten bestimmen, ob diese umsatzbezogene Erfassung von Vertriebsaufwendungen in bilanzieller Hinsicht zur Bildung einer einschlägigen **Rückstellung**

---

[34] Vgl. **Männel, W.**: Integration des Rechnungswesens... **(1999)**, S. 18.

oder sogar zum Ausweis einer konkreten **Verbindlichkeit** - so etwa zur frühzeitigen Verbuchung von Provisionsverbindlichkeiten - führt.

9.   Produktionssynchrone Erfassung von Material-, Fertigungs- und Werkzeugkosten

Sollen produktionsvolumenabhängige Aufwendungen weitestgehend fertigungs-
synchron erfaßt werden, sind vor allem **auftragsbezogene Materialverbrauchs-
Aufschreibungen** unumgänglich. Zu einer in diesem Sinne genauen **Erfassung
der Materialaufwendungen** entschließen sich industrielle Unternehmen meist
nur anläßlich des Auf- und Ausbaus einer differenzierenden Kostenrechnung,
speziell dann, wenn sie organisatorisch geregelt haben, produktspezifische
Nachkalkulationen durchzuführen. Doch verbessert eine solche anspruchsvollere
Materialerfassungsmethodik die Genauigkeit von Monatserfolgsrechnungen, denn
sie bewirkt, daß auch die vielfach sehr umfänglichen **Handmagazine** im Bereich
der Produktion exakt bestandsgeführt werden. So gesehen ist sie geeignet, eine
lediglich von **Lagerentnahmescheinen** genau bleiben muß, abzulösen[35].

Manche Industrieunternehmen erfassen auch die **Aufwendungen für Ferti-
gungswerkzeuge**, insbesondere den für Verschleißwerkzeuge anfallenden Aufwand, sehr ungenau, obwohl solche Betriebsmittel, Formen und Werkzeuge vielfach sehr kostspielig sind. Mitunter wendet man zur Erfassung der diesbezügli-
chen Aufwendungen der Einfachheit halber nur das **Festwertverfahren** an und
setzt demzufolge Zugang gleich Verbrauch[36]. Ansonsten löst man die Auf-
wandsbuchung meist anläßlich der Lagerentnahme (zum Zeitpunkt der Übergabe
der betreffenden Werkzeuge an die Fertigungsbereiche) aus.

Derart einfache Erfassungsmethoden sind sehr grob und ungenau, sie bewirken
nur eine äußerst unscharfe Aufwandsperiodisierung. Demgegenüber hat man für
die Zwecke der Kostenrechnung **Werkzeugamortisationsrechnungen** entwikkelt, die ausgehend von den Anschaffungs- bzw. Herstellungskosten **produktionsvolumenabhängige Abschreibungsbeträge** im Sinne einer leistungsabhängigen Abschreibung veranschlagen. Wer sich um Abgrenzung aller Aufwendungen bemüht, kann diese zwischenzeitlich von vielen Industrieunternehmen prakti-
zierte Methodik auch auf den zur bilanziellen Gewinn- und Verlustrechnung hinführenden buchhalterischen Rechenkreis übertragen. Auf die Zwecke der Anla-
genrechnung (Anlagenbuchhaltung) ausgerichtete Softwaresysteme können regelmäßig große Datenvolumina und demzufolge auch **einen komplexen Be-
stand an Fertigungswerkzeugen** detailliert verwalten. Demzufolge lassen sich
produktionsvolumenabhängig angesetzte Werkzeugabschreibungen unter Berücksichtigung der jeweiligen Werkzeugstandzeiten auf sehr einfache Weise DV-
gestützt quantifizieren. Solche Beträge lassen sich monatsgenau synchron für die
gefertigten Mengen erfassen, die ihrerseits vom jeweils produktionsspezifischen

---

[35] Vgl. **Hummel, S. – Männel, W.**: Kostenrechnung 1... **(1990)**, S. 145 f.
[36] Vgl. **Coenenberg, A. G.**: Jahresabschluß und Jahresabschlußanalyse... **(1997)**, S. 122 f.

Betriebsdatenerfassungssystem (BDE) festgehalten werden. Dadurch kann der Genauigkeitsgrad der monatsbezogenen Aufwandsrechnung auf jenes Niveau gesteigert werden, das ansonsten meist nur durch Kostenkalküle sichergestellt wird.

Bedingt durch Strategien der Produktionstiefenreduzierung nimmt die Bedeutung **produktionsvolumenabhängiger Aufwendungen für Fremdleistungen und Lohnfertigungsvorgänge** zu. Kostenrechnerisch zählt dieser Aufwand zu den Kostenträgereinzelkosten, so daß er bei entsprechend ausgebauter Kostenrechnung regelmäßig auftragsbezogen erfaßt wird. Insoweit ist eine Synchronisation von Aufwands- und Kostenerfassung durchaus gewährleistet. Die monatliche Abgrenzung der in vielen Industrieunternehmen durchweg stark zu Buche schlagenden Lohnfertigungs- und Fremdleistungs-Aufwendungen wird allerdings nicht selten dadurch erschwert, daß die Kooperationspartner die von ihnen erbrachten Leistungen **zu spät fakturieren**. Wenn man dieser Problematik aus finanziellen Erwägungen nicht durch geeignete **organisatorische Regelungen** begegnen will oder wenn man dies möglicherweise auch nicht oder nur begrenzt kann, sollte die Aufwandserfassung dennoch auf den Zeitpunkt der erbrachten Fremdleistungen abstellen. Da innerhalb organisierter Zulieferernetzwerke regelmäßig **feste, meist mengenabhängige Preise** vereinbart werden, lassen sich die aufgrund abgeschlossener Lohnfertigungen und bereitgestellter Fremdleistungen entstehenden **Lieferantenverbindlichkeiten** schon anläßlich der jeweiligen Leistungsbereitstellung genau quantifizieren und so prinzipiell auch **aufwandswirksam verbuchen**. Für in ihrer Höhe noch nicht exakt bekannte Verpflichtungen werden insofern bilanzielle Rückstellungen für (noch) ungewisse Verbindlichkeiten gebildet.

10. Abgrenzung aufwandsgleicher Kosten des Personaleinsatzes und der Fremdpotentiale

Nicht selten werden auch die **Personalkosten** deshalb nicht monatsgenau erfaßt, weil die Kostenrechnung der Einfachheit halber die monatlich buchhalterisch erfaßten Personalaufwendungen übernimmt, die ihrerseits oft nicht exakt von den monatlichen Personalausgaben abgegrenzt sind. Generell gilt, daß kostenrechnerische Kalküle anläßlich der **Personalkostenerfassung** darauf achten müssen, wie die personellen Ressourcen jeweils genutzt werden. Insofern sind **Akkordlöhne** kostenrechnerisch als produktionsvolumenabhängige Kosten zu verrechnen und so auch als Personalaufwand zu verbuchen, unabhängig davon, wie die leistungsbezogenen Entgelte an die Mitarbeiter ausbezahlt werden. Für **Prämienlöhne** gilt dies analog. **Zeitlöhne und Monats-Festlöhne** weist die Praxis mitunter unmittelbar zahlungskonform und insofern normalerweise Monat für Monat in derselben Höhe aus. Dies ist jedoch allein schon deshalb zu kritisieren, weil in den einzelnen aufeinander folgenden Monaten **unterschiedlich viele Arbeitstage** zur Produktion und Wertschöpfung genutzt werden können. Deshalb sind nur jene Betriebe auf dem richtigen Weg, die jahresbezogene Lohnsummen über die **effektiv nutzbaren Arbeitstage** auf die einzelnen Monate eines Geschäftsjahres anteilig umrechnen und die so anteilig für die einzelnen Monate quantifizierten Lohnkosten auch als Lohnaufwand verbuchen.

In diesem Zusammenhang dürfen auch die von den einzelnen Mitarbeitern effektiv genommenen Urlaubszeiten nicht außer acht bleiben, da es stets darauf ankommen sollte, die einzelnen Monate nur mit den Kosten der tatsächlich verfügbaren und insofern produktiv einsetzbaren personellen Ressourcen zu belasten. Viele Unternehmen verzichten deshalb nicht mehr darauf, unterjährig für **nicht genommene Urlaubstage** monatsgenaue Rückstellungen zu bilden, um die Abrechnungsmonate durchweg nur mit jenem Lohnaufwand zu belasten, der dem **effektiven Personaleinsatz** entspricht.

Da es infolge der Arbeitszeitflexibilisierung immer mehr dazu kommen wird, daß **Jahresarbeitszeitkonten** geführt werden, ist die monatsbezogene Abgrenzung der Lohnkosten und des Lohnaufwands ohnehin grundsätzlich neu zu überdenken, denn unter diesen Bedingungen werden die jeweils **monatsspezifisch relevanten Personalkapazitäten** infolge der Anpassung an vielfach saisonal verlaufende Produktions- und Absatzvolumina sehr viel stärker schwanken als bisher. Die Praxis ist daher aufgefordert, die für die einzelnen jahresbezogenen Arbeitszeitkonten insgesamt disponierten Personalkosten unter Berücksichtigung von Urlaubstagen und anderen Abwesenheitszeiten prinzipiell **personaleinsatzkonform** den einzelnen Abrechnungsmonaten zu belasten. Diese Grundsätze gelten in analoger Weise auch für eine monatsgenaue Erfassung der **Gehälter**.

Anläßlich einer auf die monatlich verfügbaren Personalkapazitäten abstellenden Aufwands- und Kostenerfassung sind auch jene Teile der Personalaufwendungen monatsgenau abzugrenzen, die innerhalb eines Geschäftsjahres regelmäßig nur einmalige Zahlungen auslösen, wie etwa **Urlaubslöhne und Weihnachtsgratifikationen**. Hierbei handelt es sich um spezifische Entgeltkomponenten, die in der jeweils relevanten Höhe prozentual der Basisentlohnung aufzuschlagen sind, wie dies grundsätzlich für die gesamten **sozialen Abgaben** und für **freiwillige soziale Leistungen** gilt. Die auf das komplexe Aufgabenfeld der Personalbuchhaltung ausgerichteten Softwaresysteme garantieren auch die Bewältigung dieser bedeutsamen Abgrenzungsaufgabe. Die computergestützte Erfassungstechnik ermöglicht demnach monatsgenaue Personalkostenabgrenzungen. Es gibt keine triftigen Gründe, die dafür sprechen könnten, daß die monatsbezogene Verbuchung der Personalaufwendungen hiervon abweichen sollte. Mithin lassen sich künftig Personalkosten und Personalaufwendungen zur Übereinstimmung bringen.

Die zuvor dargelegten Abgrenzungsprinzipien gelten sinngemäß auch für eine monatsgenaue Erfassung der **Aufwendungen und Kosten für Fremdpotentiale**. Damit sind vor allem jene Aufwendungen gemeint, die in Form von Pachten, Mieten, Leasing-Gebühren, Versicherungsprämien und für andere hiermit vergleichbare Zwecke anfallen. Innerhalb des primär auf die Zwecke der Bilanzierung ausgerichteten buchhalterischen Rechenkreises werden solche Aufwandsarten meist deshalb nicht monatsgenau erfaßt, weil man sich - wie schon erwähnt - mit einer **ausgaben- bzw. auszahlungsorientierten Aufwandsverbuchung** begnügt. Dies erweist sich aber deshalb als problematisch, weil viele der zuvor nur exemplarisch angesprochenen Aufwandsarten **unregelmäßig** oder **nur in größeren Intervallen** anfallen, so etwa derart, daß sie nur quartalsweise, halbjährlich oder sogar nur jährlich zahlungswirksam werden. Meist handelt es sich dabei um **vorschüssige Zahlungen**, die im Rahmen der primär auf den Jahresabschluß ausgerichteten Rechnungslegung häufig allenfalls jahresgenau abgegrenzt werden. Anläßlich der Verbuchung derartiger vorschüssiger Zahlungen werden deshalb bislang meist nur **jahresbezogene Aktive Rechnungsabgrenzungsposten** gebildet. Solche Periodenabgrenzungen sollten verfeinert werden.

Derzeit stellen die Anbieter controllingspezifischer Softwaresysteme noch keine spezifischen Programme zur Verfügung, die man als **Buchhaltung der Fremdpotentiale** bezeichnen könnte. Die funktional sehr reichhaltige DV-Unterstützung ermöglicht aber solche Lösungen trotzdem auf sehr einfache Weise. Wenn Fremdpotentiale über längere Zeiträume hinweg bereitgehalten und genutzt werden, läßt sich den einschlägigen vertraglichen Regelungen sehr leicht und regelmäßig auch kostenstellenbezogen entnehmen, welcher Aufwand für die jeweilige Ressource gesamtjahresbezogen zu veranschlagen ist. Ausgehend hiervon lassen sich die **anteilig auf die einzelnen Monate entfallenden Aufwendungen** unschwer quantifizieren und in dieser Form auch verbuchen. Die buchhaltungspezifischen Softwaresysteme unterstützen zu diesem Zweck regelmäßig **monatsbezogene Dauerbuchungen**, die einer monatsgenauen Aufwandserfassung dienlich sein können. Insofern fällt es prinzipiell nicht schwer, Pachten, Mieten, Leasing-Gebühren, Versicherungsprämien und ähnliche Aufwandsarten DV-gestützt als **monatsgenau abgegrenzte Aufwendungen** zu erfassen. Die auch unterjährig periodengenaue Abgrenzung solcher Aufwandspositionen, denen vorschüssige Auszahlungen gegenüberstehen, führt in bilanzieller Hinsicht zur **Bildung Aktiver Rechnungsabgrenzungsposten.**

Abbildung 3 schematisiert die bilanziellen Konsequenzen monatsgenauer Aufwands- und Kostenabgrenzungen. Sie belegt, daß es infolge der im Sinne einer Harmonisierung des Rechnungswesens zu fordernden Periodenabgrenzungen zwangsläufig dazu kommt, daß die Monatsbilanzen in Abhängigkeit von den einzelnen monatsgenau abzugrenzenden aufwandsgleichen Kostenarten **Aktive Rechnungsabgrenzungsposten, Wertberichtigungen, Rückstellungen und Sonstige Verbindlichkeiten** ausweisen, die in der Buchhaltung mit den notwendigen Abgrenzungsvorgängen korrespondieren. Insofern erhöht eine präzise Aufwands- und Kostenabgrenzung gleichzeitig zwangsläufig auch die **Genauigkeit von Monatsbilanzen**, deren Bedeutung deshalb zunimmt, weil es immer stärker auch auf eine kurzfristige Dokumentation sensibler Unternehmensergebnisse ankommt.

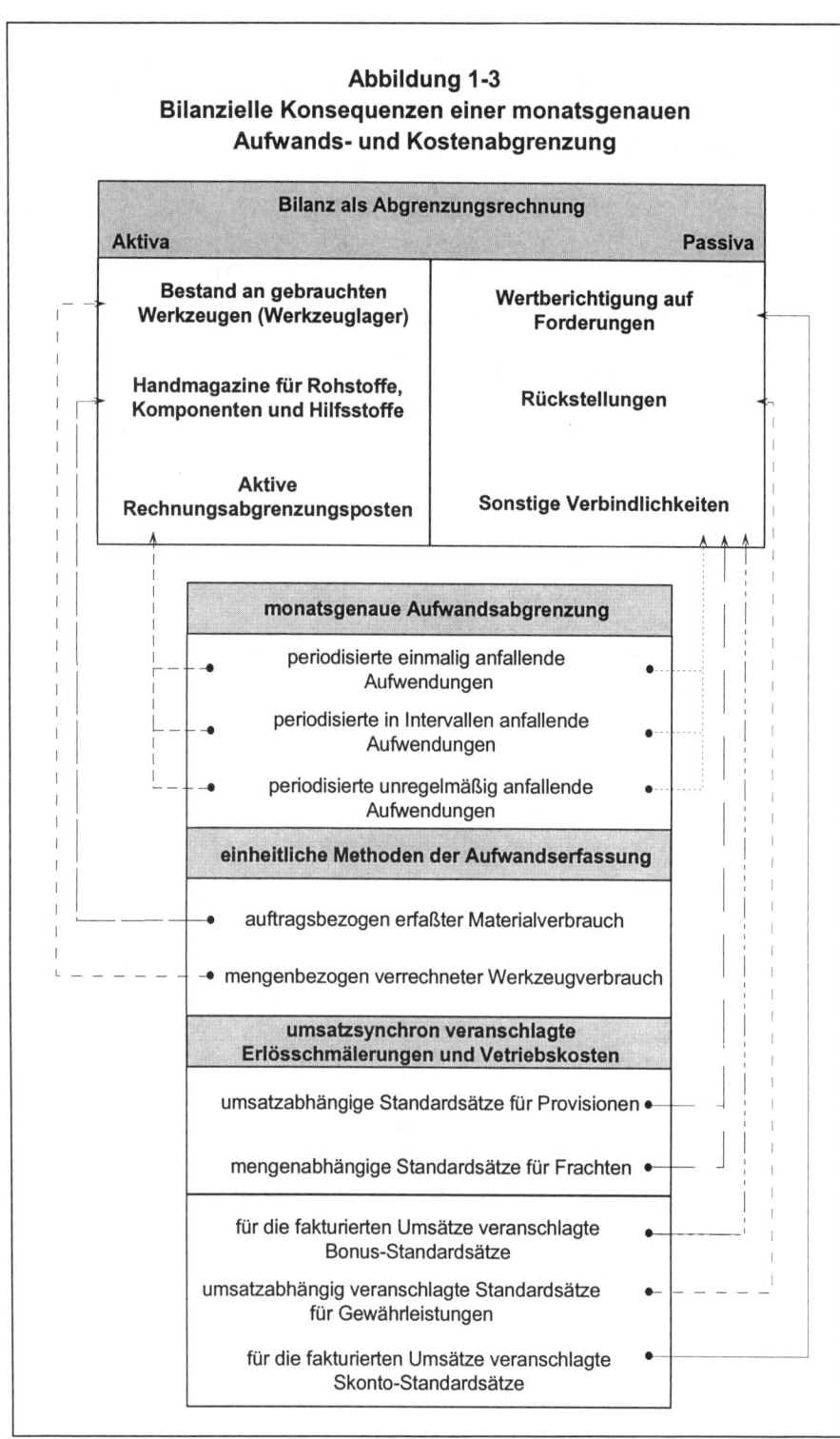

Abbildung 1-3
Bilanzielle Konsequenzen einer monatsgenauen
Aufwands- und Kostenabgrenzung

11. Abgestimmte Behandlung von Entwicklungskosten

Da das Handelsrecht gemäß § 248 Abs. 2 HGB eine Aktivierung von Kosten eigener Entwicklungsvorhaben nicht zuläßt, werden **Entwicklungskosten** vom GuV-Rechenkreis generell **zum Zeitpunkt ihres Anfalls** aufwandswirksam erfaßt. Die bilanzielle Auf wandsrechnung erfaßt die nicht aktivierbaren Kosten selbsterstellter immaterieller Wirtschaftsgüter insofern nach dem Prinzip der Sofortabschreibung vollständig in der Periode ihres Anfalls. Dieses Konzept wird in der Praxis meistens auch den Kosten-rechnungslösungen zugrunde gelegt, mit der Folge, daß die innerhalb eines Geschäftsjahres anfallenden Entwicklungskosten regelmäßig in die jährlichen **Fertigungsgemeinkosten** einbezogen werden.

Diese kostenrechnerische Prozedur mag dann vertretbar erscheinen, wenn die Entwicklungskosten eines Unternehmens im Zeitablauf nicht allzu stark schwanken. Solche Bedingungen dürften aber vielfach nicht vorliegen. Deshalb entscheiden sich vor allem entwicklungsintensive Branchen und Unternehmen unter rein kostenrechnerischen Aspekten zu einer **Aktivierung und planmäßigen Abschreibung von Entwicklungskosten**, die zuvor durch **Projektkostenrechnung** möglichst genau erfaßt werden[37]. Da auch diese betriebswirtschaftlich sinnvolle Vorgehensweise von der bilanziellen Rechnungslegung abweicht, begründet sie verständlicherweise eine weitere Divergenzproblematik. Andererseits korrespondiert die Aktivierung und planmäßige Abschreibung von Entwicklungskosten aber mit den an anderer Stelle näher angesprochenen **Prinzipien der internationalen Rechnungslegung**, so daß in dieser Hinsicht kein zusätzlicher Abstimmungsbedarf besteht. Da die 4. EG-Richtlinie hinsichtlich der Aktivierung selbsterstellter immaterieller Vermögensgegenstände ein Wahlrecht vorsieht, könnte es zu einer einschlägigen Änderung des deutschen Rechts kommen, die die hier erörterte Divergenz zwischen Aufwandsrechnung und Kostenrechnung beseitigen würde[38].

12. Abgestimmte Bestandsbewertungs-Konzeption

Will man eine Harmonisierung von internem und externem Rechnungswesen erreichen, muß man sich auch um eine **abgestimmte Bestandsbewertungs-Konzeption** bemühen. Denn ansonsten verbleiben Divergenzen, wenn auf Lager produzierte Halbfertig- und Fertigwaren im innerbetrieblichen Rechnungswesen zu **kostenrechnerischen Herstellkosten**, im externen Rechnungswesen aber zu **bilanziellen Herstellungskosten** bewertet werden. Es kommt deshalb darauf an, daß sich die Kalkulation der Herstellkosten substantiell möglichst weitgehend der Berechnung bilanzierungsrelevanter Herstellungskosten annähert. Der notwendige Verzicht auf die Veranschlagung kalkulatorischer Zusatzkosten und der Ver-

---

[37] Vgl. **Männel, W.**: Kostenrechnung, Kostencontrolling und Kostenmanagement... **(1993)**, S. 165-170; vgl. Arbeitskreis Internes Rechnungswesen der Schmalenbach-Gesellschaft - Deutsche Gesellschaft für Betriebswirtschaft: Interne Unternehmensrechnung... **(1999)**, S. 60.

[38] Vgl. **Arbeitskreis Internes Rechnungswesen der Schmalenbach-Gesellschaft - Deutsche Gesellschaft für Betriebswirtschaft**: Interne Unternehmensrechnung... **(1999)**, S. 60 f.

zicht auf wiederbeschaffungswert- bzw. tagesneuwertbezogene Abschreibungen sind diesbezüglich wichtige Voraussetzungen, zumal es die für das Erstellen der handelsrechtlichen Jahresabschlüsse gültigen Regelungen zulassen, die bilanziellen Herstellungskosten auf Basis kostenrechnerisch veranschlagter Nominalabschreibungen zu kalkulieren[39].

Wie an anderer Stelle näher erörtert, gibt es aus kostenrechnerischer Sicht auch keine zwingenden Gründe dafür, daß man die **Fremdkapitalzinsen** unbedingt in die Herstellkosten einzubeziehen hat. Wer die substantielle Festlegung des innerbetrieblichen Betriebsergebnisses nicht auf die Bestimmungen des § 255 HGB auszurichten gedenkt und demzufolge Fremdkapitalzinsen auch weiterhin als Kostenelement zu erfassen beabsichtigt, kann so interpretierte Fremdkapitalzinsen **außerhalb der Herstellkostenkalkulation** als gesonderte Kalkulationsposition in seine vollkostenrechnerischen Selbstkostenkalkulationen einstellen und insofern der Bestimmung des § 255 Abs. 3 HGB entsprechen. Auf diese Weise können die bilanzierenden Unternehmen auch den IAS- und US-GAAP-Prinzipien gerecht werden, die eine **Bestandsbewertung zu vollen Herstellungskosten** erlauben.

Wie eingangs bereits diskutiert, können sich die Unternehmen beim Aufstellen ihres handelsrechtlichen Jahresabschlusses infolge der Bestimmung des § 255 Abs. 2 HGB auch von einer vollkostenrechnerischen Herstellungskostenkalkulation lösen, da die Handelsbilanz nicht auf die bewertungsrechtliche Vorschrift des Abschn. 33 EStR ausgerichtet werden muß. Demnach kann die Praxis dann, wenn sie innerbetrieblich den **Prinzipien der Deckungsbeitragsrechnung** folgt, unter geeigneter Nutzung der Wahlrechte des § 255 HGB durchaus eine Konvergenz der beiden Rechenkreise bewirken. Wer sich hinsichtlich des externen Rechenkreises der Bilanzierung dennoch dazu entscheidet, unfertige und fertige Erzeugnisse zu vollen Herstellungskosten zu bewerten, muß über die gesamte Fertigung hinweg eine **konsequente Parallelkalkulation proportionaler und voller Herstell- bzw. Herstellungskosten** sicherstellen. Die umfassende Funktionalität leistungsfähiger Controlling-Softwaresysteme wird dieser Anforderung gerecht, so daß die unter solchen Umständen unvermeidlichen Ergebnisdifferenzen zwischen internem und externem Rechnungswesen in Form einer **transparenten Überleitungsposition** permanent fortgeschrieben werden können. Die Praxis macht von dieser softwaretechnischen Unterstützung bisher schon einen regen Gebrauch, so daß sich die Unternehmen einen guten Überblick über die Konsequenzen divergenter Bestandsbewertungs-Konzeptionen machen können. Doch sollte das Vermeiden solcher Divergenzen – wenn irgend möglich – generell den Vorrang haben.

---

[39] Vgl. **Küting, K.-H. – Weber, C.-P.**: Handbuch der Rechnungslegung... **(1995)**, § 255, Rdnr. 252 ff. S. 1084 ff.

13. Abgestimmte Behandlung drohender Verluste aus schwebenden Geschäften

Wegen der großen Bedeutung des Vorsichtsprinzips für die handelsrechtliche Bilanzierung kommt anlässlich der Erstellung des Jahresabschlusses bekanntlich auch das **Imparitätsprinzip** zum Tragen, das die bilanzielle Antizipation der schon zum Ende eines Geschäftsjahres absehbaren und insofern **drohenden Verluste aus schwebenden Geschäften** verlangt. Diese vom Gläubigerschutzdenken geprägte Verlustantizipation prägt die bilanzielle Rechnungslegung nach deutschem Handelsrecht.

Auf die Belange des innerbetrieblichen Rechnungswesen nimmt das für die Bilanzierung bedeutsame Imparitätsprinzip keinen direkten Einfluß. Die Unternehmen orientieren sich zwar regelmäßig an der **umsatzbezogenen Erlösrealisation**, weisen aber meist im unternehmensinternen Rechenkreis keine drohenden Verluste aufgrund noch schwebender Geschäfte aus. Solange die derzeit durchaus lebhaft diskutierte Regelung einer Bilanzierung drohender Verluste aus schwebenden Geschäften nach deutschem Handelsrecht noch Gültigkeit besitzt, könnte man hierauf durchaus auch die innerbetriebliche, nach Artikeln und Sparten sowie nach Kunden und Märkten differenzierende Betriebsergebnisrechnung ausrichten. Denn es wäre durchaus nützlich zu wissen, für welche der zum Ende eines Geschäftsjahres noch schwebenden Geschäfte bereits innerhalb dieser Abrechnungsperiode – etwa aufgrund von Preiserhöhungen, Lohnerhöhungen oder aus anderen ehemals nicht absehbaren Gründen – Verluste zu erwarten sind. Man könnte solche drohenden Verluste neben den Ergebnissen der periodenbezogenen Umsatztätigkeit auch für einzelne Geschäftssparten sowie für die unterschiedlichen Kundengruppen und Märkte getrennt ausweisen und vom umsatzbezogen erwirtschafteten Ergebnis in Abzug bringen. Wer diesem Gedanken folgt, würde eine weitere Divergenz zwischen internem und externem Rechnungswesen überwinden und insofern einen zusätzlichen **Beitrag zu einem durchgängigen Ergebniscontrolling** leisten.

14. Übernahme aller Kostenabweichungen in die geschlossene Betriebsergebnisrechnung

Greift man die in den vorausgehenden Abschnitten dieses Beitrags unterbreiteten Vorschläge auf, korrespondiert die Kostenrechnung weitestgehend mit der Aufwandsrechnung der Unternehmen. Der **Kostenartenplan** kann der Systematik der Aufwandsarten angeglichen werden. In die Kostenartenrechnung gehen bei Akzeptanz der Harmonisierungs-Ratschläge ausnahmslos nur **aufwandsgleiche Kostenarten** ein. Insofern stimmen die Monat für Monat auflaufenden **Istkosten** – bis auf wenige, möglicherweise unternehmensspezifisch doch zum Tragen kommende Ausnahmen – grundsätzlich mit den im bilanziellen Rechenkreis buchhalterisch festgehaltenen Aufwendungen überein.

Allerdings kommt es innerhalb des gesamten kostenrechnerischen Systems eines Unternehmens doch nur selten zu einer konsequenten Durchrechnung aller Kosten. Denn es gibt triftige Gründe dafür, daß sich die einzelnen sachlogisch aufeinander folgenden **Abrechnungsvorgänge der Kostenrechnung** sinnvollerweise doch von den Monat für Monat anfallenden Istkosten lösen. Zum einen kommt es in der Kostenrechnung darauf an, primär **jahresbezogene Kostenniveaus** zu planen und zu kalkulieren, so daß es zweckmäßig ist, unterjährige Schwankungen der Kostengüterverbräuche und der Kostengüterpreise durch gesamtjahresbezogene **Durchschnittsbildungen** auszugleichen. Abgesehen davon ist es für das innerbetriebliche Rechnungswesen sehr bedeutsam, kostenrechnerische Abrechnungsvorgänge schnellstmöglich zu realisieren. In diesem Sinne kommt es der Kostenrechnung vor allem darauf an, Innenaufträge, Fertigungsaufträge und Kundenaufträge unmittelbar nach Fertigstellung (und nicht etwa erst zum Monatsende) abzurechnen. Deshalb stellen die einschlägigen kostenrechnerischen Prozeduren regelmäßig auf **Standardkostensätze** ab.

Schließlich löst sich die Kostenrechnung systemintern meist auch deshalb von den monatlich auflaufenden Istkosten, weil sie mit einem gewissen Vorrang auf das **Abbilden von Kosten- und Ergebnisstrukturen** abzielt. Deshalb orientieren sich vor allem die Hersteller von Standarderzeugnissen an den jeweils **artikelspezifischen Standardkosten** und nicht an den kurzfristig möglicherweise doch schwankenden Istkosten. Es leuchtet ein, daß es dem jahresbezogenen und erst recht dem auf noch längere Sicht abstellenden Ergebniscontrolling auf **von Standardkosten abgeleitete Ergebnisse und Kundenerfolge** ankommt.

Aus den zuvor geschilderten Gründen, die die kostenrechnerische Fachliteratur ausführlich diskutiert, kommt es meist schon innerhalb der **Kostenartenrechnung** zum Ausweis von Kostenabweichungen. Dies ist speziell deshalb der Fall, weil sich die Unternehmen anläßlich der Bewertung von Rohstoff-, Hilfsstoff- und Betriebsstoffverbräuchen häufig von den im Zeitablauf schwankenden Einstandspreisen solcher Materialien lösen, indem sie mit **jahresbezogenen Standardmaterialpreisen** operieren. Abgesehen davon werden für bilanziell und auch kostenrechnerisch bereits voll abgeschriebene Anlagegegenstände innerhalb der Kostenrechnung kostenstellenspezifisch vielfach doch **planmäßige Abschreibungen** in Höhe des für die Zukunft zu erwartenden Ausmaßes vorgegeben, um die Kalkulationssätze der Kostenstellen kostenpolitisch auf dem auf längere Sicht sinnvoll erscheinenden Niveau zu halten. Unter solchen Bedingungen entsteht innerhalb der Kostenartenrechnung eine Kostenabweichung, die man **Abschreibungsabweichung** nennen könnte. Das Operieren mit einer solchen Abgrenzungsposition würde die durch die kostenrechnerische Abschreibungs-Konzeption bedingte Divergenzproblematik in das Kostenrechnungssystem selbst verlagern und dort auch als einen **rein kostenniveaupolitischen Vorgang** transparent machen, der die Abstimmung von externem und internem Rechnungswesen nicht belastet.

Wie zuvor schon ausgeführt, erweist es sich unter kostenrechnerischen Gesichtspunkten im Regelfall nicht als zweckmäßig, **kostenstellenspezifische Ver-**

brauchsabweichungen über die Verrechnung der Kosten innerbetrieblicher und produktspezifischer Leistungen weiterzuwälzen. Demzufolge stellt die Kalkulation der gemessenen Leistungen der Hilfskostenstellen und Hauptkostenstellen regelmäßig auf über das Geschäftsjahr hinweg konstant bleibende **Standardkostensätze** ab. Dies gilt nicht nur für vollkostenrechnerische Lösungen. Nach den Prinzipien der Grenzplankostenrechnung und Deckungsbeitragsrechnung vorgehende Unternehmen werden die den Kostenstellen und Kostenträgern erbrachten Leistungen zu **proportionalen Standardkosten** weiterverrechnen, während sie die kostenstellenbezogen erfaßten Fixkosten nach der Methodik einer stufenweisen Fixkostendeckungsrechnung direkt (mithin also ohne jegliche Aufteilung) in die differenzierende Betriebsergebnisrechnung übernehmen. Unabhängig vom jeweils maßgeblichen Kostenrechnungskonzept lösen auf Standardkostensätze abstellende Kalkulationen zwangsläufig **kostenstellenbezogene Kostenabweichungen** aus. Diese müssen in Analogie zu den kostenartenspezifischen Kostenabweichungen ebenfalls unterjährig fortgeschrieben und verfolgt werden.

Innerhalb der **Kostenträgerrechnung** können sich weitere Kostenabweichungen ergeben, weil sich die Betriebe anläßlich der Kalkulation ihrer Artikelergebnisse keineswegs generell auf **produktbezogene Nachkalkulationen** stützen. Einzelfertiger und Projektfertiger werden ihre Produkt- bzw. Projektergebnisse wegen der Individualität ihrer Erzeugnisse regelmäßig von Nachkalkulationen ableiten. Meistens stützen sich auch die Betriebe mit kundenspezifischer Auftragsfertigung anläßlich ihrer ergebnisrechnerischen Kalküle auf Nachkalkulationen. Doch kommen Betriebe mit mehrstufiger Auftragsfertigung meistens nicht umhin, die Zwischenprodukte der aufeinander folgenden Fertigungsstufen zu **Standard-Herstellkosten** abzurechnen. Dies ist meist schon im Sinne einer transparenten Fortschreibung der Bestände an Halbfabrikaten und grundsätzlich auch wegen der Bestandsführung standardisierter Produktkomponenten und Produkte geboten. Aus diesen und ähnlichen Gründen kommt es in der Praxis durchaus nicht selten auch zu **kostenträgerspezifischen Kostenabweichungen**.

Die zuvor erklärten Kostenabweichungen, die ihrem Wesen nach Verrechnungsdifferenzen darstellen, **sind unbedingt in die geschlossene Betriebsergebnisrechnung einzustellen**. Auf diese Weise lassen sich die zunächst auf Standardkosten basierenden Betriebsergebnisse in ein **summarisches Betriebsergebnis auf Basis von Istkosten** überführen. Damit schließt sich der gesamte Rechenkreis eines harmonisierten und insofern konzeptionell weitestgehend geschlossenen Rechnungswesens.

15. Zusammenfassung

Wissenschaft und Praxis sind zu einer Harmonisierung des gesamten Rechnungswesens angehalten und müssen sich insofern für eine **Überwindung des traditionellen Zweikreissystems** einsetzen. Die Internationalisierung der Geschäftstätigkeit und das damit im Zusammenhang stehende Agieren auf internationalen Kapitalmärkten zwingt allein schon zu einer **Harmonisierung der bilan-**

ziellen Rechnungslegung. Diese beeinflußt ihrerseits die Konvergenz von externem und internem Rechnungswesen.

Schließlich kommt es auf die **Bewältigung von Abstimmungsproblemen** an. Im Sinne eines konzeptionell durchgängigen Ergebniscontrollings ist eine **Abstimmung der grundlegenden Erfolgskonzeptionen der beiden Rechenkreise** sehr dienlich. Da das innerbetriebliche Rechnungswesen nicht mehr mit dem früher bedeutsamen Vorrang auf die Aufgabe der kostenorientierten Preiskalkulation, sondern sehr viel stärker auf die erfolgsorientierte Steuerung der Sales Mixes ausgerichtet ist, sind die heutigen Bedingungen für eine Integration von internem und externem Rechnungswesen sehr viel günstiger als früher. Diesen Vorteil gilt es zu nutzen, um schlanke und zugleich transparente Gesamtkonzepte, die auch dem Gebot der Wirtschaftlichkeit besser gerecht werden, zu entwickeln.

Der zum Jahresabschluß hinführende bilanzielle Rechenkreis muß **monatsgenaue Aufwands- und Ertragsabgrenzungen** sicherstellen, um eine weitestgehend aufwandskonforme Istkostenerfassung zu gewährleisten. Zur Bewältigung dieser Problematik sind die Methoden zur periodengenauen Erfassung von Aufwendungen und Kosten aufeinander abzustimmen, möglichst sogar zu vereinheitlichen. Dies kommt der Genauigkeit beider Rechenkreise zugute.

Die Unternehmen sollten sich vor allem zu einem konsequenten **Verzicht auf ein kostenrechnerisches Umdefinieren von Gewinnelementen** durchringen, insofern also künftig in der Kostenrechnung keine kalkulatorischen Zusatzkosten ansetzen. Das Erwirtschaften einer adäquaten Eigenkapitalverzinsung, die Sicherstellung von Unternehmerlöhnen und Eigenmieten sollte ebensowenig zu einem Anliegen der Kostenkalkulation gemacht werden wie das Schließen inflatorischer Lücken durch Innenfinanzierungsbeiträge zur Substanzerhaltung. Die Geschichte der Kostenrechnung lehrt, daß man in der Vergangenheit all diese speziellen Anliegen in die Kostensphäre verlagerte, obwohl es sich dabei um das **Erwirtschaften rechnungszweckspezifischer Gewinnelemente** handelt. Es verwundert, daß die sehr starke Loslösung des innerbetrieblichen Rechnungswesens vom bilanziellen Rechnungswesen sogar dazu führte, daß die auf das interne Rechnungswesen abstellende Fachliteratur die **steuerlichen Konsequenzen** der betreffenden Gewinnelemente meist nicht mehr, zumindest nicht hinreichend diskutierte. Da diese steuerlichen Belastungen alle bilanziell relevanten Gewinnelemente betreffen, sind sie ein Faktum, das eine Angleichung der beiden Rechenkreise geradezu erzwingt.

Für ein Umdefinieren von Gewinnelementen in Opportunitätskosten gibt es keine wirklich überzeugenden Gründe. Das diesbezüglich notwendige Umdenken zwingt zu einer **differenzierenden Gewinnkalkulation**, die unterschiedliche Erfordernisse der Gewinnverwendung berücksichtigt und erfaßt. Dem stehen keine gravierenden Hindernisse entgegen. So kann man sich u.a. auch durchaus vorstellen, daß auf einen Inflationsausgleich abzielende **kalkulatorische Substanzerhaltungsrücklagen** sogar anlagenbezogen parallel zu den kalkulatorischen Abschreibungen berechnet und in dieser Separierung auch kostenstellen- und

letztlich kostenträgerbezogen weiterverrechnet werden, wenn eine derart weitge-
hende Differenzierung tatsächlich gewünscht sein sollte. Wegen dieser Erfordernisse muß die Praxis über die bislang meist **pauschalen Gewinnkalkulationen**
deutlich hinausgehen.

Die zwischenzeitlich auch vom öffentlichen Preisrecht geforderte **Ableitung kalkulatorischer Abschreibungen von Anschaffungspreisen** wird den Zwecken
der Kostenrechnung gerecht. Demnach läßt sich der substanzerhaltungsorien-
tierte Inflationsausgleich in die Gewinnsphäre verlagern, so daß auch die darauf
lastenden Gewinnsteuern präzise erfaßt werden können. Das Beschreiten dieses
Weges klärt nicht nur die Terminologie, sondern präzisiert auch die **tatsächlich
relevanten kostenmäßigen Preisuntergrenzen**. Dies verbessert die Informationsbasis der Preispolitik derart, daß die preispolitische Flexibilität nicht mehr von
vornherein durch rechnerisch ohnehin nicht unproblematische, in Kosten umdefi-
nierte Substanzerhaltungsvorgaben eingeengt wird. Soweit solche Beiträge zum
Inflationsausgleich tatsächlich erforderlich sind, lassen sie sich als **spezifisches,
ausdrücklich zur Thesaurierung bestimmtes Gewinnelement** für preispolitische Überlegungen sehr viel besser erfassen. Dasselbe gilt auch für die bislang
vielfach „über Null hinaus" berechneten kalkulatorischen Abschreibungen. Denn
solche Abschreibungsbeträge sind in Wirklichkeit ebenfalls ein Gewinnelement,
das bei der Festlegung kostenstellen- und prozeßbezogener Kalkulationssätze
auch – parallel zu den eigentlichen Kostensätzen – so einbezogen werden kann,
um die von der Praxis angestrebte **Kontinuität der Preispolitik** abzusichern.

Die Praxis ist zusätzlich auch gefordert, zu überdenken, ob man sich nicht sogar
hinsichtlich der Behandlung der Fremdkapitalzinsen den derzeit relevanten handelsrechtlichen Bestimmungen anschließen kann. Wer das interne Betriebsergebnis im Sinne einer solchen Konvergenz als **Kapitalverwendungserfolg** fest-
legt, ordnet auch die Deckung der bilanziellen Zinsaufwendungen der Gewinnsphäre zu. Hinsichtlich der Behandlung ins Gewicht fallender **Entwicklungskosten** verbleibt derzeit eine Divergenz zwischen kostenrechnerischer Perioden-
abgrenzung und handelsrechtlichem Aktivierungsverbot. Andererseits lassen sich
aber die **kostenrechnerischen Herstellkosten** durchaus mit den **bilanziellen
Herstellungskosten** abstimmen.

Innerhalb des Kostenrechnungssystems führt das aus mehreren Gründen sinnvolle **Operieren mit Standardverrechnungspreisen, Standardkosten und
Standardkalkulationen** zwangsläufig zum Entstehen kostenarten-, kostenstel-
len- und kostenträgerbezogener Kostenabweichungen. Doch handelt es sich
hierbei um **rein kostenrechnungsinterne Verrechnungsdifferenzen**, die die
Schnittstelle zwischen internem und externem Rechnungswesen nicht tangieren.
Die Fachliteratur zur Kostenrechnung hat diese Kostenabweichungen bislang
vorwiegend unter **Controllinggesichtspunkten** und weniger unter Harmonisie-
rungsaspekten erörtert. Diese nunmehr unumgängliche Diskussion wirft nicht
mehr die über längere Zeit strittig diskutierte Frage auf, ob kostenarten-, kosten-
stellen- und kostenträgerspezifische Abweichungen über die gesamten Abrech-
nungsprozeduren der Kostenrechnung hinweg anteilig weitergewälzt werden

sollten. Man ist zwischenzeitlich ohnehin zu der Erkenntnis gelangt, daß das anteilige Weiterwälzen derart kostenrechnungsintern entstehender Abweichungen keine bedeutsamen Erkenntnisse zu Tage fördert. Für die Konvergenz des Rechnungswesens ist lediglich entscheidend, daß diese verrechnungsbedingten Kostenabweichungen vollständig in die geschlossene Betriebsergebnisrechnung übernommen werden. Das Kosten- und Ergebniscontrolling sollte sich dieser Aufforderung nicht entziehen.

Mängel und Gefahren traditioneller Vollkosten- und Nettoergebnisrechnungen

1. Weite Auslegung des Verursachungsprinzips als fundamentale methodische Schwäche

Sowohl die herkömmliche Betriebsabrechnung als auch traditionelle Kalkulationsmethoden sind dadurch gekennzeichnet, daß sie für Kostenstellen einerseits und Kostenträger andererseits **Vollkosten** ermitteln. Oberstes Ziel ist die **Bestimmung von Selbstkosten für Produkte und Dienstleistungen**. Die Selbstkosten werden als **langfristige kostenmäßige Preisuntergrenze** angesehen, die im Rahmen der Preispolitik möglichst nicht unterschritten werden soll. Von ihr kann - so ist die Vorstellung der Vollkostenrechner - nach unten allenfalls **im Rahmen des kalkulatorischen Ausgleichs** abgewichen werden, also dann, wenn Unterdeckungen der Selbstkosten durch entsprechend deutliche Überdeckungen der Selbstkosten bei anderen Kalkulationsobjekten kompensiert werden können. Prinzipiell soll eine nicht vollkostendeckende Preisstellung nur auf solche **internen Produktsubventionierungen** beschränkt bleiben. Für den Regelfall wird gefordert, das Preisniveau so hoch festzulegen, daß für die einzelnen Produktarten und Produktsorten jeweils die kalkulierten Selbstkosten gedeckt werden, so daß **positive Nettoergebnisse** entstehen.

Der vollkostenrechnerischen Bestimmung von Selbstkosten liegt eine **weite Auslegung des Verursachungsprinzips** zugrunde. Grundsätzlich sind die Befürworter der Vollkostenrechnung der Auffassung, daß schon eine methodische Gleichbehandlung von Kalkulationsobjekten verursachungsgerecht sei. Insbesondere ist man der Meinung, daß **eine von derselben Methodik abgeleitete anteilige Belastung mit Gemeinkosten** dem Verursachungsprinzip entspräche. In diesem Sinne halten Vollkostenrechner beispielsweise die Gleichverteilung der Anschaffungskosten für Anlagen auf die einzelnen Teilperioden der Nutzungsdauer solcher Gegenstände geradezu für geboten; das Verteilen von Raumkosten auf Kostenstellen nach in Anspruch genommenen Quadratmetern wird ohne geringste Zweifel als verursachungsgerecht deklariert; erst recht gilt die Belastung von Erzeugnissen mit Maschinenkosten nach der anteiligen, zeitlichen Inanspruchnahme als unbestritten verursachungsgemäß. Diese besonders offene Interpretation des Verursachungsprinzips führt im Rahmen der Vollkostenrechnung zu einer **mehrphasigen Aufschlüsselung von Gemeinkosten** und im Zusammenhang damit zu einer **Proportionalisierung von Fixkosten**.

Kosten, die in einem Gesamtbetrag für mehrere Monate oder sogar für mehrere Jahre verbindlich disponiert wurden und demzufolge auch über mehrere Abrechnungsperioden hinweg festgelegt sind, werden bereits innerhalb der Kostenartenrechnung anteilig auf kurze Abrechnungsperioden verrechnet. In diesem Sinne wird vor allem der Ansatz **periodenbezogener Abschreibungen** überhaupt nicht problematisiert. Desgleichen lassen innerhalb monatlicher Kostenrechnungen ausgewiesene Mieten, Pachten, Leasinggebühren und dergleichen nicht erkennen, wie lange die Verträge laufen, aus denen sich solche anteilig auf Monate entfallenden Kosten ableiten. Innerhalb der Kostenstellenrechnung werden vor allem **Flächen-, Raum-, Wege- und Infrastrukturkosten** anteilig auf die verschiedenen Nutzer solcher Basis-Ressourcen verteilt. Die **Kosten für Universalmaschinen** gehen über vollkostenrechnerische Maschinenstundensätze ebenso in die Produktkalkulation ein wie die **Kosten zeitbezogen entlohnter Mitarbeiter** über Arbeiterstundensätze. Mit Hilfe von Schlüsselungsverfahren werden sogar die bei Kuppelproduktion aus Spaltprozessen technologisch zwangsläufig gebündelt hervorgehenden Kuppelprodukte jeweils separat mit anteiligen Kostenbeträgen belastet. Für das Vorhalten von Kapazitäten anfallende **Fixkosten** werden unter Bezugnahme auf geplante Produktions- bzw. Absatzvolumina stückbezogen ermittelt.

Die vollkostenrechnerischen Prozeduren der Gemeinkostenschlüsselung und Fixkostenproportionalisierung bilden weder die Kostenverursachung noch das Kostenverhalten zutreffend ab.

Zu den sich aus der weiten Auslegung des Verursachungsprinzips ergebenden wesensimmanenten Mängeln jeder vollkostenrechnerischen Methodik zählt nicht nur das **anteilige Verrechnen von Kostenbeträgen auf Objekte, die diese Kosten nur gemeinsam verursacht haben.** Aus dieser Methodik folgt zugleich, **daß eine in ihrer Höhe konstante Kostensumme anteilig einer prinzipiell variablen Anzahl von Objekten angelastet wird**: Lineare kalkulatorische Abschreibungen dividieren die Anschaffungskosten für Betriebsmittel durch eine grundsätzlich keineswegs eindeutig festliegende Anzahl von Teilperioden der Nutzungsdauer; Grundstückskosten werden Abteilungen anteilig angelastet, die die Fabrikfläche gemeinsam unterschiedlich intensiv nutzen können; Werkstätten verrechnen Instandhaltungs- und Reparaturkosten an Fertigungskostenstellen für einen in seinem Gesamtvolumen stets schwankenden Instandhaltungsbedarf, Beschaffungs-, Fertigungs- und Vertriebskosten werden für im Zeitablauf für schwankende Produktions- und Absatzvolumina kalkuliert, Kosten der Entwicklung und Konstruktion werden anteilig den Teilperioden eines ex ante nie genau bekannten Produktlebenszyklus angelastet. Die Beispiele machen verständlich, **daß der anteilig auf ein "Anlastungsobjekt" entfallende Kostenbetrag stets vom Gesamtvolumen aller "Anlastungsobjekte" abhängig ist**: Welcher Anteil der Periodenkosten einer Universalmaschine einer einzelnen Erzeugnisart in der Kalkulation anteilig angelastet wird, hängt zwingend von der Art und dem Ausmaß der anderweitigen Verwendungen der betreffenden Universalmaschine ab.

Einer Periode, einer Kostenstelle, einem Kostenträger oder einem einzelnen Stück anteilig angelastete Teile eines Kostenbetrags können nicht als von einem solchen "Anlastungsobjekt" allein verursachte Kosten gelten. Es sind vielmehr lediglich anteilige Gemeinkosten, die als Betrag mit dem "Anlastungsobjekt" in keinem unmittelbar (echt) kausalen Zusammenhang stehen.

Das für jede Art vollkostenrechnerischer Methodik kennzeichnende **Rechnen mit anteiligen Gemeinkosten** belegt, daß nach diesem Vorgehen stets zunächst Kostenbeträge aufgeteilt werden, um anschließend die Teilbeträge wieder zu den Gesamtkosten einer anderen Ordnung zusammenaddieren zu können. In diesem Sinne bestimmt die Vollkostenrechnung beispielsweise für Fertigungskostenstellen Maschinen- oder Arbeiterstundensätze, um diese Kostenbeträge für Produktkostenkalkulationen zur Verfügung zu haben. Zuvor bestimmen Vollkostenrechnungen anteilig Kosten einzelner innerbetrieblicher Leistungen, um für jede Hauptkostenstelle die Kosten sämtlicher von ihr empfangener innerbetrieblicher Leistungen zusammenfassen zu können: **Gemeinkosten werden in Teilbeträge zerlegt, um Vollkosten aus addierbaren Teilbeträgen ableiten zu können**.

2. Negative Folgen der Schlüsselung von Periodengemeinkosten

Um Flächen, Räumlichkeiten und Infrastrukturen sowie Technologien und vor allem Mitarbeiter zur Verfügung zu haben, müssen Unternehmen häufig relativ langfristige Kostenbindungen eingehen. Der Kauf von Maschinen, Apparaturen, Betriebs- und Geschäftsausstattung und Transportmitteln sowie der Erwerb von Patenten und Lizenzen löst mitunter hohe **Anschaffungskosten als Investitionsausgaben** aus, die sich erst dann als rentabel erweisen, wenn die betreffenden Ressourcen **über lange Zeit hinweg** wirtschaftlich genutzt werden können. Pacht-, Miet- und Leasingverträge, desgleichen auch Anstellungs-, Beratungs-, Versicherungs- und andere Verträge, müssen nicht selten für mehrjährige Laufzeiten abgeschlossen werden. **Um Kapazitäten zur Verfügung zu haben, müssen regelmäßig über mehrere Monate oder sogar Jahre hinweg Gesamtkostenbeträge disponiert werden**.

Pachten, Miete und Leasingraten werden in der Praxis häufig, wie Löhne und Gehälter, monatlich gezahlt. Demgemäß werden solche Beträge in der Finanzbuchhaltung als monatliche Aufwendungen erfaßt. Wer strenge Anforderungen an das führungsorientierte Rechnungswesen stellt, darf solche monatliche Zahlungen jedoch nicht mit **monatsspezifisch verursachten Kosten** gleichsetzen. Es sind lediglich Teilzahlungen, die aus einem **Kostenobligo** resultieren, daß der Laufzeit der jeweiligen Verträge gemäß für einen **mehrperiodischen Gesamtzeitraum** in Kauf genommen wurde, um über diese Perioden hinweg Ressourcen sicher nutzen zu können.

Die Vollkostenrechnung behandelt die für langfristig nutzbare personelle, materielle und immaterielle Ressourcen (Potentiale) anfallenden Kosten so, als seien sie separat für einzelne Abrechnungsperioden (Monate, Jahre) disponiert worden.

Durch die **Verrechnung von Abschreibungen** werden die einmalig für die gesamte wirtschaftliche Nutzungsdauer materieller und immaterieller Anlagegegenstände anfallenden Anschaffungskosten (Investitionsausgaben) auf einzelne Teilperioden der Nutzungsdauer aufgeschlüsselt. **Die teilperiodenbezo-**

gene Verrechnung von Kosten für Nutzungsrechte aus Miet-, Pacht-, Lea-
sing- und anderen Verträgen verdeckt die sich aus der jeweiligen Vertragsgestaltung (Laufzeit, Kündigungstermine) ergebenden Restriktionen. Das von einer
Unternehmung insgesamt eingegangene Kostenobligo (disponierte Kapazitätskosten) wird nicht ersichtlich. Insgesamt erweckt die Kostenrechnung den Eindruck, sämtliche Kapazitätskosten könne man in ihrer Höhe relativ kurzfristig beeinflussen. Die zeitliche Disponierbarkeit von Fixkosten wird nicht sichtbar. Wenn
die Vollkostenrechnung für längere Zeiträume disponierte Kosten dennoch konsequent anteilig auf einzelne Abrechnungsperioden verrechnet (aufteilt, zu-
schlüsselt), verfolgt sie damit im wesentlichen zwei Zwecke: Zum einen schafft
sie damit die Basis für eine **vollkostenrechnerische Betriebsabrechnung und
Produktkalkulation.** Zum anderen ermöglicht sie dadurch den **Ausweis periodischer Nettoergebnisse.** Auf diese Weise soll für jede Abrechnungsperiode
aufgezeigt werden, inwieweit die Umsatzerlöse die für die abgesetzten Erzeugnisse kalkulierten Selbstkosten (Herstellkosten, Vertriebs- und Verwaltungskosten) gedeckt haben. Nettoergebnisse einzelner Abrechnungsperioden haben
jedoch nur eine begrenzte Aussagefähigkeit. Speziell im saisonalen und konjunk-
turellen Auf und Ab werden viele Unternehmen keineswegs selten mit der Frage
konfrontiert, **ob ganze Betriebe oder Betriebsteile über eine bestimmte Zeit
hinweg (vorübergehend) geschlossen oder sogar endgültig stillgelegt werden sollen.** Die Frage nach dem Zeitraum vorübergehender Stillegungen stellt
sich beispielsweise für Zuckerfabriken, für die Verarbeiter anderer landwirtschaft-
licher Erzeugnisse, für Bauunternehmen, für Bergbahnen und ähnliche Saison-
betriebe. Sie verfolgen die zeitliche Entwicklung ihrer monatlichen oder sogar
wöchentlichen Betriebsergebnisse besonders interessiert. Dabei laufen sie jedoch
Gefahr, **Entscheidungen über eine vorübergehende Stillegung falsch zu
treffen**, wenn sie sich ausschließlich am Periodennettoergebnis orientieren. Wird
beispielsweise für einen Monat keine Deckung der vollen Kosten dieses Zeitraums erreicht, darf daraus keineswegs zwingend geschlossen werden, daß es
besser gewesen wäre, die Leistungserstellung für diesen Zeitraum vorübergehend zu unterbrechen. Denn die Vollkosten einer Periode enthalten regelmäßig
**anteilige Periodengemeinkosten, die bei einer zeitweisen Produktionsein-
stellung nicht wegfallen.** Dazu zählen insbesondere zeitanteilig verrechnete
Kosten für Grundstücke und Räume, Kosten für langfristig abgeschlossene Versicherungen, Kosten für langfristig angestellte Mitarbeiter und ähnliche Kostenarten. **Abbildung 2-1** deutet exemplarisch die Umsatz- und Ergebnisentwicklung
eines typischen Saisonbetriebes (etwa einer Bergbahn) an. Sie zeigt, daß der
Überschuß der Umsatzerlöse über die umsatzabhängigen Kosten und die tatsächlich monatsspezifisch disponierten Fixkosten lediglich im November negativ
ist, so daß sich nur für diesen Monat die vorübergehende Unterbrechung der
Leistungserstellung als sinnvoll erweist. Die **monatlichen Nettoergebnisrechnung**en weisen darüber hinaus auch für den Monat Mai ein negatives Betriebsergebnis auf. Wer dessen Zustandekommen nicht näher analysieren würde,
käme zu dem Schluß, daß der im Beispiel betrachtete Saisonbetrieb auch in diesem Monat vorübergehend stillzulegen sei.

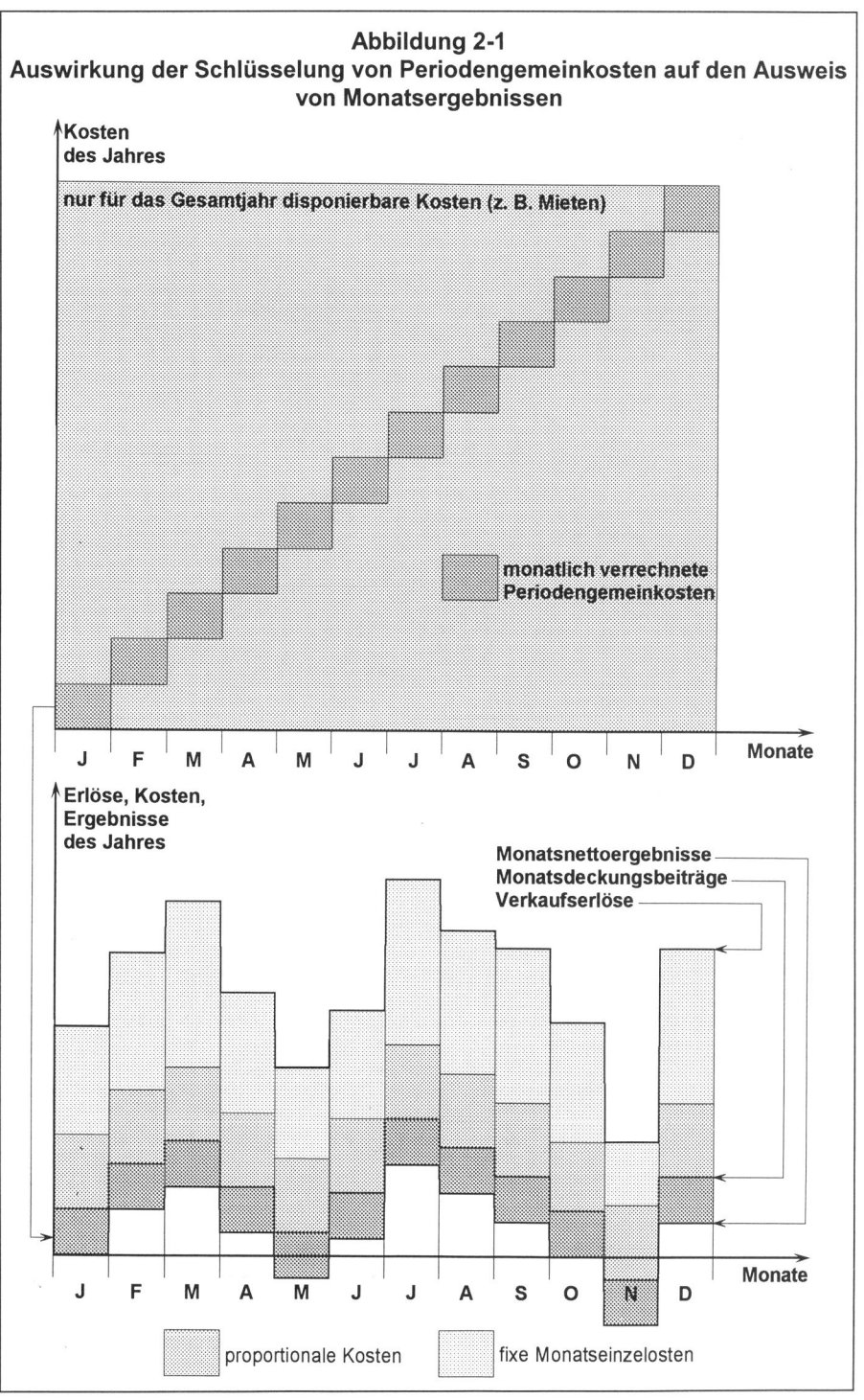

Abbildung 2-1
Auswirkung der Schlüsselung von Periodengemeinkosten auf den Ausweis von Monatsergebnissen

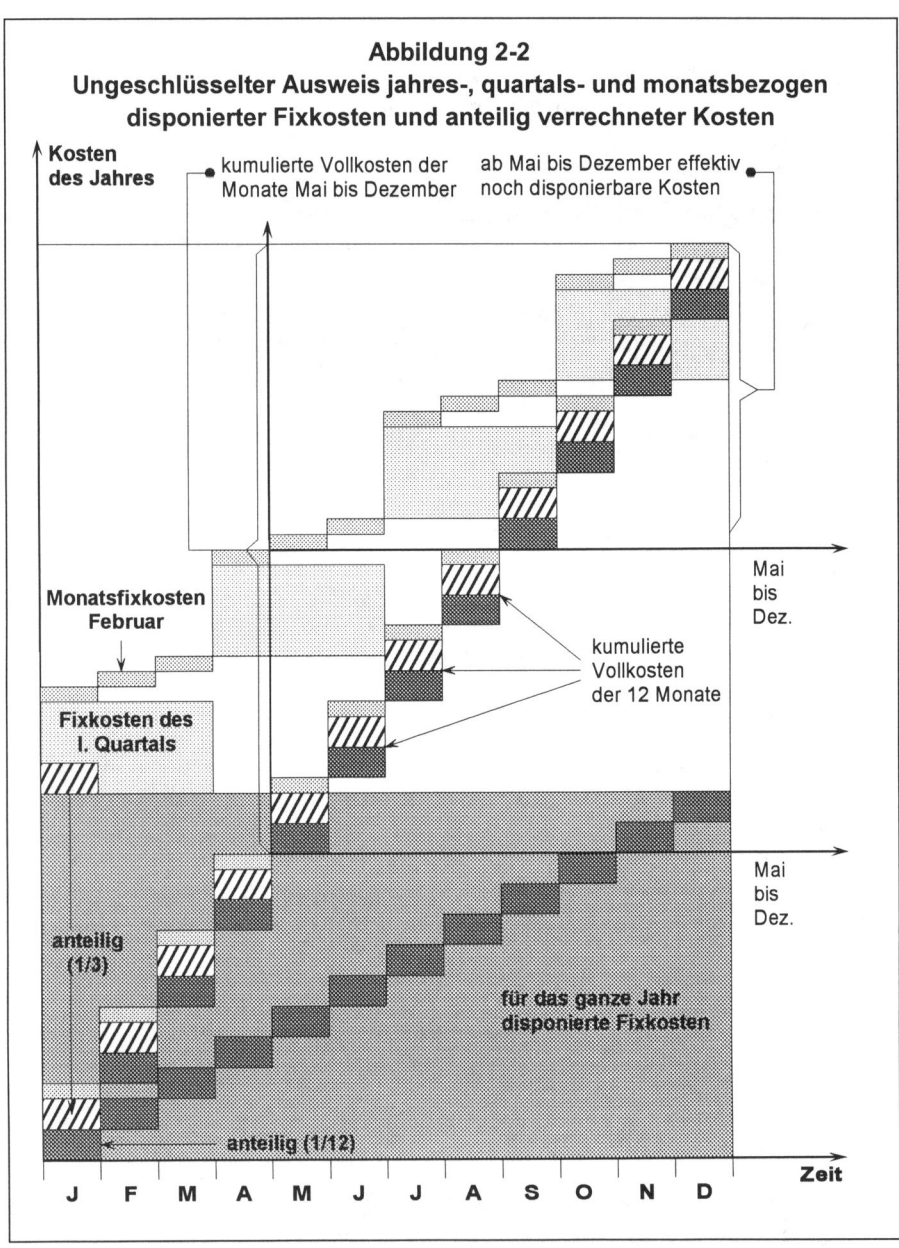

Abbildung 2-2
Ungeschlüsselter Ausweis jahres-, quartals- und monatsbezogen disponierter Fixkosten und anteilig verrechneter Kosten

Aus den zuvor genannten Gründen treffen mit der Vollkostenrechnung arbeitende Unternehmen möglicherweise auch **falsche Entscheidungen über endgültige Betriebsstillegungen**. Dies läßt sich dem einfachen und demzufolge anschaulichen Beispiel der **Abbildung 2-2** leicht entnehmen. Die Vollkosten der einzelnen Abrechnungsmonate setzen sich aus direkt monatsbezogen disponierten Fixkosten und den einzelnen Monaten anteilig angelasteten quartalsbezogen sowie jahresbezogen disponierten Kosten zusammen. Würde man sich allein an den Vollkosten der Monate orientieren, entstünde beispielsweise der Eindruck, daß bei einer Betriebsstillegung zu Beginn des Monats Mai insgesamt noch die kumulierten Vollkosten der Monate Mai - Dezember abgebaut werden könnten. Tatsächlich lassen sich jedoch im Beispielfall nur noch die Fixkosten des III. und IV. Quartals sowie die Monatsfixkosten von Mai - Dezember abbauen, da sich die für das II. Quartal sowie die für das Jahr ingesamt disponierten Fixkosten zu Beginn des Monats Mai nicht mehr beeinflussen lassen. Sie müssen zu diesem Zeitpunkt bereits als "sunk costs" gelten. Das Beispiel belegt, daß es beim Rechnen mit anteiligen Periodengemeinkosten zu einer **Unterschätzung der Kostenremanenz** kommt.

3. Nachteilige Folgen der Schlüsselung von Kostenstellengemeinkosten

Manche Unternehmen entscheiden sich zur Vereinfachung ihrer Kostenstellen-rechnung für eine **Vorverteilung von Kostenstellengemeinkosten**. Dies betrifft vornehmlich die Kosten für Grundstücke, Gebäude, Verkehrswege und andere Infrastrukturen. Nicht selten werden solche Kosten zunächst auf einer Allgemei-nen Hilfskostenstelle gesammelt und von dieser aus auf die Nutzer der Ressour-cen anteilig weiterverrechnet. Mitunter verzichtet man jedoch auch auf diesen abrechnungstechnischen Zwischenschritt und teilt beispielsweise Flächen- und Raumkosten quadratmeterproportional direkt auf die flächen- bzw. raumnutzen-den Kostenstellen auf, so daß sie als **primäre Flächen- bzw. Raumkosten** in die Gesamtkosten der betreffenden Kostenstellen eingehen. Solche schon im Rah-men der Transformation von Aufwendungen in Kosten realisierte Kostenvorvertei-lungen haben zur Folge, **daß die tatsächlich disponierten Fixkostenquanten nicht wirklichkeitsgerecht abgebildet werden**. Die Kostenrechnung vermittelt den Eindruck, Flächen- und Raumkosten könnten für einzelne Kostenstellen in verhältnismäßig kleinen Quanten disponiert werden. In Wirklichkeit werden von den betreffenden Unternehmen jedoch möglicherweise relativ große Areale und Gebäude vorgehalten. Wenn die Kostenrechnung ein taugliches Führungs-instrument sein soll, muß sie die Gesamtkosten solcher "Potentialquanten" vor ihrer anteiligen Weiterverrechnung auch als Gesamtbetrag abbilden. Das ist vor allem dann zu fordern, wenn für das Bereithalten derartiger Ressourcen unter-schiedliche primäre Kostenarten (so etwa Grundsteuer, kalkulatorische Abschrei-bungen und Zinsen, Wartungs-, Instandhaltungs- und Reparaturkosten, Energie-kosten, Gebühren und Abgaben, Kosten für Überwachungspersonal, Sicher-heitsdienste und dergleichen) anfallen. Unter solchen Bedingungen müssen **Kostenstellen für Grundstücke und Gebäude und anderer Infrastrukturen** als Hilfskostenstellen eingerichtet werden. Dadurch wird der summarische Ausweis aller für derartige Potentiale anfallenden Kosten gewährleistet. Die sich anschlie-ßende anteilige **Weiterverrechnung als Sekundärkosten** bewirkt freilich den-noch eine **Verteilung von Kostenstellengemeinkosten**. Sie hat zur Folge, daß für die mit solchen anteiligen Sekundärkosten belasteten Kostenstellen insgesamt Kosten ausgewiesen werden, die beim Wegfall derartiger Leistungsbereiche nicht in vollem Umfang entfielen. Schon deshalb dürfen Entscheidungen über den Aufbau oder Abbau der Kapazität derartiger Leistungsbereiche (wie etwa langfristige Eigen-/Fremd- oder Verfahrensentscheidungen), nicht einfach von den vollen, durch Kostenumlagen beeinflußten Kostenstellenkosten ausgehen.

4. Problematisches Umrechnen von Kostenstellenkosten in Prozeßkosten

Einer der fundamentalen Nachteile der Vollkostenrechnung besteht darin, daß dieses Konzept die aus primären und sekundären Kosten bestehenden Gesamtkosten einzelner Kostenstellen ohne weitere Differenzierung in vollem Umfang auf das geplante und auch auf das realisierte Leistungsvolumen eines solchen Ressourcenbereichs umrechnet: **Die vollen Kosten der Hilfskostenstellen und Hauptkostenstellen werden proportional zum Prozeßvolumen verrechnet.** Abstellend auf die **Planleistung** und/oder auf die **Istleistung** ermittelt das traditionelle kostenrechnerische Konzept **reine Vollkostensätze** für die Kalkulation innerbetrieblicher Leistungen sowie für die Kalkulation der zum Verkauf bestimmten Produkte. Es verzichtet ausdrücklich auf die Abbildung des Kostenverhaltens. die von Einproduktbetrieben angewandte **Divisionskalkulation** belegt dieses Phänomen besonders deutlich.

Die Vollkostenrechnung sagt nichts darüber aus, wie sich die Kosten einer Kostenstelle, eines Kostenstellenbereichs mit dem Leistungsvolumen verändern. Die Abhängigkeit der Kosten vom Produktions- und Absatzvolumen wird nicht aufgedeckt.

Wenngleich den mit der Vollkostenrechnung operierenden Unternehmen durchaus bekannt ist, daß ein Teil der kostenstellenbezogen erfaßten Kosten leistungsunabhängig für das Aufrechterhalten der Kapazität anfällt, unterlassen sie ein Separieren fixer und proportionaler Kosten: **Die Vollkostenrechnung proportionalisiert in ihrer Höhe nicht exakt bekannte Fixkosten.** Bei der Bestimmung von Prozeßkosten und Stückkosten stellt die Volllkostenrechnung prinzipiell auf das geplante Prozeßvolumen bzw. auf das geplante Produktions- oder Absatzvolumen ab. Meist werden so berechnete Prozeßkostensätze bzw. Stückkosten für eine Abrechnungsperiode, häufig über das ganze Jahr hinweg, konstant gehalten. Auf diese Weise werden prinzipiell sämtliche Kostenstellenkosten als volumenabhängig anfallende Kosten ausgewiesen. So kommt es zu einer **falschen Abbildung des Kostenverhaltens.**

Das Proportionalisieren der wegen der fehlenden Kostenspaltung grundsätzlich nicht genau bekannten Fixkosten hat zwangsläufig **falsche Prognosen und Simulationen von Kosten- und Ergebnisveränderungen** zur Folge. Generell kommt es zu einer Überschätzung der Kostenreagibilität bzw. zu einer Unterschätzung der Kostenremanenz. Hieraus folgt wiederum, daß die Abhängigkeit der Periodenergebnisse vom Umsatzvolumen niemals genau vorherbestimmt werden kann. Vollkosten- und Nettoergebnisrechnungen erzeugen den Eindruck, daß vermeintlich bereits von der ersten produzierten und auch abgesetzten Men-

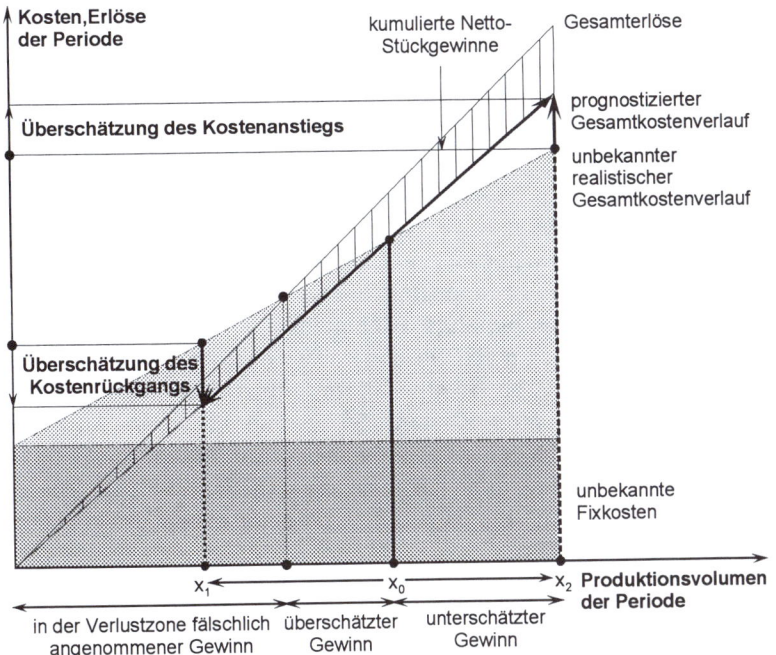

Abbildung 2-3
Falsche Prognose und Simulation von Ergebnisveränderungen wegen fehlender Kostenspaltung

(A) Fehlerhafte Erfolgsprognose wegen fehlender Kostenspaltung

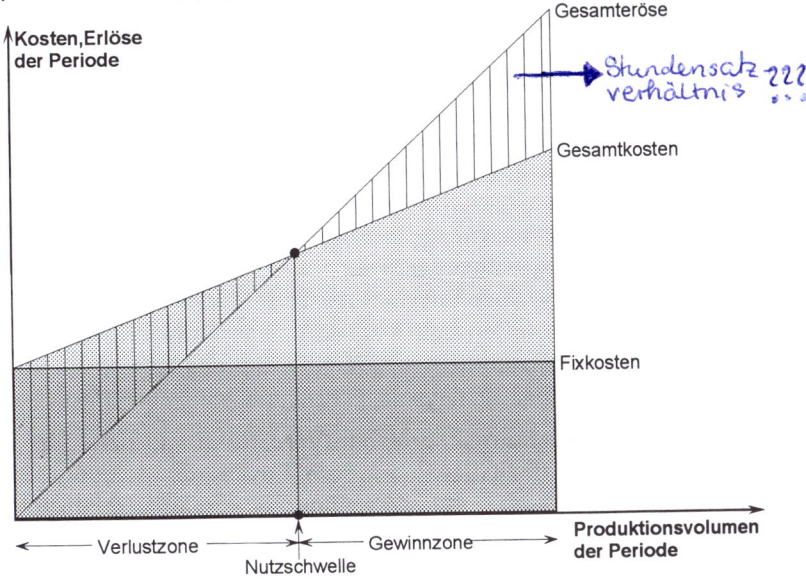

(B) Realistische Erfolgsprognose bei Durchführung einer Kostenspaltung

geneinheit an Gewinn entsteht, wie dies **Abbildung 2-3** in ihrem oberen Teil veranschaulicht.

Die Ergebnisreagibilität wird unterschätzt, die Ergebnisstabilität dagegen überschätzt. Vor allem machen vollkostenrechnerische Kalküle **keine Aussagen über die Nutzschwelle**: Einem Unternehmen bleibt unbekannt, ab welchem Umsatzvolumen es die Gewinnzone erreicht. Wie der untere Teil der **Abbildung 2-3** visualisiert, läßt sich die Gewinnschwelle nur dann aufdecken, wenn man ausdrücklich fixe und proportionale Kosten trennt. Daß die Vollkostenrechnung keine wirklichkeitsgerechte Abbildung des Kostenverhaltens gewährleistet, liegt daran, daß sie vorrangig auf die Ermittlung von Selbstkosten zur Unterstützung der Preisfindung abzielt. Wegen der Dominanz dieses Rechnungszwecks bleibt nicht nur die Abhängigkeit des Kostenanfalls vom Leistungsvolumen einzelner Kostenstellen prinzipiell unbekannt. So wie die Vollkostenrechnung jeweils die Gesamtkosten einzelner Kostenstellen anteilig leistungsproportional verrechnet implizert sie generell auch **proportionale Beziehungen zwischen Kostenstellenleistung und Leistungsmenge (Beschaffungs-, Produktions- oder Absatzvolumen)**. Da vollkostenrechnerische Kalküle die Variabilität der Kosten nicht abbilden, präsentieren sie auch **keine Informationen über die für kurzfristige Entscheidungen relevanten Kosten**. So werden vor allem kurzfristige kostenmäßige Preisuntergrenzen nicht aufgedeckt. Das Niveau der Grenzkosten, die man auch zur Untermauerung kurzfristiger Eigen-/Fremd-Entscheidungen und Verfahrensplanungen kennen müßte, läßt sich einer reinen Vollkostenrechnung nicht entnehmen.

Problematisch ist, daß die Vollkosten pro Mengeneinheit bzw. die vollen Stückkosten stets von dem Leistungsniveau (Prozeßniveau) bzw. vom Produktvolumen abhängt, das der Proportionalisierung der Gesamtkosten einzelner Kostenstellen zugrundeliegt. **Daraus folgt: Zuschlags-, Verrechnungs- und Prozeßkostensätze und volle Stückkosten sinken (steigen) bei zunehmender (rückläufiger) Beschäftigung.** Dieses gegenläufige Verhalten vollkostenrechnerisch ermittelter Kostensätze und stückbezogener Selbstkosten gegenüber Schwankungen des Beschäftigungsgrades bewirkt **Fehlsteuerungen der Ressourcennutzung**. Je besser Rechenzentren, Werkstätten und andere unternehmensinterne Servicebereiche ausgelastet sind, desto niedriger sind ihre leistungsspezifischen Vollkostensätze. Dies stimuliert weitere Nachfrage nach solchen innerbetrieblichen Leistungen. Demgegenüber werden eigene Serviceleistungen bei einer ohnehin rückläufigen Kapazitätsauslastung wegen der steigenden Vollkostensätze möglicherweise erst recht immer weniger nachgefragt, dies unter anderem auch deshalb, weil der Fremdbezug (das Kooperieren mit externen Partnern) unter solchen Bedingungen kostenmäßig immer attraktiver wird.

Das Anpassen vollkostenrechnerischer Verrechnungspreise für innerbetriebliche Leistungen stellt keine optimale Ressourcennutzung sicher, es führt zu falschen Eigen-/Fremd-Entscheidungen, generell gefährdet es eine dem ökonomischen Prinzip adäquate Verfahrenswahl.

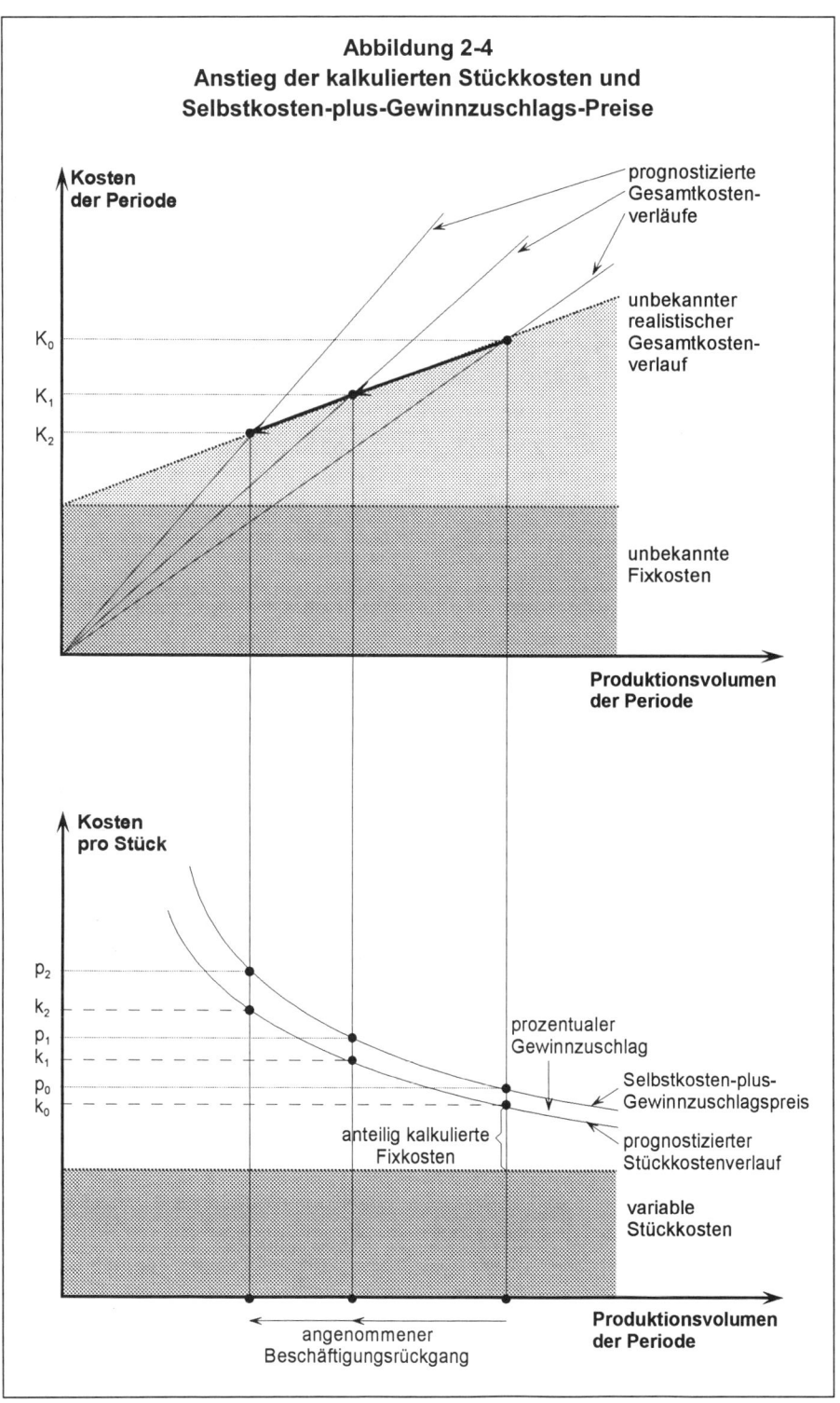

Abbildung 2-4
Anstieg der kalkulierten Stückkosten und
Selbstkosten-plus-Gewinnzuschlags-Preise

Die gegenläufige Entwicklung von Vollkostensätzen und Selbstkosten gegenüber Beschäftigungsschwankungen gefährdet auch eine sich vorrangig an den Selbstkosten orientierende Preispolitik. Gerade der traditionell als besonders wichtig herausgestellten Kostenrechnungsaufgabe **Preiskalkulation** können rein vollkostenrechnerische Methoden nur in engen Grenzen gerecht werden.

Abbildung 2-4 visualisiert die sich bei einer Orientierung an der jeweiligen Istbeschäftigung ergebende **Problematik von Selbstkosten-plus-Gewinnzuschlags-Preisen**: Die stückbezogenen Selbstkosten des Beispielunternehmens würden bei rückläufigem Umsatzvolumen und demzufolge zurückgehender Beschäftigung stark ansteigen, so daß Selbstkosten-plus-Gewinnzuschlags-Preise erheblich anstiegen. Dadurch entstünde die Gefahr, daß sich ein solcher Betrieb sukzessiv "aus seinen Märkten herauskalkuliert".

Wie die mikroökonomische Preistheorie lehrt, müssen die Angebotspreise bei zurückgehender Nachfrage zur Stärkung der eigenen Wettbewerbsposition eher gesenkt werden, während sich in Zeiten guter Konjunktur höhere Preisforderungen eher durchsetzen lassen. Bei veränderlichen Preiselastizitäten läßt sich eine Vollkostendeckung allenfalls über einen längeren Zeitraum hinweg sicherstellen.

Der Versuch, kurzfristig Selbstkosten-plus-Gewinnzuschlags-Preise durchzusetzen, ist nicht marktkonform. Eine primär von schematisch kalkulierten Selbstkosten ausgehende Preispolitik hält zwar prinzipiell das Preisniveau hoch, führt jedoch bei schlechter Konjunkturlage trotz "genauer" Kalkulation zu Nachfrageeinbußen und somit möglicherweise in die Verlustzone; dagegen unterbleiben bei guter Marktlage durchaus realisierbare, gewinnsteigernde Preiserhöhungen, die für das Bilden von Reserven zur Überbrückung von Jahren mit schlechte Betriebsergebnissen dringend geboten sind.

Die zuvor beschriebenen Gefahren lassen sich durch ein **Ableiten der Vollkostensätze und der stückbezogenen Selbstkosten von der für einen längeren Zeitraum im Durchschnitt zu erwartenden Normalbeschäftigung** begrenzen. Aus dieser Erkenntnis ziehen mehr und mehr Unternehmen positive Schlußfolgerungen. Ein von der auf längere Sicht durchschnittlich zu erwartenden Beschäftigung ausgehendes Kalkulieren von Selbstkosten kann jedoch eine Vollkostendeckung grundsätzlich nicht garantieren.

Wenn Unternehmen für die Verfügbarkeit menschlicher, technischer und anderer Ressourcen relativ hohe Kostenbeträge über lange Zeiträume hinweg verbindlich disponieren, wenn sie also hohe Kostenobligos eingehen müssen, sind sie wegen der Marktunsicherheiten und Beschäftigungsrisiken niemals sicher, daß die für sämtliche abgesetzten Einzelleistungen insgesamt erwirtschafteten Erlöse die vollen Kosten decken. Auch ausdrücklich auf Vollkostendeckung ausgerichtete Kalküle können dieses Risiko nicht eliminieren.

5. Methodische Probleme der Schlüsselung von Prozeßgemeinkosten

Kosten- und Leistungsstellen bewältigen **unterschiedliche Prozeßarten, sie erstellen verschiedenartige Leistungen**: Im Fertigungsbereich vieler Industrieunternehmen werden Universalmaschinen, neuerdings mehr und mehr auch flexible Fertigungssysteme (FFS) eingesetzt. In der Forschung und Entwicklung, in der Konstruktion und Fertigungsvorbereitung, im Einkauf und im Vertrieb sind hochqualifizierte Mitarbeiter für ein breites Tätigkeitsspektrum zuständig. Auch viele Servicebereiche erbringen unterschiedliche Arten von Leistungen.

Fixkosten sind Gemeinkosten ressourcenspezifischer Prozesse. Die Kapazität personalintensiver Ressourcenbereiche läßt sich in Zeiteinheiten (Stunden) messen. Sind prozeßartspezifische Planzeiten oder sogar die für unterschiedliche Prozeßarten aufgewandten Zeiten bekannt, lassen sich **Prozeßkosten als anteilige Vollkosten einer Prozeßmengeneinheit** bestimmen, wie dies Befürworter der Prozeßkostenrechnung zur Unterstützung des Kostenmanagement und zur Erhöhung der Kalkulationsgenauigkeit befürworten. So wird beispielsweise für den Einkauf in diesem Sinne empfohlen, Prozeßkosten für die Lieferantenbetreuung, Bestellabwicklung, Warenannahme und Wareneingangsprüfung getrennt zu erfassen. Nach den Vorstellungen der Prozeßkostenrechner sollen anteilig für **nicht wertschöpfende Prozesse** ermittelte Prozeßkosten den Kosten wertschöpfender Prozesse hinzugefügt werden, damit sie auf diese Weise ebenfalls in die Kalkulation von Erzeugnissen eingehen.

Je höher die Fixkosten universell nutzbarer Ressourcen sind, desto markanter ist die **Abhängigkeit der Prozeßkosten einzelner Prozeßarten vom Niveau und der Struktur des gesamten Prozeßspektrums eines Ressourcenbereichs**. Nimmt beispielsweise im Beschaffungswesen bei unveränderten Kapazitäten und Kapazitätskosten sowie unter sonst gleichbleibenden Umständen die Anzahl der Qualitätsprüfungen ab, erhöhen sich zwangsläufig die anteiligen Vollkosten der einzelnen Prozeßarten.

Abbildung 2-5 veranschaulicht diesen Effekt. Sie basiert auf der Annahme, daß ein Ressourcenbereich in einer Periode 1 insgesamt 1.000 Prozeßstunden für drei verschiedene Prozeßarten (I = 200 Std., II = 300 Std., III = 500 Std.) realisierte und daß hierfür insgesamt 60.0000,- DM an Prozeßkosten entstanden, so daß der Prozeßkostensatz 60,- DM/Std. betrug. Im Vergleich dazu wurde für eine Periode 2 unter sonst gleichen Umständen unterstellt, daß die Prozeßmenge der Prozeßart III nur 250 Stunden ausmachte und daß demnach der betreffende Ressourcenbereich insgesamt nur 750 Prozeßstunden realisierte. Für diese Periode 2 ergäbe sich ein um 8,30 DM/Std. höheres Prozeßkostenniveau. Grund hierfür sind in vollem Umfang remanente, absolut fixe Kosten in Höhe von (angenommenen) 25.000,- DM. Wie an anderer Stelle bereits ausgeführt, ist das Ausmaß der bei einem rückläufigen Prozeßvolumen eintretenden Progression von Prozeßkostensätzen von der **Fixkostenintensität** und von der **quantitativen und zeitlichen Disponierbarkeit der Fixkosten** abhängig. Vermindern lassen sich solche bei zurückgehender Beschäftigung kostenremanenzbedingt entste-

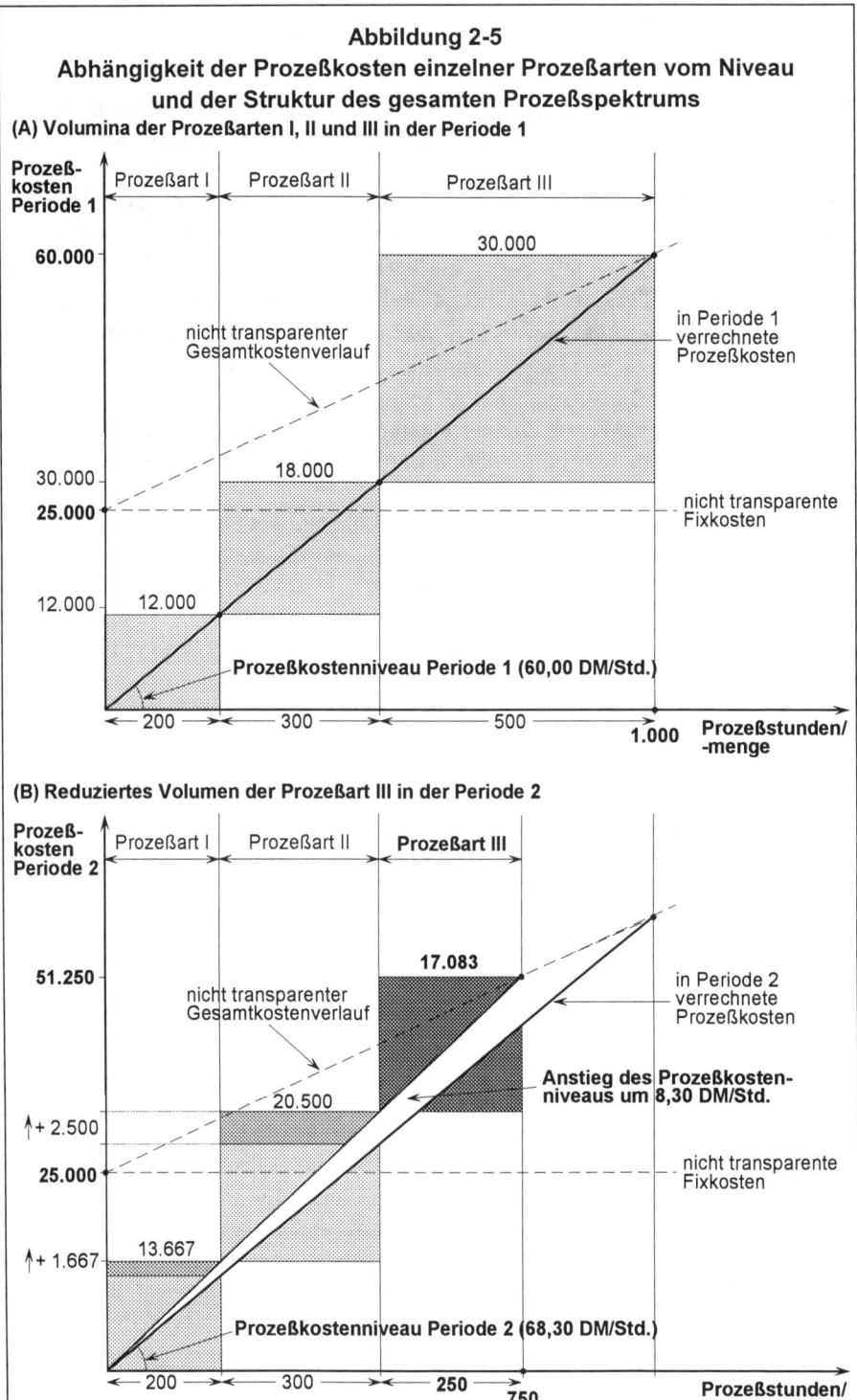

Abbildung 2-5
Abhängigkeit der Prozeßkosten einzelner Prozeßarten vom Niveau
und der Struktur des gesamten Prozeßspektrums

(A) Volumina der Prozeßarten I, II und III in der Periode 1

(B) Reduziertes Volumen der Prozeßart III in der Periode 2

hende Kosten(satz)progressionen nur durch **Strategien der Fixkostenflexibilisierung**, im speziellen dadurch, daß man sich grundsätzlich schnell und konsequent um den Abbau der bei rückläufigen Volumina überflüssig werdenden Ressourcen bemüht.

Als besonders problematisch erweist sich die Tatsache, daß die traditionelle Vollkostenrechnung **nicht-wertschöpfende Prozesse indirekter Bereiche** regelmäßig überhaupt nicht getrennt erfaßt und dokumentiert. Damit sind vor allem administrative Vorgänge sowie Tätigkeiten der Planung, Disposition, Überwachung und Steuerung sowie ähnliche Leistungsarten angesprochen. Die hierfür anfallenden Kosten werden regelmäßig nicht leistungsbezogen verrechnet, sondern in **Gemeinkostenzuschlagssätze** einbezogen, die je nach Tätigkeitsbereich auf die Materialeinzelkosten, auf die Fertigungseinzelkosten oder auf die Herstellkosten aufgeschlagen werden. Das entspricht der klassischen Prozedur der auch heute noch von vielen Mehrproduktbetrieben angewandten **Zuschlagskalkulation**. Das Operieren mit Zuschlagssätzen beim Kalkulieren von Produktkosten ist ein besonders gravierendes Teilproblem der Schlüsselung von Kostenträgergemeinkosten.

6. Erscheinungsformen und Auswirkungen der Schlüsselung von Kostenträgergemeinkosten

Die Relevanz und die Tragweite der Schlüsselung fixer und auch variabler Kostenträgergemeinkosten wird maßgeblich von der Unternehmensstruktur und von der Organisation der Fertigung sowie im Zusammenhang damit von der jeweils angewandten Kalkulationsmethodik bestimmt. Gegen die Anwendung der herkömmlichen **Zuschlagskalkulation** ist vor allem kritisch anzumerken, daß dieses Kalkulationsverfahren **prozentuale Gemeinkostenzuschläge für die Kosten indirekter Bereiche** vorsieht, somit also auf eine leistungsbezogene Verrechnung und Kalkulation der Kosten dieser Tätigkeitsfelder ausdrücklich verzichtet: Kosten des Einkaufs, der Beschaffung und der Materialwirtschaft werden als **Materialgemeinkosten** den Materialeinzelkosten aufgeschlagen; in den auf die Fertigungseinzelkosten bezogen Zuschlag für **Fertigungsgemeinkosten** gehen unter anderem Kosten der Forschung, Entwicklung und Konstruktion, Qualitätssicherungskosten, Kosten des innerbetrieblichen Transports sowie Kosten der Produktionsplanung und -steuerung, schließlich auch Kosten der Arbeitsvorbereitung ein; die Kosten für Marketingaktivitäten, Werbung, Kundendienst und Distribution zählen zu den **Vertriebsgemeinkosten**, die regelmäßig prozentual den Herstellkosten zugeschlagen weden, wie dies die Zuschlagskalkulation auch für die **Verwaltungsgemeinkosten** vorsieht. **Zwischen den prozentualen Gemeinkostenzuschlägen und der jeweiligen Zuschlagsbasis (Materialeinzelkosten, Fertigungseinzelkosten, Herstelkosten) besteht keine kausale Beziehung.** So sind etwa die Kosten der Lieferantenbetreuung, der Bestellabwicklung, Wareneingangsprüfung und Einlagerung normalerweise keine Funktion des Wertes der bereitgestellten Materialarten. Dennoch setzt die Zu-

schlagskalkulation diese Kosten so an, als bestünde ein solcher Beziehungszusammenhang.

Das speziell für die Lohnzuschlagskalkulation typische prozentuale **Aufschlagen
von Fertigungsgemeinkosten auf produktionsvolumenabhängig kalkulierte
Fertigungslöhne** entwickelte sich in einer schon länger zurückliegenden Zeit, in
der für besonders arbeitsintensive, noch wenig mechanisierte Produktionsprozesse neben den Produktionsräumen allenfalls Werkzeuge, Geräte und Vorrichtungen von den Fertigungsarbeitern benötigt wurden. Prozentuale **Fertigungsgemeinkostenzuschläge** schlugen damals nicht besonders stark zu Buche. Daß
die Kalkulationsobjekte bei großer Produktionstiefe mit höheren Fertigungsgemeinkosten belastet wurden, machte deshalb einen gewissen Sinn, weil die Vorbereitung, Planung und Steuerung einer vielstufigen Fertigung auch entsprechend höhere Kosten verursachte. Mit fortschreitender Mechanisierung und
Automatisierung der Produktion sowie mit der zunehmenden Bedeutung von
Innovationsprozessen setzte eine **progressive Entwicklung der Fertigungsgemeinkostenzuschläge** ein. Speziell anlagenintensive Industrieunternehmen
stützen sich deshalb bei der Kalkulation ihrer Produktkosten immer mehr auf die
Maschinenstundensatzrechnung. Sie bemühen sich darüber hinaus intensiv
um eine direkt produktbezogene Kalkulation einerseits der Kosten der Produktionsplanung und -steuerung sowie andererseits der Kosten von Forschung,
Entwicklung und Konstruktion.

Das prozentuale Aufschlagen von **Vertriebs- und Verwaltungsgemeinkosten
auf die Herstellkosten** verstößt besonders kraß gegen das Verursachungsprinzip. Weder einem Fachmann noch einem Laien leuchtet es ein, warum beispielsweise ein materialintensives und/oder fertigungsintensives Erzeugnis besonders
hohe Vertriebs- und Verwaltungsaufwendungen verursachen soll. Gerade die
Zuschläge für Vertriebs- und Verwaltungsgemeinkosten verdeutlichen deshalb
sehr gut, daß es der traditionellen Vollkostenrechnung beim Operieren mit Gemeinkostenzuschlägen nicht unbedingt im strengen Sinne darum ging, eine ver-
ursachungsgemäße Kostenkalkulation zu erreichen. **Der Ansatz von Gemeinkostenzuschlägen orientiert sich vorrangig am Tragfähigkeitsprinzip**. Für solche Produkte, deren Herstellung hohe Kosten verursacht, und die demnach auch
zu höheren Preisen vermarktet werden müssen, unterstellt die Zuschlagskalkulation, daß sie auch relativ hohe Beiträge zur Deckung der Gemeinkosten des Vertriebs und der Verwaltung erbringen können. So gesehen lassen sich solche
Gemeinkostenzuschläge auch als **anteilige Gemeinkosten-Deckungslasten**
interpretieren. Dies ändert freilich nichts daran, daß die in Relation zur Zuschlagsbasis prozentuale Gleichbelastung von Kalkulationsobjekten mit solchen
Gemeinkosten-Deckungslasten letztlich zu vollen Selbstkosten führt, die in dieser
Höhe von einer Produktart als Ganzes und erst recht nicht von einem einzelnen
Stück zusätzlich hervorgerufen werden. Dies bedeutet: Selbstkosten können als
kalkulierte Vollkosten allenfalls richtungsweisend für die Findung der Preisniveaus
sein. Sie sind keine eindeutige determinierte kostenmäßige Preisuntergrenze.

Abbildung 2-6
Gefahren des Eliminierens scheinbarer "Verlustprodukte" auf Basis einer nettoergebnisorientierten Programmplanung

(A) Negative (Netto-) Umsatzergebnisse eines Produktes als Ausgangspunkt programmpolitischer Anpassungsmaßnahmen

	Erzeugnissparten / Erzeugnisarten	M	N	O	Σ	R1	R2	R3	Σ
1	Produktions- und Absatzmengen [LE]	650	830	460		440	180	260	
2	Materialeinzelkosten	55.978	102.588	98.749	257.315	110.124	46.504	86.168	242.796
3	Materialgemeinkosten (5,0%)	2.799	5.130	4.937	12.866	5.506	2.325	4.309	12.140
4	Materialkosten	58.777	107.718	103.686	270.181	115.630	48.829	90.477	254.936
5	Stelle KS 101 (56,00 DM/Std.)	13.104	32.536	30.912	76.552	24.640	6.048	11.648	42.336
6	Stelle KS 201 (62,00 DM/Std.)	56.420	41.168	45.632	143.220	-	-	-	-
7	Stelle KS 202 (48,00 DM/Std.)	-	-	-	-	19.008	24.192	14.976	58.176
8	Fertigungskosten	69.524	73.704	76.544	219.772	43.648	30.240	26.624	100.512
9	Herstellkosten	128.301	181.422	180.230	489.953	159.278	79.069	117.101	355.448
10	Vertriebseinzelkosten	24.018	20.128	9.209	53.355	8.430	3.856	7.483	19.769
11	Vertriebsgemeinkosten (Sparte 1: 12,0%; Sparte 2: 10,0%)	15.396	21.771	21.628	58.795	15.928	7.907	11.710	35.545
12	Vertriebskosten	39.414	41.899	30.837	112.150	24.358	11.763	19.193	55.314
13	Verwaltungsgemeinkosten (10,0%)	12.830	18.142	18.023	48.995	15.928	7.907	11.710	35.545
14	**Selbstkosten der Periode**	180.545	241.463	229.090	651.098	199.564	98.739	148.004	446.307
15	Nettoerlös in der Periode	179.400	255.640	235.382	670.422	206.800	113.040	149.422	469.262
16	**Umsatzergebnis der Periode**	-1.145	14.177	6.292	19.324	7.236	14.301	1.418	22.955
17	**Umsatzergebnis je Leistungeinheit**	-1,76	17,08	13,68		16,45	79,45	5,45	
18	Rangfolge	6.	2.	4.		3.	1.	5.	

(B) Nachteilige kosten- und erfolgsmäßige Konsequenzen der Eliminierung des scheinbaren „Verlustproduktes" M aus dem Produktionsprogramm

		M	N	O	Σ	R1	R2	R3	Σ
1	Produktions- und Absatzmengen [LE]		830	460		440	180	260	
2	Materialeinzelkosten		102.588	98.749	201.337	110.124	46.504	86.168	242.796
3	Materialgemeinkosten (5,5%)		5.642	5.432	11.074	6.057	2.558	4.739	13.354
4	Materialkosten		108.230	104.181	212.411	116.181	49.062	90.907	256.150
5	Stelle KS 101 (60,00 DM/Std.)		34.860	33.120	67.980	26.400	6.480	12.480	45.360
6	Stelle KS 201 (88,00 DM/Std.)		58.432	64.768	123.200	-	-	-	-
7	Stelle KS 202 (48,00 DM/Std.)		-	-	-	19.008	24.192	14.976	58.176
8	Fertigungskosten		93.292	97.888	191.180	45.408	30.672	27.456	103.536
9	Herstellkosten		201.522	202.069	403.591	161.589	79.734	118.363	359.686
10	Vertriebseinzelkosten		20.128	9.209	29.337	8.430	3.856	7.483	19.769
11	Vertriebsgemeinkosten (Sparte 1: 14,6%; Sparte 2: 9,9%)		29.358	29.437	58.795	15.969	7.879	11.697	35.545
12	Vertriebskosten		49.486	38.646	88.132	24.399	11.735	19.180	55.314
13	Verwaltungsgemeinkosten (11,1%)		22.320	22.381	44.701	17.898	8.831	13.110	39.839
14	**Selbstkosten der Periode**		273.328	263.096	536.424	203.886	100.300	150.653	454.839
15	Nettoerlös in der Periode		255.640	235.382	491.022	206.800	113.040	149.422	469.262
16	**Umsatzergebnis der Periode**		-17.688	-27.714	-45.402	2.914	12.740	-1.231	14.423
17	**Umsatzergebnis je Leistungeinheit**		-21,31	-60,25		6,62	70,78	-4,73	
18	Rangfolge		4.	5.		2.	1.	3.	

Selbst dann, wenn die Kosten einer anlagenintensiven, weitgehend mechanisierten und automatisierten Fertigung als Maschinenstundensätze kalkuliert werden, bleiben die wesensbedingten Gefahren einer vollkostenrechnerischen Produktkalkulation bestehen. Die sich aus der Saldierung von Umsatzerlösen und Selbstkosten ergebenden **vollkostenrechnerischen Nettoergebnisse sind daher keine für die Optimierung von Absatz- und Produktionsprogrammen geeignete Maßgröße.** Das tabellarisch strukturierte Zahlenbeispiel der **Abbildung 2-6** zeigt auf, welche negativen Konsequenzen sich daraus ergeben können, daß man vermeintliche "Verlustprodukte" ohne weitergehende Analysen des Kostenverhaltens aus dem Produktions- und Absatzprogramm eliminiert. Die Produktart M erweist sich im Beispielfall als ein Erzeugnis, daß seine Selbstkosten nicht deckt. Würde man auf die Herstellung und den Verkauf dieser Erzeugnisart verzichten und hätte man dafür ansonsten keinen Ausgleich, ergäben sich folgende Auswirkungen: Anstieg der Maschinenstundensätze der Kostenstellen KS 101 und 201 auf 60,00 DM/Std. und 88,00 DM/Std., Anstieg der Materialgemeinkosten von 5,00% auf 5,50%, Erhöhung der spartenspezifischen Vertriebsgemeinkosten von 12,00% auf 14,57%, Anstieg der Verwaltungsgemeinkosten von 10,00% auf 11,1%.

Der höhere Maschinenstundensatz der Fertigungskostenstelle KS 201 sowie der spartenspezifische Vertriebsgemeinkostenzuschlag würden nur die Produktarten der Erzeugnissparte 1 stärker belasten, die höheren Material- und Verwaltungsgemeinkosten auch die Erzeugnisse der Sparte 2. Dies hätte wiederum zur Folge, daß unter den veränderten Bedingungen auch die Produktarten N, O, R_3 nicht mehr ihre Selbstkosten decken würden. Möglicherweise würde das betreffende Unternehmen nunmehr zusätzlich darüber nachdenken, auch diese Verlustprodukte nicht länger im Sortiment zu belassen.

Wie unmittelbar einleuchtet, wären solche programmpolitischen Folgerungen jedoch nicht richtig. Denn: **Wenn eine Erzeugnisart aus dem Produktionsprogramm eleminiert wird, fallen keineswegs deren Selbstkosten gänzlich weg.** Dies liegt daran, daß in den Maschinenstundensätzen und erst recht in den Material-, Vertriebs- und Verwaltungsgemeinkosten in beachtlichem Ausmaß anteilige fixe Kostenträgergemeinkosten enthalten sind, die sich zumindest auf kurze und mittlere Sicht nur begrenzt reduzieren lassen.

Die mit produktbezogenen Selbstkostenkalkulationen zwangsläufig verbundene Schlüsselung von Kostenträgergemeinkosten verleitet auch dazu, daß innerhalb des Produktsortiments **Preisrelationen** zu strikt von den **Selbstkostenrelationen** der Erzeugnisarten abgeleitet werden. Das gilt um so mehr, je weniger ein Unternehmen vom **kalkulatorischen Ausgleich** Gebrauch macht je konsequenter es also für jede Erzeugnisart dieselbe Umsatzrentabilität anstrebt. Würde beispielsweise der durch **Abbildung 2-6** zahlenmäßig betrachtete Betrieb in der Ausgangssituation die über das gesamte Produktsortiment hinweg durchschnittlich realisierte Umsatzrentabilität von 2,88% für jede Erzeugnisart der beiden Erzeugnissparten anstreben, müßte er sich bemühen, für die Produktarten Nettoverkaufspreise (Nettoerlöse) in folgender Höhe am Markt durchzusetzen:

M: 180.545,-- DM * 1,0297 = **185.903,21 DM (286,00 DM/LE)**,

N: 241.463,-- DM * 1,0297 = **248.629,14 DM (299,55 DM/LE)**,

0:     229.090,-- DM * 1,0297 = **235.888,93 DM (512,80 DM/LE)**,

R_1:   199.564,-- DM * 1,0297 = **205.486,66 DM (467,02 DM/LE)**,

R_2:   98.739,-- DM * 1,0297 = **108.294,96 DM (601,64 DM/LE)**,

R_3:   148.004,-- DM * 1,0297 = **152.396,46 DM (586,14 DM/LE)**,

dies deshalb, weil für das Erreichen einer Umsatzrentabilität auf dem Niveau von 2,88% des Nettoverkaufspreises (vom Hundert) ein Gewinnzuschlag in Höhe von 2,97% der Selbstkosten (im Hundert) aufzuschlagen ist. Wie sich den Zahlenangaben entnehmen läßt, würde ein **konsequentes Streben nach demselben Vollkostendeckungsgrad** bei einigen Produktarten deutliche **Preiserhöhungen** erforderlich machen, während bei anderen Erzeugnissen **Preisreduzierungen** möglich wären. Welche erfolgsmäßigen Konsequenzen sich hieraus ergäben, kann man nur unter Abschätzung der **Preiselastizität der Nachfrage** prognostizieren. Sind eventuellen Preiserhöhungen wegen der Preisempfindlichkeit der Nachfrager enge Grenzen gesetzt, könnte ein striktes Ausrichten der produktspezifischen Preisstellungen auf das jeweilige Selbstkostenniveau unter Umständen zu erheblichen Absatz- und Gewinneinbußen führen. Wie diese Überlegungen zeigen, sind speziell dann, wenn in Produktkostenkalkulationen hohe Gemeinkostenzuschläge angesetzt werden, **Gefahren einer rein selbstkostenorientierten Preiskalkulation und Preispolitik** besonders ausgeprägt.

Gerade wegen der speziellen Problematik vollkostenrechnerischer Zuschlagskalkulationen hat sich in Deutschland für den Fertigungsbereich schon während der Nachkriegszeit die **Maschinenstundensatzkalkulation** immer mehr durchgesetzt. Mehr und mehr wird diese leistungsbezogene Kalkulationsmethodik auch auf personalintensive unternehmensinterne Dienstleistungsbereiche übertragen. In diesem Sinne operieren **Vorgangskalkulationen** mit stundenbezogenen Verrechnungssätzen. Seit Mitte der 80er Jahre wird immer nachdrücklicher gefordert, die Kosten möglichst sämtlicher indirekter Bereiche durch **Prozeßkostenkalkulationen** in die produktbezogene Berechnung von Selbstkosten einzubeziehen: **Die vollen Kosten einzelner Ressourcen sollen proportional zum geplanten bzw. realisierten Prozeßvolumen kalkuliert und auf Produkte verrechnet werden.** Dadurch lassen sich die spezifischen Mängel des Rechnens mit Gemeinkostenzuschlägen vermeiden. Die Kalkulationsobjekte werden **exakt proportional zu dem für sie jeweils realisierten Prozeßvolumen** anteilig mit Kosten belastet. Die Problematik der **Proportionalisierung kurzfristig fixer Kosten** wird dadurch freilich nicht entschärft. Anders als die meisten Befürworter der Prozeßkostenrechnung meinen, stellt die von ihnen propagierte Kalkulationsmethodik demnach keineswegs eine verursachungsgerechte Produktkostenkalkulation sicher.

Einer verursachungsgerechten Selbstkostenkalkulation steht außerdem entgegen, daß in vielen Bereichen der Industrie und auch der Dienstleistungswirtschaft Produktions- und andere Leistungserstellungsprozesse ablaufen, aus denen gleichzeitig mehrere verschiedenartige Produkte oder Dienstleistungen hervorgehen. So sind **Prozesse der Chargenfertigung** im Gegensatz zur wechselnden Fertigung dadurch gekennzeichnet, daß **unterschiedliche Güterarten gleichzeitig den Produktionsbedingungen unterworfen werden**. Zu denken ist dabei etwa an das gleichzeitige Lackieren, Brennen oder Trocknen unterschiedlicher Gegenstände in denselben Produktionsapparaturen. Besonders große Bedeutung haben **chargenweise Beförderungen**, etwa durch Busse, Bahnen, Schiffe und Flugzeuge. Wie ein Konzerthaus oder ein Theater erbringt auch ein Kino eine Betriebsleistung gleichzeitig einem größeren Personenkreis. Solche oder ähnliche **Prozesse der simultanen Produktion oder Dienstleistungserstellung** lösen **variable Kostenträgergemeinkosten** aus. Variable Kosten dieser speziellen Art entstehen ihrem Wesen nach gleichzeitig für das jeweilige Produkt- bzw. Leistungsspektrum.

Auch in der Beschaffung, im Rahmen der Produktionsplanung und -steuerung, im Vertrieb sowie in anderen die **der Produktion vor-, über- oder nachgelagerten Funktionsbereichen** kommt es - wie bei Chargenfertigung - ebenfalls vielfach vor, daß **Leistungen gleichzeitig für mehrere Objekte erbracht werden**: Bestellungen beziehen sich gleichzeitig auf mehrere Materialarten, dieselbe Eingangssendung enthält unterschiedliche Teilearten, Spediteure liefern verschiedenartige Stoffe in einer Sammelladung an, Fahrzeuge des innerbetrieblichen Transports befördern gleichzeitig unterschiedliche Einbauteile, ein Produktionsplan oder auch ein abzuwickelnder Kundenauftrag bezieht sich auf mehrere unterschiedliche Produktarten.

Für alle **Prozesse der simultanen Fertigung, Beförderung und Bearbeitung mehrerer Objekte** sind normalerweise **drei verschiedene Kostenkategorien** zu unterscheiden. Direkt objektspezifisch entstehen lediglich die vom **Prozeßnutzungsgrad abhängigen Kosten** (wie etwa der von der Beladung eines Lastkraftwagens abhängige Treibstoffverbrauch). Außer Kosten dieser Kategorie fallen **prozeßvolumenabhängige Kosten an, deren Höhe vom Prozeßnutzungsgrad unabhängig** ist (so beispielsweise in der Luftfahrt jener Treibstoffverbrauch, der allein durch die Beförderung des Fluggeräts über bestimmte Entfernungen hinweg bedingt ist, desgleichen der zeitabhängige Energieverbrauch von Trocken- oder Brennöfen).

Schließlich fallen meist noch **prozeßvolumenunabhängige (prozeßfixe) Kosten** an (so z.B. die Kosten des Starts und der Landung von Flugzeugen oder andererseits die Kosten des Anlegens von Fertigungs- oder Kundenaufträgen). Die beiden zuletzt genannten Kostenkategorien sind echte variable Kostenträgergemeinkosten. Dennoch teilen vollkostenrechnerische Kalkulationsverfahren auch solche Kosten anteilig auf simultan gefertigte, beförderte oder bearbeitete Objekte auf. Selbst die Befürworter von Prozeßkostenkalkulationen empfehlen in diesem Sinne, die gesamten Kosten der Abwicklung von Bestell- oder Kundenaufträgen auf die einzelnen Auftragspositionen (Artikel oder Produkte) aufzuschlüsseln. Ein solches Vorgehen führt zwangsläufig dazu, daß **falsche Vorstellungen über die Höhe der produktions- und absatzvolumenabhängigen Kosten** entstehen. So verhalten sich beispielsweise die Kosten der

Abwicklung von Kundenaufträgen oder auch Ausgangsfrachten für gemischte Sendungen nur dann proportional zum Umsatzvolumen, wenn sich die durchschnittliche Auftrags- bzw. Sendungsgröße nicht ändert. Nimmt dagegen die Größe der Kunden- und Versandaufträge mit dem Verkaufsvolumen zu oder ab, so besteht **keine proportionale Beziehung zwischen dem Auftrags- bzw. Sendungsvolumen einerseits und dem Absatzvolumen andererseits.**

All dies verdeutlicht, daß rein vollkostenrechnerische Kalküle die empirisch relevanten Beziehungen zwischen der Anzahl ablaufender Chargenprozesse, den Volumina solcher Prozesse, den Prozeßnutzungsgraden und den letztlich interessierenden Objektvolumina (Beschaffungs-, Fertigungs-, Transport-, Bearbeitungs- und Absatzmengen) nicht wirklichkeitsgerecht abbilden, somit also intransparent halten oder sogar in bewußt angestrebter Vereinfachung verdecken. Vollkostenrechnungen stellen prozeßfixe und prozeßvolumenabhängige Kosten nach deren Aufschlüsselung (Aufteilung) auf simultan gefertigte, beförderte oder bearbeitete Objekte so dar, als seien sie durch die einzelnen Objekte singulär verursacht. Dem **Kostenanfall bei simultaner Produktion und Leistungserstellung** wird dieses durch Kostenaufteilungen verfälschte Bild nicht gerecht. Es erzeugt **falsche objektbezogene Kosten- und Ergebnisinformationen**.

Besonders kritisch ist die **Aufschlüsselung variabler Kostenträgergemeinkosten bei Kuppelproduktion** zu beurteilen. Die Kuppelproduktion ist durch analytische Prozesse (Spaltprozesse) gekennzeichnet, aus denen naturgesetzlich oder technologisch bedingt zwangsläufig mehrere gleichrangige oder ökonomisch unterschiedlich bedeutsame Produkte hervorgehen. Insbesondere Betriebe der Grundstoffindustrie, Raffinerien, chemische Fabriken und zahlreiche andere Industrieunternehmen liefern hierfür vielfältige, praktisch immer bedeutsamer werdende Beispiele. Befürworter der Vollkostenrechnung teilen zum Zweck der **Kalkulation von Selbstkosten einzelner Kuppelprodukte** auch die mit dem Volumen analytischer Prozesse variierenden Stoff-, Energie- und Fertigungskosten auf die kalkulatorisch separat behandelten Kuppelprodukte auf. Regelmäßig stützt man sich dabei auf **Äquivalenzziffernrechnungen** unter Bezugnahme auf Marktpreisrelationen oder technische Größen, die als Äquivalenzziffern und somit als Aufteilungsschlüssel dienen. So verrechnen beispielsweise Raffinerien die Rohölkosten nach dem Heizwert anteilig auf die aus dem Spaltprozeß gemeinsam hervorgehenden Leichtöle und Schweröle. Sägewerke teilen die Rohholzkosten nach dem Volumen auf die gesägten Hölzer auf, eine Bettfedernfabrik wird die Kosten für Rohfedern nach dem Gewicht auf die durch den Sortierprozeß sortierten Federsorten und Daunen aufteilen.

Das Aufteilen von Spaltprozeßkosten auf verschiedenartige Spaltprodukte muß bei den Verwendern der so erzeugten Kosteninformationen zu der Vorstellung führen, daß die anteilig einem Kuppelprodukt angelasteten variablen Gemeinkosten der Kuppelproduktion im Grunde doch separat für dieses Kalkulationsobjekt entstünden. Das liefe jedoch auf ein ausdrückliches Negieren der Verbundproduktion hinaus. Wegen der bei Kuppelproduktion besonders strengen **Verbun-**

**denheit von Produkten über für sie prozeßvolumenabhängig (variabel) ge-
meinsam anfallende Kosten** sind Spaltprodukten anteilig zugeschlüsselte
Spaltprozeßkosten nicht einmal als **Deckungslast-Vorgaben** für Selbstkostenkalkulationen besonders geeignet. Denn für solche anteiligen Kostenbelastungen
läßt sich wegen der **Produktionsverbundenheit grundsätzlich kein als richtig
beweisbarer Aufteilungsschlüssel** finden. Das Verhältnis der Selbstkosten einzelner Komponenten eines Kuppelproduktbündels ist insofern ausdrücklich durch
die Wahl jenes Schlüssels bestimmt, der zur Aufteilung der Kuppelproduktions-
kosten herangezogen wird. Für **Kuppelprodukte kalkulierte Selbstkosten** sind
daher keine objektiven, sondern eher **subjektiv herbeigeführte Kosteninformationen.** Solche subjektiv determinierten Kosteninformationen spiegeln keine
Ursache-Wirkungs-Beziehung wider, sie bilden das Kostenverhalten falsch und
können auch die Angebotspreisfindung nicht unterstützen. Stattdessen muß die
Preispolitik für Kuppelprodukte ausdrücklich marktorientiert darauf abstellen, daß jeweils für die Komponenten von Kuppelproduktbündeln insgesamt ein
Preisniveau realisiert wird, das letztlich unter Berücksichtigung von Erlösschmälerungen, Vertriebskosten, Kosten der Weiterverarbeitung von Spaltprodukten zu
einer möglichst hohen Überdeckung der fixen und variablen Spaltprozeßkosten
führt. Dieses Erfordernis war einer der wichtigsten Gründe dafür, Betriebe mit
Kuppelproduktion vorrangig und besonders nachdrücklich aufzufordern, Vollko-
sten- und Nettoergebnisrechnungen durch **Deckungsbeitragsrechnungen** abzulösen. **Zusammenfassend** läßt sich festhalten, daß die traditionelle Vollkostenrechnung Perioden-, Kostenstellen-, Prozeß- und Kostenträgergemeinkosten in
einer meist mehrstufigen Abrechnungs- und Kalkulationsprozedur aufschlüsselt.

Zum einen wird dadurch die **Kostenentstehung falsch dokumentiert**, weil für
Gesamtheiten anfallende Kosten so abgebildet werden, als seien sie doch durch
Teile der jeweiligen Gesamtheit verursacht. Dieser Abbildungsfehler vollkostenrechnerischer Kalküle prägt nicht nur die einzelnen Phasen der Betriebsabrechnung und Kalkulation, sondern pflanzt sich von der periodischen Erfassung einzelner Kostenarten aus über um Umlagen und Verrechnungen innerhalb der Kostenstellenrechnung bis hin zu Gemeinkostenschlüsselungen im Rahmen der
Kostenträgerrechnung fort. Es kommt zu einer **mehrphasigen, teilweise mehr-
fachen Gemeinkostenschlüsselung**.

Ihrem Ziel nach bewirken die Prozesse der Gemeinkostenschlüsselung einerseits
primär eine **Aufteilung von Gesamtkostenbeträgen** und zum anderen **anteilige
Kostenbelastungen**. Aus dem Wesen von Gemeinkosten folgt unmittelbar, daß
es für diese Aufteilungs- und Anlastungsprozedur keinesfalls einen als allein
richtig beweisbaren Gemeinkostenschlüssel geben kann. Wegen des fehlenden
Leistungsbezugs erweist sich das Operieren mit Umlagen und Zuschlägen als
besonders kritisch. Doch verfälscht auch jede prozeßorientierte Gemeinkostenschlüsselung, wie etwa die Verrechnung von Ressourcenkosten nach der anteiligen Inanspruchnahme, den realen Kostenanfall. Dies nicht zuletzt deshalb, weil
dadurch **Kapazitätskosten abrechnungstechnisch in Leistungskosten um-
gewandelt** werden. Dazu kommt noch, daß das Ausmaß dieser Verfälschung
des Kostencharakters von dem zugrundeliegenden Beschäftigungsgrad bzw.

Prozeß- oder Leistungsvolumen abhängig ist, derart, daß sich bei rückläufiger Beschäftigung progressive Kostensätze, Prozeß- und Produktkosten ergeben. Die Kostenrechner nehmen hierauf jeweils nach ihrem persönlichen fachmännischen Ermessen Einfluß. Von diesem hängt der Wert vollkostenrechnerischer Kosteninformationen sehr stark ab. Insofern sind anteilig ermittelte Vollkosten grundsätzlich **nicht intersubjektiv nachprüfbar**.

Der für Vollkostenrechnungen typische **Verzicht auf ein Separieren fixer und proportionaler Kosten** hat zur Folge, daß das Kostenverhalten nicht wirklichkeitsgerecht aufgezeigt wird. Infolgedessen lassen sich über die **Abhängigkeit der Kosten vom Beschäftigungsgrad bzw. Leistungsvolumen** keine Aussagen machen. Dies beeinträchtigt Kostenprognosen, Kostensimulationen und Kostenplanungen schwerwiegend. Infolge dessen können Vollkostenrechner auch die situationsspezifische Entscheidungsrelevanz von Kosten nicht aufdecken. Auch andere Kostenabhängigkeiten bleiben verdeckt. Das Weiterwälzen ressourcenspezifischer Vollkosten über Prozesse letztlich auf Produkte verschleiert eher die Abhängigkeit der Kosten vom Produktions- und Absatzvolumen, als daß es sie transparent macht.

Die **Dominanz des Rechnungszweckes "Preiskalkulation"** hat zur Folge, daß reine Vollkostenrechnungen die wirklich entscheidungsrelevanten Kosteninformationen nicht bereitzustellen vermögen. Die für einzelne Abrechnungsperioden ausgewiesenen Kosten sind keinesfalls jene Beträge, die bei vorübergehenden oder endgültigen Stillegungen tatsächlich wegfallen. Das kann zu **falschen Desinvestitionsentscheidungen** führen. Solche Planungen und Dispositionen werden darüber hinaus auch durch die Schlüsselung von Kostenstellengemeinkosten beeinträchtigt. Sind dem Management die vollen Kosten der Leistungserstellungsprozesse bekannt, fehlen ihm auch die für Eigen-Fremd-Entscheidungen und Verfahrensvergleiche relevanten Kosteninformationen. Die für Produkte kalkulierten Selbstkosten lassen sich zwar als Richtgröße für die Angebotspreisfindung heranziehen, davon ausgehend produktspezifisch ermittelte Nettoergebnisse sind jedoch weder in ihrer absoluten, noch in ihrer relativen Höhe für die Optimierung von Produktions- und Absatzprogrammen richtungsweisend.

Erzeugnisse, deren Nettoverkaufserlöse die Selbstkosten nicht decken, dürfen keineswegs allein deshalb als "Verlustprodukte" eingestuft werden, da die in den kalkulierten Selbstkosten anteilig enthaltenen Gemeinkosten beim Eliminieren eines solchen Erzeugnisses aus dem Sortiment keineswegs kurzfristig voll wegfallen. Wegen der Beeinträchtigung durch Gemeinkostenschlüsselung sind grundsätzlich auch für Geschäftsfelder, Sparten, Unternehmenbereiche und Abrechnungsperioden **ermittelte Nettoergebnisse keine für das Ergebniscontrolling geeigneten Steuerungsgrößen**.

Die zuvor ausführlich beschriebenen Mängel und Gefahren von Vollkosten- und Nettoergebnisrechnungen wurden zu einem Teil schon sehr früh erkannt, in Deutschland jedoch erst während der Nachkriegszeit mehr und mehr aufgedeckt. Dies löste einen auch in dieser Zeit noch nicht abgeschlossenen Prozeß der konzeptionellen und methodischen Umorientierung der Kostenrechnung aus.

Entwicklungslinien der führungsorientierten Kosten-, Erlös- und Ergebnisrechnung

Die Entwicklung der Kostenrechnung zu einem effektiven Führungsinstrument erfordert nicht nur die **Ablösung traditioneller Konzepte der Vollkosten- und Nettoergebnisrechnung durch Teilkosten- und Bruttoergebnisrechnungen**. Solche Änderungen sind zunächst ihrem Inhalt nach zu konkretisieren. Denn der Terminus "Teilkostenrechnung" ist viel zu offen und demnach unscharf. Zugleich ist er unklar, weil er den falschen Eindruck vermittelt, "Teilkostenrechnungen" würden überhaupt nur Teile der Gesamtkosten erfassen. Kennzeichnend ist für diese dagegen, daß den Kostenträgern nur Teile der vollen Kosten zugerechnet werden. In Abhängigkeit von ihrer konkreten inhaltlichen Ausrichtung müssen bei genauer Betrachtung **Proportionalkostenrechnung, Grenz(plan)kostenrechnung und Einzelkostenrechnung** unterschieden werden. Letztere rechnet den Kostenträgern nur jene Kosten zu, die sich für diese auch als Einzelkosten direkt erfassen lassen. Sie verzichtet sogar auf die Schlüsselung variabler Gemeinkosten. Die Grenzkostenrechnung hingegen toleriert solche Aufteilungen, wie sie in Betrieben mit Kuppelproduktion und Chargenprozessen zur Diskussion stehen, zumindest fordert sie nicht ausdrücklich Verzicht.

Auf verschiedenen Wegen, durch unterschiedliche Methodiken und Konzepte erreichte Fortschritte sind systembildend miteinander zu verbinden. Beim praxisbezogenen Präsentieren moderner Gesamtkonzepte für das führungsorientierte Rechnungswesen kann es grundsätzlich nicht darum gehen, während der zurückliegenden Jahrzehnte von Wissenschaft und Praxis erarbeitete Lösungen, die jeweils besondere konzeptionelle, methodische oder strukturelle Schwerpunkte aufweisen, lediglich alternativ zu erörtern. So gesehen ist es beispielsweise nicht zweckmäßig, die Frage "Grenzplankostenrechnung **oder** Einzelkosten- und Deckungsbeitragsrechnung?" aufzuwerfen. Auch die Prozeßkostenrechnung darf nicht als ein konzeptionell völlig neues Gesamtsystem eingestuft werden. **Prozesskostenrechnerische Weiterentwicklungen sind in Verbindung mit Fortschritten auf anderen Entwicklungslinien zu sehen.**

Parallel zur Weiterentwicklung der eigentlichen Kosten-, Erlös- und Ergebnisrechnung ist das **Ausreifen der auf Kosten, Erlöse und Ergebnisse abstellenden Controllingkonzepte und Controllinginstrumente** zu verfolgen, so etwa vorrangig die Beziehung zwischen Plankostenrechnung und Kostencontrolling, gleichermaßen die Beziehung zwischen differenzierenden Deckungsbeitragsrechnungen und Ergebniscontrolling. Über die Funktionen des Controlling hinausgehend wurden in den letzten Jahren **Ziele, Denkansätze, Methodiken und Instrumente des Kosten- und Erfolgsmanagement** in immer konkreterer Form präsentiert. Die Weiterentwicklung der eigentlichen Kosten-, Erlös- und Ergebnisrechnung läßt sich nur unter Beachtung dieser aus den Aufgaben der Unternehmensführung abgeleiteten Anforderungen beschreiben. Diesbezüglich ist vor allem **das vom Marktpreisniveau und der angestrebten Umsatzrentabilität**

ausgehende Kostenmanagement-Konzept (Zielkostenmanagement) von Bedeutung. Ein modernes führungsorientiertes Kostenrechnungskonzept muß den Anforderungen dieses Target Costing gerecht werden, darüber hinaus vor allem auch dem immer wichtiger werdenden Anliegen, kostenmäßige Konsequenzen der Komplexität von Unternehmen mit Hilfe geeigneter Instrumente beeinflussen zu können. Speziell hierfür entwickelt sich ein Aussagensystem zum **Komplexitätskostenmanagement**.

Strukturen, Methodiken und Berichtsformen des internen Rechnungswesens haben sich auf verschiedenen sachlichen Ebenen weiterentwickelt, dies deshalb, weil Managementkonzepte und Managementaufgaben ihrerseits einem steten Wandel unterliegen. Auf die besonders bedeutsamen Linien dieser Entwicklungen wird im folgenden näher eingegangen.

1. Ausbau der Kostenrechnung zur Kosten- und Leistungsrechnung

Die ehemals vorrangige Ausrichtung der Kostenrechnung auf die "Preiskalkulation" zielte primär auf die **Abbildung von Kosten für erstellte und letztlich vermarktete Leistungen** ab. Es wurde zur Tradition, **Betriebsabrechnung und Kalkulation als bedeutsamste Gebiete der Kostenrechnung** herauszustellen. Die Betriebsabrechnung verrechnet die Kosten innerbetrieblicher Leistungen, die Kalkulation faßt Herstellkosten und letztlich Selbstkosten der Produkte - fertigungstypspezifisch einer bestimmten Methodik folgend - zusammen.

In den frühen Entwicklungsphasen der Kostenrechnung verteilte die Betriebsabrechnung nur **ex post erfaßte Istkosten** und das Kalkulieren beschränkte sich im wesentlichen auf das Erstellen von **Nachkalkulationen**. Erst dann, als man produktspezifische Mengen- und Zeitgerüste in Stücklisten und Arbeitsplänen abbilden und computergestützt auch erfassen und verwalten konnte und als man auch interne Leistungen zu planen vermochte, war man in der Praxis immer mehr darauf bedacht, schon vor dem Beginn der Produktion **Plankalkulationen** zu erstellen, die häufig auch als **Standardkalkulationen** bezeichnet werden. Die Entwicklung von Konzepten zur Planung innerbetrieblicher Leistungsströme ermöglichte die Verrechnung geplanter Sekundärkosten: Der BAB wurde zur **Plan-Betriebsabrechnung**.

Trotz der aus dem Rechnen mit Plankosten folgenden Fortschritte konzentrierte sich die schwerpunktmäßig auf die Preiskalkulation ausgerichtete Kostenrechnung weiterhin vorrangig auf das Erfassen, Kalkulieren und später auch auf das Planen von **Kosten für Leistungen**. Demgegenüber folgt schon aus den Erkenntnissen der modernen Produktions- und Kostentheorie, daß zwischen Kosten und Leistungen keine direkten Beziehungen bestehen. Der letztlich für die Erstellung und Verwertung von Leistungen entstehende Kostenanfall wird ausdrücklich und nachhaltig von den für die Produktion, für den Absatz und für die anderen Unternehmensfunktionen eingesetzten **Ressourcen im Sinne von Technologien, Personal, Mensch-Maschinen-Systemen und immateriellen**

Potentialen determiniert. Demgemäß setzte sich auch in der Kostenrechnungstheorie immer mehr die Auffassung durch, daß die Kostenrechnung **die einerseits für das Bereithalten und andererseits für das Nutzen der verschiedenen Arten von Ressourcen anfallenden Kosten** abzubilden habe und daß erst im Rückgriff auf diesen Zusammenhang Kosten für einzelne Leistungsarten und Leistungsvolumina bestimmt werden können. Für Potentiale, die alternativ für das Erstellen unterschiedlicher Leistungen genutzt werden können, erwies sich diese Differenzierung als besonders dringlich.

Für Mehrproduktmaschinen, wie für universell einsetzbares Personal, muß zu diesem Zweck zunächst deren Leistung mit dem Maß gemessen werden, das auch zur Messung der Kapazität solcher Potentiale herangezogen werden muß: **Maschinenstunden, Personalstunden, Systemstunden.** Die so zu messende **Ressourcenleistung** steht über die **Leistungsintensität** mit dem **Produktionsvolumen** im Sinne der Ausbringungsmenge in Beziehung.

Mit der vor allem durch den technologischen Fortschritt sowie durch den Wandel der Personalentlohnungssysteme bedingten **Zunahme der Fixkostenintensität** wurde **das planmäßig-analytische Separieren von Kosten der Kapazität und Kosten der Kapazitätsnutzung**, die Trennung von Kapazitätskosten (Fixkosten) und Leistungskosten (Proportionalkosten), immer dringlicher. Diesem Anliegen trug vor allem die noch zu erörternde Entwicklung moderner Systeme der flexiblen Plankostenrechnung Rechnung. Gleichermaßen wurde **das Aufdecken, Systematisieren, Planen, Erfassen, Analysieren und Steuern des Leistungsspektrums betrieblicher Ressourcen** immer wichtiger. Mehr und mehr wurde die Forderung erhoben, Kostenstellen zugleich auch als Leistungsstellen zu begreifen. Der **Ausbau der Kostenrechnung zur Kosten- und Leistungsrechnung** erwies sich als immer notwendiger.

Mittlerweile ist kaum noch bestreitbar, daß für die im Rechnungswesen als Kostenstellen oder Kostenplätze abgebildeten menschlichen, technischen und sonstigen Ressourcen nicht nur die anfallenden fixen und proportionalen Kosten, sondern auch die **Leistungsstruktur, Leistungsarten, Leistungsvolumina, Leistungsintensitäten und Leistungsmengen und auch Leistungsqualitäten** abgebildet werden sollten. Nur durch eine in diesem Sinne ausgebaute **Leistungsrechnung** können Verfügbarkeit, Auslastung und konkrete Formen der Nutzung fixkostenintensiver Kapazitäten offengelegt und so beeinflußt werden, daß Leerkosten vermieden und in möglichst hohem Maß Kostendegressionseffekte realisiert werden. Die Systematiken zur Gliederung von Personal- und Betriebsmittelzeiten nach REFA können sich für das Gestalten der Leistungsrechnung als wertvoll erweisen. Für einzelne Industriezweige (wie etwa für die Druckindustrie) gibt es bereits ausgereifte Empfehlungen zum Aufbau der Leistungsrechnung, die als bedeutsame Verbindung von ressourcenbezogener und produktbezogener Kostenrechnung zu verfeinern ist.

2. Prozeßkonforme Kostenrechnung anstelle von Kostenumlagen und Kostenverteilungen

Für das Etablieren einer aussagefähigen Leistungsrechnung erweist sich das **Differenzieren nach Bezugsgrößen** als wertvoll, wie es die Befürworter der Grenzplankostenrechnung seit Jahren für eine differenzierende Kostenplanung und Kostensteuerung fordern. Die Grenzplankostenrechnung selbst erfaßt grundsätzlich **sämtliche Arten kostenstellenspezifisch relevanter Kosteneinflußgrößen** als Bezugsgrößen. Im wesentlichen handelt es sich bei den von Grenzplankostenrechnern unterschiedenen Bezugsgrößen allerdings doch um unterschiedliche **Leistungsarten**, wie etwa Fertigungsvorgänge, Umrüsttätigkeiten, innerbetriebliche Transporte sowie Ein- und Auslagerungsvorgänge innerhalb einer Produktionskostenstelle. Solche Unterscheidungen nach Leistungsarten nutzt die Grenzplankostenrechnung vorrangig für die kostenstellenbezogene analytische Planung proportionaler Kosten, darüber hinaus freilich auch für differenzierende Bezugsgrößenkalkulationen. Das **Planen, Überwachen und Steuern des Leistungsspektrums der als Kostenstellen abgebildeten Ressourcenpotentiale** stand zumindest im Rahmen der bisherigen Entwicklung der Grenzplankostenrechnung nicht im Vordergrund des Interessensfeldes.

Die Befürworter der Prozeßkostenrechnung postulieren demgemäß, die von einzelnen Kostenstellen für das Realisieren von **Hauptprozessen** abzuwickelnden **Teilprozesse** durch ins Detail gehende Planungen, möglicherweise darüberhinaus auch im Ist zu erfassen. Auf diese Weise wollen sie transparent machen, in welchem Umfang betriebliche Ressourcen allein für die Abwicklung produktionsvorbereitender, produktionsbegleitender und produktionsunterstützender Aufgaben in Anspruch genommen werden.

Hauptprozesse der genannten Art werden von der Prozeßkostenrechnung als besonders bedeutsame **Kostentreiber** herausgestellt. Da die Relevanz und das Volumen dieser Hauptprozeßtypen sehr stark von der **Komplexität eines Unternehmens** (Markt-, Kunden-, Produkt-, Varianten-, Baugruppen-, Teile- und auch Lieferantenvielfalt) bestimmt sind, stellen die Prozeßkostenrechner die Unterstützung des **Komplexitätskostenmanagements** als besonderen, über die Steuerung der Ressourcennutzung und der Ressourcenkosten hinausgehenden Vorteil heraus. Dieser Vorzug ist unstrittig. Problematisch hingegen ist die Forderung, unter Verzicht auf ein Separieren von Kapazitätskosten und Leistungskosten **die für das Bereithalten und Nutzen von Ressourcen insgesamt anfallenden Vollkosten** prozeßvolumenproportional zu verrechnen, also sowohl für kostenstellenspezifische Prozeßarten und Teilprozeßarten wie auch für Hauptprozesse - und demnach in letzter Konsequenz auch in der Produktkalkulation - Vollkosten anzusetzen. Begründet wird dieses Festhalten an vollkostenrechnerischer Methodik vor allem damit, daß das Kostenmanagement Niveau, Struktur, Flexibilität, Verhalten und Transparenz der Kosten nur auf längere Zeiträume bezogen nachhaltig beeinflussen könne und daß die führungsorientierte, speziell wie auf das Unterstützen strategischer Entscheidungen abstellende Kostenrechnung demzufolge nicht primär kurzfristiges, sondern vorrang **langfristiges Ko-**

stenverhalten abbilden müsse. Auf lange Sicht könne man auch Kapazitätskosten an schwankende, demnach auch an rückläufige Produktions- und Absatzvolumina anpassen. **Durch den Ausweis vollkostenrechnerisch bestimmter
Prozeßkosten will die Prozeßkostenrechnung Maßnahmen zur Anpassung
von Kapazitäten an schwankende Produktions- und Absatzvolumina initiieren.** Wegen des Rechnens mit prozeßbezogenen Vollkosten, das zwangsläufig
auch zu einer vollkostenrechnerischen Produktkalkulation führt, bestehen zwischen Experten erhebliche Meinungsverschiedenheiten. Diese werden an anderer Stelle näher erörtert. Unabhängig vom Ausgang dieser Debatte ist das Aufdecken unternehmensinterner Prozeßgeflechte durch das Activity-Based-Costing
uneingeschränkt wertvoll: **Die Prozeßkostenrechnung macht die Komplexität
von Unternehmen transparent.** Gerade deshalb sollte die Praxis beim Nutzen
prozeßkostenrechnerischer Methodik darauf achten, daß auf lange Sicht nur die
Abbildung der organisatorisch nicht vermeidbaren Komplexität durch die laufende
Kostenrechnung wirtschaftlich vertretbar ist. Das horizontale und vertikale Segmentieren von Unternehmen, die organisatorische Zusammenfassung der einzelnen Glieder von Wertschöpfungsketten, das Schaffen einer schlanken Produktion, das Reduzieren der Anzahl von Führungsebenen (Lean Management) und
andere komplexitätsmindernde Reorganisationsprozesse müssen grundsätzlich
den Vorrang haben. Die Prozeßkostenrechnung sollte stets nur jene Prozesse
und Prozeßkosten abbilden, die sich für die komplexitätsbereinigte Unternehmensstruktur ergeben.

3. Leistungsbezogene, prozeßkostenrechnerische Produktkalkulation

Neben der Fortentwicklung der Kostenrechnung zur Kosten- und Leistungsrechnung und dem Aufdecken unternehmensinterner Prozeßstrukturen durch das Activity-Based-Costing ist die **methodische Verfeinerung der Produktkalkulation**
eine weitere sehr bedeutsame Entwicklungslinie. Die in der Praxis nach wie vor
weit verbreitete traditionelle Zuschlagskalkulation belastet die Produktarten mit
verschiedenen Kategorien von Gemeinkosten in Relation zu den produktartspezi-
fischen Materialeinzelkosten, Fertigungseinzelkosten sowie - die Verwaltungs-
und Vertriebsgemeinkosten betreffend - in Relation zur Höhe kalkulierter Herstellkosten. Mit zunehmender Mechanisierung und Automatisierung der industriellen
Produktion und der immer geringeren Bedeutung unmittelbar leistungsvolumen-
abhängiger Formen der Entlohnung wurden Fertigungsgemeinkostenzuschläge
immer problematischer. Die als Zuschlagsbasis fungierenden Fertigungseinzelkosten verloren immer mehr an Bedeutung, die Fertigungsgemeinkosten nahmen
zu. Progressiv steigende Zuschläge für Fertigungsgemeinkosten machten die
Problematik dieser Kalkulationsmethode offensichtlich.

Im Rahmen der Herstellkostenkalkulation wurde das Operieren mit Fertigungs-
gemeinkostenzuschlägen mehr und mehr durch die **Maschinenstundensatzkalkulation** abgelöst. Dieses Kalkulationsverfahren ist grundsätzlich deshalb als

besser zu beurteilen, weil es ausdrücklich die Beziehungen zwischen Produkti-
onsressourcen, Produktionsprozessen und Produkten erfaßt. Es stützt sich nicht
auf indirekte Bezugsgrößen, sondern kalkuliert Kosten im Verhältnis zu gemessenen Prozeßvolumina oder Produktmengen.

Während der zurückliegenden Jahre ist der Anteil der Fertigungskosten an den
Selbstkosten industrieller Erzeugnisse immer mehr zurückgegangen, weil mit zunehmender Marktorientierung, mit der Intensivierung und Beschleunigung der
Innovationsprozesse, ferner wegen des Strebens nach besonders hoher Qualitätssicherheit und logistisch perfekten Lösungen sowie infolge der Reduzierung
von Produktions- und Dienstleistungstiefe **Marketing- und Vertriebskosten,
Forschungs-, Entwicklungs- und Konstruktionskosten, Qualitätssicherungs-
und Logistikkosten sowie Einkaufs- und Beschaffungskosten** immer mehr an
Bedeutung gewannen. Der Wert von Maschinenstundensatzkalkulationen ging
dadurch zumindest relativ gesehen zurück.

Im deutschen Sprachraum wurde von Fachleuten immer nachdrücklicher gefordert, die Kosten der in der Regel personalintensiven indirekten Bereiche ebenfalls
nicht mehr über Zuschläge zu erfassen, sondern möglichst gestützt auf **leistungsbezogene Verrechnungssätze** zu kalkulieren. Von verschiedenen Seiten
wurde vorgeschlagen, die auch von der Grenzplankostenrechnung unterschiedenen Bezugsgrößen als direkte Basis für die Kalkulation der Kosten indirekter Bereiche zu nutzen. Dementsprechend entwickelte sich die **Bezugsgrößenkalkulation** als neue, modernere Methode. Dem gleichen Grundprinzip folgend wurden
für Dienstleistungsunternehmen sogenannte **Vorgangskalkulationen** empfohlen.
Diese bis heute in der Dienstleistungswirtschaft allerdings noch nicht sehr weit
gediehene Entwicklung verfolgt das gleiche Ziel wie die von den Befürwortern der
Prozeßkostenrechnung propagierte **strategische Kalkulation**. Die Ablösung der
Zuschlagskalkulation durch die beschriebenen modernen Kalkulationsverfahren
dokumentiert **Abbildung 3-1.**

Das Ermöglichen solcher auf die Bedürfnisse langfristiger Unternehmensent-
scheidungen ausgerichteter Kalkulationen ist neben der Unterstützung des pro-
zeß-, ressourcen- und strukturorientierten Kostenmanagements das zweite
Hauptanliegen des Activity-Based-Costing. Dieses Konzept will nicht nur be-
triebsabrechnerische Kostenumlagen und Kostenverteilungen konsequent vermeiden, sondern auch pauschale und differenzierende Kostenzuschläge im
Rahmen der Produktkalkulation. Gestützt auf möglichst umfassend aufgedeckte
Beziehungen zwischen Ressourcen, Prozessen, Hauptprozessen und Produkten
sollen, soweit dies mit wirtschaftlich vertretbarem Aufwand möglich ist, **prozeßvolumenproportionale Produktkostenkalkulationen** realisiert werden.

Die Befürworter der Prozeßkostenrechnung betonen zu Recht, daß ein durchaus
beachtlicher Teil der indirekten Bereiche faktisch doch produktbezogen tätig ist.
Dies trifft auf spezifische Produktentwicklungen zu: Konstrukteure erstellen produktspezifische Konstruktionszeichnungen, die Arbeitsvorbereitung legt Stücklisten und Arbeitspläne für Erzeugnisse an, Fertigungsaufträge beziehen sich auf

Abbildung 3-1
Ablösung der Zuschlagskalkulation durch moderne Kalkulationsverfahren

Zuschlagskalkulation

Die Zuschlagskalkulation ist ein vor allem für in Serien- oder Einzelfertigung arbeitende Mehr-produktbetriebe konzipiertes Verfahren, das zwischen Kostenträgereinzel- und Kostenträgergemein-kosten trennt. Letztere werden mit Hilfe von Zuschlagssätzen den ersteren prozentual zugeschlagen bzw. angelastet. Die Zuschlagsbasis sind für die Materialgemeinkosten die Materialeinzelkosten, für die Fertigungsgemeinkosten die Fertigungslöhne und für Verwaltungs- und Vertriebskosten die Herstellkosten. Zuschlagssätze werden oftmals nur global für wenige Unternehmen gebildet.

Bezugsgrößenkalkulation als Verrechnungssatzkalkulation

Die Varianten der Bezugsgrößenkalkulation verrechnen die differenziert nach Kostenstellen erfaßten Kostenträgergemeinkosten proportional zum jeweiligen Leistungsvolumen der Kostenstellen weiter.

Maschinenstundensatz-kalkulation	Systemstundensatz-kalkulation	Vorgangskalkulation
Vor allem in anlagenintensiven Industriebetrieben werden die Kostenträger in Abhängigkeit von der Anzahl in Anspruch genommener Maschinen-stunden mit Kostenträger-gemeinkosten belastet.	Für flexible und logistisch verkettete Produktions-mittel wird ein auf die Systemdurchlaufzeit bezogener Stundensatz ermittelt. Kostenträger werden nach Maßgabe der Durchlauf-zeit mit Gemeinkosten belastet.	Das Verfahren berücksichtigt Spezifika von Dienst-leistungsbetrieben und personalintensiven administrativen Bereichen von Industriebetrieben und stellt darauf ab, für standardisierbare Tätigkeiten Kalkulationssätze zu bilden.

Prozeßkostenkalkulation

Für dieses Verfahren der Kalkulation ist charakteristisch, daß nicht nur kostenstellenweise, sondern auch kostenstellenübergreifend eine leistungsorientierte Verrechnung von Kostenträgergemeinkosten angestrebt wird. Tätigkeiten innerhalb von Kostenstellen werden identifiziert, zu kostenstellenüber-greifenden Prozessen zusammengefaßt, die hierfür anfallenden Prozeßkosten ermittelt und nach Maßgabe der Prozeßinanspruchnahme weiterverrechnet. Die Zusammenfassung von Kosten in soge-nannten Kostenpools und Weiterverrechnung dieser Kosten über Prozeßkostensätze und zwischen-gelagerte Zurechnungsobjekte (z.B. Tranportlose) auf die Produkte ersetzt die Kalkulation von Kosten indirekter Bereiche auf Basis von Zuschlagssätzen.

Produktarten. Demgemäß besteht prinzipiell die Möglichkeit, die Tätigkeiten solcher Bereiche produktbezogen durch **Prozeßpläne für produktspezifische Prozeßkostenkalkulationen** abzubilden. Inzwischen werden solche Vorschläge zur Erhöhung der Kalkulationsgenauigkeit von der Praxis sehr positiv aufgenommen. Industriebetriebe kalkulieren zumindest Teile der Vertriebskosten, der Qualitätssicherungs- und Logistikkosten, der Produktionssteuerungskosten und auch der Beschaffungskosten prozeßkostenrechnerisch. Aus wissenschaftlicher Sicht sind diese Entwicklungen grundsätzlich positiv zu beurteilen.

Es ist wertvoll, prozeßbedingte Ressourcenverbräuche produktspezifisch zu erfassen. Problematisch ist dagegen das anteilige Umrechnen der vollen Kosten einzelner Ressourcen und Ressourcenbereiche auf Prozeßvolumina und von diesen aus weiter auf Produktions- und Absatzvolumina. Speziell wegen dieser Methodik kann die Prozeßkostenrechnung die essentiellen Mängel der Gemeinkostenschlüsselung (im speziellen auch die Mängel der Fixkostenproportionalisierung) nicht aufheben. Freilich vermeidet sie die speziellen Mängel von Kostenumlagen, Kostenverteilungen und Zuschlagskalkülen wegen ihrer ausdrücklichen Bezugnahme auf Prozesse und Prozeßvolumina. **Der Tatsache, daß Kapazitätskosten wegen des Quantancharakters betrieblicher Potentiale auch auf längere Sicht nicht proportional zum Produktions- und Absatzvolumen disponiert und gesteuert werden können, wird die Prozeßkostenrechnung nicht gerecht.** Hierauf verweisen vor allem die Befürworter der Grenzplankostenrechnung und der Deckungsbeitragsrechnung besonders kritisch. Aus der Warte des Verursachungsprinzips in seiner strengen Auslegung erscheint es beispielsweise äußerst problematisch, die Kosten der Abwicklung eines Fertigungsauftrags proportional zur Stückzahl zu verrechnen. Die für einen einzelnen Fertigungsauftrag oder für ein Bestellos oder für einen Kundenauftrag auftragsgrößenunabhängig anfallenden Kosten entstehen ihrem Wesen nach nicht mengenproportional. Auch Vorleistungskosten, wie produktspezifische Kosten der Entwicklung, der Konstruktion und der Fertigungsvorbereitung fallen ihrem Wesen nach nicht proportional zum Produktions- und Absatzvolumen an. Werden solche Kosten auf die gefertigte oder abgesetzte Stückzahl umgerechnet, gibt man pro Stück lediglich **vollkostenrechnerische Deckungslasten** vor.

4. Erfassung und Abbildung von Kostenverhalten, Kostenflexibilität und Kostenremanenz

Um die gesamten Kosten eines Unternehmens planen, überwachen und steuern zu können, benötigt das Führungssystem in mehrfacher Hinsicht **Kostenstrukturinformationen**. Es muß die Struktur der primären und sekundären Kostenarten, die Kostenstellenstruktur, das unternehmensinterne Leistungs- und Prozeßgeflecht sowie die im Kalkulationsschema zum Ausdruck kommende Zusammensetzung der Produktkosten in ihrer jeweiligen Entwicklung verfolgen können. Die auf dieses Anliegen abstellenden **Kostenstrukturierungsmethoden** wurden in der zurückliegenden Zeit weitgehend perfektioniert, desgleichen die **Abrechnungs-, Verrechnungs- und Kalkulationsverfahren**.

Speziell zur Optimierung von Absatz- und Produktionsprogrammen, zur Fundierung von Entscheidungen über Eigenfertigung und Fremdbezug, zur Bewältigung des Problems der Verfahrenswahl, für die Losgrößenplanung und für die Planung von Bereitstellungswegen braucht die Unternehmensführung auch Informationen über das Verhalten, über die Flexibilität bzw. Reagibilität der Kosten. Da für eher kurzfristige Entscheidungen über die Nutzung von Kapazitäten im Gegensatz zu eher auf längere Sicht ausgerichteter Entscheidungen über den Aufbau oder Abbau betrieblicher Ressourcen nur die **Leistungskosten im Sinne proportionaler Kosten** relevant sind, müssen diese von den als Fixkosten einzustufenden **Kapazitätskosten** separiert werden. Die Abhängigkeit der Kosten vom Leistungsvolumen zu erfassen, war und ist ein Hauptanliegen der betriebswirtschaftlichen **Produktions- und Kostentheorie**. Das Formulieren und Erklären unterschiedlicher Typen von Produktionsfunktionen und das Differenzieren nach verschiedenartigen Formen der Anpassung des Produktionsvolumens stellt ausdrücklich hierauf ab. Mittlerweile hat sich in der Produktions- und Kostentheorie die Erkenntnis durchgesetzt, **daß das Erfassen von Kostenabhängigkeiten an den einzelnen betrieblichen Ressourcen ansetzen muß**, da deren essentielle Eigenschaften die teils leistungsabhängigen, teils leistungsunabhängigen Kostengüterverbräuche determinieren.

Die Theorie der Kostenrechnung hat die Erkenntnisse der Produktions- und Kostentheorie zunächst nur zögerlich übernommen. Ohne Zweifel stellte **Schmalenbach** als einer der ersten Wissenschaftler das separate Erfassen von **Grenzkosten** als besonders bedeutsam heraus. Erst viel später forderte **Rummel** mit seiner "Blockkostenrechnung" das Trennen fixer und proportionaler Kosten. Mit Hilfe mathematisch anspruchsvoller Modelle und Methoden versuchten in Verfeinerung der empirischen Arbeit **Pichlers** insbesondere **Wittmann**, **Laßmann**, **Wartmann** und **Zschocke**, die Höhe der periodischen Gesamtkosten eines Unternehmens durch das Aufstellen umfassender Kostenfunktions-Modelle zu erklären. Solche geschlossenen **Betriebskostenmodelle** wurden vor allem für die chemische Industrie, für die Eisen- und Stahlindustrie sowie für andere Bereiche der Prozeßindustrie vorgeschlagen. Wegen ihrer Komplexität und ihrer besonders anspruchsvollen mathematischen Methodik kamen sie nur in Großunternehmen der genannten Industriezweige zur Anwendung.

Eine ausdrücklich von produktions- und kostentheoretischen Erkenntnissen abgeleitete Theorie des Kostenverhaltens präsentierte in den 50er Jahren **Kilger**. Ihm folgte Hans-Georg **Plaut**, der Modernisierung der Kostenrechnung und mit Nachdruck das **planmäßig-analytische, von Produktionsfunktionen ausgehende Separieren fixer und proportionaler Kosten** forderte. Für ihn war diese Kostenauflösung die Grundvoraussetzung für das Etablieren der Grenzplankostenrechnung.

Analog - wenngleich im Detail nicht völlig identisch - postulierte **Riebel** das **Trennen von Bereitschaftskosten und Leistungskosten**. Doch ging er darüber hinaus, indem er auch **die zeitliche Disponierbarkeit fixer Kosten** zu erfassen und abzubilden versuchte. Er hatte erkannt, daß Unternehmen beim Aufbau von Potentialen meist Kostenquanten für längere Zeiträume disponieren. Sie bauen Potentiale auf, die ihnen über mehrere Perioden, möglicherweise sogar über mehrere Jahre hinweg, zur Nutzung zur Verfügung stehen sollen. Hierfür nehmen sie Kosten in Kauf, die nicht nur für eine einzelne Planungs- und Abrechnungsperiode anfallen. Demgemäß forderte **Riebel**, die einerseits für einzelne Monate, andererseits aber möglicherweise für Quartale, Halbjahre, Jahre oder sogar für mehrjährige Zeiträume disponierten Kosten getrennt zu erfassen und zu dokumentieren. Wie man diesem Postulat entsprechen kann, wird an anderer Stelle näher erörtert.

Das Ausreifen des derzeit der Praxis zur Verfügung stehenden, modernen Konzeptes der Grenzplankostenrechnung hat bewirkt, daß die Abhängigkeit der Kosten von unterschiedlichen Kosteneinflußgrößen prinzipiell **für jede einzelne Kostenstelle oder sogar für jeden einzelnen Kostenplatz** erfaßt, geplant und gesteuert werden kann. Die heute verfügbare Version der Grenzplankostenrechnung differenziert nicht nur zwischen beschäftigungsfixen und beschäftigungsproportionalen Kosten, sondern unterscheidet auf **unterschiedliche Arten von Bezugsgrößen** abstellend **verschiedene Kategorien proportionaler Kosten**. Diese Differenzierung erweist sich vor allem für kostenstellenbezogene Kostenprognosen, Kostensimulationen und Kostenplanungen als besonders wertvoll. Darüber hinaus sind sie unabdingbare Voraussetzung dafür, daß man die den **Istkosten** gegenüberzustellenden **Sollkosten** von den **Plankosten** rechnerisch ableiten kann.

Das Management interessiert sich keineswegs nur für das kostenstellenbezogene Kostenverhalten. Es muß letztlich über die **Abhängigkeit der Kosten vom Produktions- und Absatzvolumen** informiert werden. Dies gelingt nur dann, wenn aufgedeckt wird, ob und inwieweit zwischen den kostenstellenspezifischen **Bezugsgrößenvolumina** einerseits und den artikel- bzw. produktspezifischen **Produktions- und Absatzvolumina** andererseits proportionale Beziehungen bestehen. Hierfür erweist sich die prozeßkostenrechnerische Differenzierung zwischen volumeninduzierten und nicht volumeninduzierten Prozeßarten als sehr nützlich, zumal Prozeßarten im Sinne dieses Konzeptes mit den von der Grenzplankostenrechnung unterschiedenen Bezugsgrößenarten weitgehend identisch sind.

Prozeßvolumenproportionale Kosten sind keineswegs generell als produktions- oder absatzvolumenproportional einstufbar. Solche Kosten, deren Höhe mit dem Niveau nicht volumeninduzierter Prozesse variiert, sind ihrem Wesen nach nicht direkt von der Ausbringungs- bzw. Absatzmenge abhängig. Das gilt beispielsweise für solche Kosten, die proportional zu **Vorleistungsvolumina** (Anzahl von Produktentwicklungen oder Produktkonstruktionen) anfallen, desgleichen für Kosten, die von **Prozessen zur Aufrechterhaltung der Betriebsbereitschaft** ausgelöst werden, erst recht für proportionale Kosten **administrativer Prozesse**. Auch Proportionalkosten solcher Prozeß- oder Teilprozeßarten, die zur **Abwicklung komplexer Hauptprozesse** realisiert werden, darf man keineswegs generell als produktions- bzw. absatzvolumenabhängig einstufen. Denn die Hauptprozeßvolumina stehen nicht immer in einer proportionalen Beziehung zum Produktions- und Absatzvolumen. Das gilt auch für produktionsbegleitende bzw. produktionsunterstützende Hauptprozesse. Sie sind ebenfalls nicht zu hundert Prozent volumeninduziert. Die Anzahl der innerhalb eines Jahres abzuwickelnden Fertigungsaufträge korreliert beispielsweise nur so lange mit der jährlichen Produktionsmenge, wie die durchschnittliche Auftragsgröße unverändert bleibt. Analoges gilt für die Abwicklung von Bestellaufträgen und Kundenaufträgen. Demgemäß lassen sich sogar die proportional zur Abwicklung von Bestell-, Fertigungs- und Kundenaufträgen anfallenden Kosten selbst in längerfristigen, beispielsweise jahresbezogenen Kalkülen nicht ohne nähere Beurteilung als **beschaffungs-, fertigungs- oder absatzvolumenproportional** einordnen.

Zusammenfassend läßt sich zur **artikel- bzw. produktbezogenen Erfassung des Kostenverhaltens** folgendes feststellen: Das führungsorientierte Rechnungswesen darf nur jene Kosten als produktions- bzw. absatzvolumenabhängig ausweisen, die proportional zu jenen Prozeß- bzw. Hauptprozeßvolumina anfallen, die ihrerseits in einer unmittelbar proportionalen Beziehung zum Produktions- bzw. Absatzvolumen stehen. Die Klärung dieser Frage setzt **ins Detail gehende Prozeßstrukturanalysen** voraus. Das Activity-Based Costing präsentiert hierfür keinen direkt nutzbaren Lösungsansatz. Dies ist einer der bedeutsamsten Gründe für die Kontroverse zwischen Prozeßkostenrechnern einerseits und den Befürwortern von Grenzplankostenrechnung und Deckungsbeitragsrechnung andererseits. Gelingt es, diesen Widerstreit zu überwinden, können bei der Bestimmung von Deckungsbeiträgen - genauer und konsequenter als bisher - auch **Proportionalkosten volumeninduzierter Prozesse und Hauptprozesse** berücksichtigt werden.

5. Kostenverhaltenkonformes Rechnen mit Plankosten, Sollkosten, Standardkosten und Abweichungen

Wie im vorausgehenden Abschnitt schon angemerkt, ist das auf einzelne Kostenstellen und deren Bezugsgrößen abstellende Erfassen des Kostenverhaltens, speziell das Aufdecken von Kosten-Leistungs-Beziehungen, die Grundvoraussetzung genauer **Kostenprognosen, Kostensimulationen und Kostenplanungen**. Plankosten sind ihrerseits besonders gut geeignete "Meßlatten" zur Beurteilung von Istkosten. Sie sind aussagefähigere Vergleichsgrößen als die Istkosten vergangener Vorjahre bzw. Vormonate.

Das Festlegen von Plankosten für Kostenstellen geht vom geplanten Leistungsniveau und Leistungsspektrum im Sinne der **Planbeschäftigung** aus. Schwanken die Leistungsvolumina einzelner Ressourcenbereiche von Periode zu Periode, lassen sich Plankosten nur dann effizient berechnen, wenn die **Abhängigkeit einzelner Kostenarten von besonders bedeutsamen Kosteneinflußgrößen** bekannt sind. Die Fortentwicklung der modernen Produktions- und Kostentheorie hat solche Kostenabhängigkeiten des Kostenverhaltens immer weiter erleichtert. Dies ermöglichte die **Weiterentwicklung einfacher Formen der Plankostenrechnung zu integrierten Planungs-, Kontroll- und Steuerungsrechnungen**.

Das methodisch einfachste plankostenrechnerische Konzept ist die **starre Plankostenrechnung**. Sie sieht eine von der Planbeschäftigung ausgehende, nach Kostenarten differenzierende Festlegung von Plankosten vor. Für die Festlegung und Messung der Planbeschäftigung werden unterschiedliche Maßstäbe alternativ zur Diskusssion gestellt. Das Ausrichten der Kostenplanung auf die **maximal möglich Kapazitätsauslastung (Vollbeschäftigung)** ist wenig sinnvoll, weil ein Beschäftigungsgrad von hundert Prozent nur in seltenen Fällen erreicht werden kann. Das Vorgeben eines solchen kaum erreichbaren Zieles kann kein Anreiz für das auf Wirtschaftlichkeit bedachte Handeln der Kostenstellenleiter sein. In diesem Sinne erweist sich auch die Orientierung der Kostenplanung an der **Optimalbeschäftigung** als nachteilig. Damit ist jener Beschäftigungsgrad gemeint, bei dem der Tendenz nach progressiv verlaufende Gesamtkosten stückbezogen minimal sind. Solche Kostenvorgaben sind allenfalls unter extremen Bedingungen und demnach nur selten realisierbar. Sie motivieren nicht. Das gilt vor allem für mehrstufige Mehrproduktbetriebe, weil die Kapazitäten aufeinanderfolgender Produktionsstufen solcher Industrieunternehmen niemals optimal dimensioniert werden können, so daß sich für einzelne dieser Stufen die Optimalbeschäftigung strukturbedingt grundsätzlich nicht realisieren läßt. Das Ausrichten der Kostenplanung auf die in zurückliegenden Abrechnungsperioden durchschnittlich erreichte **Normalbeschäftigung** ist wegen des fehlenden Zukunftsbezugs nicht sinnvoll. Als zweckmäßiger Weg verbleibt nur **das Ableiten der für Kostenstellen zu planenden Beschäftigungsgrade aus der Absatz- und Produktionsplanung unter Berücksichtigung betrieblicher Engpässe.** Dies setzt das Analysieren der produktspezifischen Belastungen einzelner Ressourcenbereiche voraus. Das ist zwar aufwendig, in seinem Ansatz aber wesentlich sinnvoller als das bloße Fortschreiben der Istkosten zurückliegender Perioden, selbst dann, wenn sich dies auf Regressionsanalysen und Trendberechnungen stützen kann.

Die starre Plankostenrechnung tendiert als methodisch sehr einfaches, in Form praktischer Anwendungen mitunter nicht einmal einzelne Kostenarten getrennt erfassendes Konzept zu einer **summarischen Kostenplanung**, die die für zurückliegende Perioden erfaßten Beziehungen zwischen Kostenanfall und Beschäftigung ohne Detaillierung auf die für die Planperiode zu erwartenden Absatz-, Produktions- und Beschäftigungsvolumina projiziert. Sie sieht **keine Trennung fixer** und **proportionaler Kosten** vor. Demzufolge kann sie das Kostenverhalten auch nur näherungsweise erfassen. Dabei stützt sie sich entweder auf eine mathematisch-statistische Kostenauflösung oder auf ein der buchtechnischen Kostenauflösung gemäßes Vorgehen derart, daß das Verhalten bestimmter Kostenarten oder Kostenartengruppen pauschal eingestuft wird. Auf diese Weise wird von vergangenheitsbezogen erfaßten Kostenentwicklungen auf das künftige, in kostenstellenbezogenen Kostenplänen festzuhaltende Kostenniveau geschlossen.

Die starre Plankostenrechnung sieht **keine Umrechnung der Plankosten der Planbeschäftigung in die Plankosten der Istbeschäftigung (Sollkosten)** vor. Sie stellt die Istkosten der Istbeschäftigung direkt den für den geplanten Beschäftigungsgrad festgelegten und vorgegebenen Plankosten gegenüber. Die sich aus dieser Saldierung ergebende Abweichung ist als summarische **Gesamtabweichung** prinzipiell sowohl beschäftigungsbedingt, als auch verbrauchsbedingt. Demgemäß ist sie vor allem dann wenig aussagefähig, wenn die Istbeschäftigung von der Planbeschäftigung stark abweicht. Abgesehen davon haftet diesem Kon-

zept der Mangel an, daß es wegen der fehlenden Kostenspaltung nur **auf Vollkostenbasis ermittelte Kostensätze** für die Leistungen von Kostenstellen vorgibt. Sie bewertet sowohl die zu planenden als auch die gemessenen und zu ver-
rechnenden Kostenstellenleistungen unter Bezugnahme auf diese Kostensätze
zu **vollen Plankosten.** Auf diese Weise impliziert sie eine **unrealistische Kostenflexibilität.** Wie sich der exemplarischen Graphik der **Abbildung 3-2** entnehmen läßt, weist die starre Plankostenrechnung immer dann, wenn die Istbeschäftigung mit der Planbeschäftigung nicht übereinstimmt, zwangsläufig **Unterdeckungen oder Überdeckungen der Istkosten** aus, die sich prinzipiell nicht
erklären lassen. Der Grund hierfür ist die **beschäftigungsproportionale Verrechnung auf Vollkostenbasis bestimmter Plankosten.** Bei hoher Fixkostenintensität fällt dieser vollkostenrechnerische Mangel besonders stark ins Gewicht.

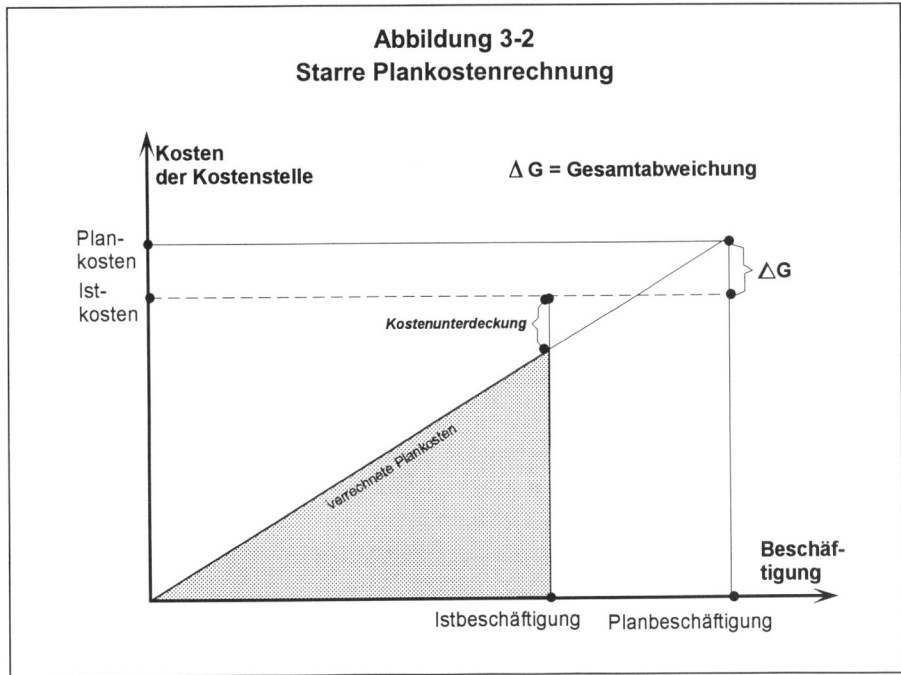

**Abbildung 3-2
Starre Plankostenrechnung**

Zusammenfassend sind für die starre Plankostenrechnung insbesondere folgende **methodische Schwächen** festzuhalten: Prinzipiell fehlende Differenzierung
nach Leistungs- bzw. Prozeßarten (Bezugsgrößen), globale Definition, Planung
und Messung von Beschäftigung und Beschäftigungsgrad einzelner Kostenstellen, fehlende Kostenspaltung, primär vergangenheitsbezogene Ableitung des Kostenverhaltens aus Kostenentwicklungen im Zeitablauf, meist summarisch-
globale, allenfalls nach Kostenartengruppen, nur selten nach einzelnen Kostenarten differenzierende Kostenplanung, kein Umrechnen von Plankosten in Sollkosten, sehr eingeschränkte Aussagefähigkeit der nur summarisch festgestellten
Kostenabweichungen (Gesamtabweichungen) und der Kostenstellenergebnisse.
Im Streben nach Überwindung der Mängel starrer Plankostenrechnungskonzepte

wurde die **flexible Plankostenrechnung** entwickelt. Sie ist vornehmlich deshalb effektiver, weil sie ausdrücklich eine **Umrechnung der Plankosten in Sollkosten** vorsieht, um eine **Gegenüberstellung von Soll- und Istkosten zur Aufdeckung von Verbrauchsabweichungen** zu ermöglichen. Die ältere Variante dieser Methodik wird im Schrifttum meistens als **flexible Plankostenrechnung auf Vollkostenbasis** bezeichnet. Diese keineswegs unmißverständliche Termi- nologie soll zum Ausdruck bringen, daß dieses Plankostenrechnungskonzept ebenfalls auf ein konsequentes Trennen von Fixkosten und Proportionalkosten verzichtet. Das kostenstellenbezogene Kostenverhalten wird stattdessen mit Hilfe der **Variatorenrechnung** erfaßt und abgebildet.

Variatoren werden als **globale Kostenreagibilitätsmaße** für sämtliche kostenstellenbezogen anfallende Kostenarten festgelegt. Sie geben an, um wieviel Prozent das Niveau (Volumen) einer Kostenart variiert, wenn sich die Beschäftigung der betreffenden Kostenstelle um zehn Prozent ändert. Als Kenngröße des Kostenverhaltens definiert der Variator 0 Fixkosten und der Variator 10 reine Proportionalkosten. In Höhe von beispielsweise 4 oder 8 angesetzte Variatoren besagen, daß für ein Abweichen der Istbeschäftigung von der Planbeschäftigung um 10 % Änderungen der Plankosten um 4 % bzw. 8 % zu veranschlagen sind. Dies ist gleichbedeutend mit der Umstellung, daß die Plankosten der Planbeschäftigung im einen Fall zu 40 % und im anderen Fall zu 80 % als volumenabhängig (proportional) eingestuft werden. Das für die Variatorenrechnung übliche Abstellen auf eine Zehnereinteilung resultiert im wesentlichen daraus, daß man den Gültigkeitsbereich von Variatoren für Beschäftigungsgradschwankungen in diesem Ausmaß für unproblematisch hielt.

Immer dann, wenn zu planende Kosten tatsächlich zu einem Teil absolut fix und zum anderen Teil leistungs- bzw. prozeßvolumenproportional anfallen, gilt die im Variator zum Ausdruck gebrachte Kostenreagibilität bei methodisch strenger Betrachtung nur für den der Veranschlagung zugrundeliegenden Beschäftigungsgrad, demgemäß also nur für die Planbeschäftigung. Ändert sich die Planbeschäftigung von Periode zu Periode, müssen Variatoren selbst bei unveränderter Kostenstruktur angepaßt (neu festgelegt) werden. Progressiv verlaufende sowie sprungfixe Kosten lassen sich mit einfachen Variatoren ohnehin nicht abbilden. Auch die Kostenremanenz läßt sich mit diesem Verfahren nicht erfassen.

Die sich auf kostenartenspezifische oder summarische Variatoren stützende Umrechnung von Plankosten in Sollkosten (Plankosten der Istbeschäftigung) ermöglicht eine **Trennung von Beschäftigungs- und Verbrauchsabweichungen**. Als Differenz zwischen Plan- und Sollkosten beziffert die **Beschäftigungsabweichung** jenen Kostenbetrag, der bei Unterschreitung der Planbeschäftigung nicht anfallen darf bzw. bei Überschreitung der Planbeschäftigung erfahrungsgemäß zusätzlich anfallen wird. Als Unterschied zwischen Soll- und Istkosten bringt die **Verbrauchsabweichung** Mehr- oder Minderverbräuche an Kostengütern wertmäßig zum Ausdruck. **Abbildung 3-3** veranschaulicht dies. Sie zeigt außerdem, daß die auf ein Separieren fixer und proportionaler Kosten verzichtende flexible Plankostenrechnung in ihrer vollkostenrechnerischen Ausrichtung von Kostenstellen erbrachte Leistungen prinzipiell (wie die starre Plankostenrechnung) ebenfalls mit anteiligen Vollkosten bewertet. Auch dieses Konzept leitet nämlich die Kalkulationssätze für Kostenstellenleistungen von den Plankosten der Planbeschäftigung ab. **Für Istleistungen verrechnete Plankosten sind proportionalisierte Vollkosten.** Der Unterschied zwischen den verrechneten Plankosten und den Sollkosten einer Kostenstelle signalisiert jenen Teil der Plankosten, der infolge von Beschäftigungsabweichungen wegen der vollkostenrechnerischen Methodik nicht (oder zuviel) auf Kostenträger weiterverrechnet wurde. Unter Übernahme der Terminologie der Produktions- und Kostentheorie wird dieser Differenzbetrag als **Leerkosten** bezeichnet. Leerkosten sind demnach jener Teil

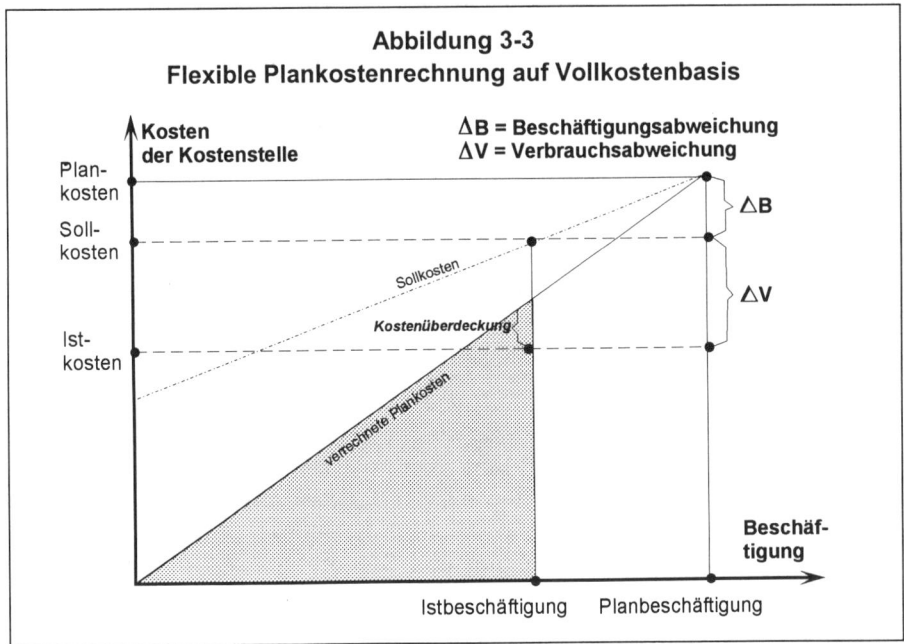

Abbildung 3-3
Flexible Plankostenrechnung auf Vollkostenbasis

der sich aus der Variatorenrechnung ergebenden Fixkosten, der im System der flexiblen Plankostenrechnung auf Vollkostenbasis nicht auf Kostenträger weitergewälzt werden konnte. Begrifflich stehen dem die sogenannten **Nutzkosten** gegenüber. Bei sinkender Kapazitätsauslastung (Beschäftigung) nehmen die Nutzkosten ab, die Leerkosten steigen an.

Die ausdrückliche Trennung fixer und proportionaler Kosten führte zu einer das Kostenverhalten wirklichkeitsgerecht erfassenden Plankostenrechnung. Dieses vor allem von **Kilger** und **Plaut** konzeptionell abgerundete Methodenpotential wird in der Literatur meist als flexible **Plankostenrechnung auf Teilkostenbasis** bezeichnet. Mittlerweile hat sich im deutschsprachigen Raum in Anlehnung an Plaut der Terminus **Grenzplankostenrechnung** durchgesetzt. Direkt auf die Produktionsfunktionen der Potentialfaktoren abstellend erfaßt die Grenzplankostenrechnung planmäßig-analytisch **leistungsproportionale Kosten** und separiert

diese konsequent von den für das Vorhalten von Kapazitäten entstehenden **Fixkosten**. Beim Erfassen der Beschäftigung von Kostenstellen und Kostenplätzen
differenziert dieses Konzept feiner als die älteren Plankostenrechnungskonzepte
nach unterschiedlichen Leistungsarten. Diese werden **Bezugsgrößen** genannt.
Demgemäß werden kostenstellenspezifisch prinzipiell **unterschiedliche Kategorien bezugsgrößenproportionaler Kosten** auseinandergehalten. Dies bedeutet,
daß beim Ableiten der kostenstellenspezifischen Planbeschäftigung vom Absatz-
und Produktionsplan - dem Leistungsspektrum der Ressourcen entsprechend -
grundsätzlich mehrere **Plan-Bezugsgrößenmengen** unterschieden werden.

Beim Planen der Kostenstellenkosten erfaßt die Grenzplankostenrechnung pro-
zeßkonform die **Abhängigkeit einzelner Kostenarten von unterschiedlichen
Bezugsgrößenvolumina**. Hierfür wurde ein anspruchsvolles methodisches Instrumentarium immer weiter verfeinert. Soweit sich für einzelne Kostenarten Ko-
stengütermengen und Kostengüterpreise ohne großen Aufwand getrennt erfassen lassen, bewertet die Grenzplankostenrechnung geplante Güter- und Lei-
stungsverbräuche prinzipiell zu **Planpreisen**. Insoweit werden für einzelne Kostenarten **Preisabweichungen** bereits in der Kostenartenrechnung festgehalten.
Demgemäß deckt die flexible Plankostenrechnung auf Teilkostenbasis für jede
einzelne Kostenstelle (gegebenenfalls auch für einzelne Kostenplätze) nach dem
Eliminieren von Beschäftigungsabweichungen tatsächlich **echte Verbrauchsabweichungen als Differenz zwischen Sollkosten zu Planpreisen und Istkosten
zu Planpreisen** zur Kontrolle und Steuerung der Kosten auf.

Durch das ausdrückliche Trennen fixer und proportionaler Kosten überwindet die
Grenzplankostenrechnung die Schwächen der flexiblen Plankostenrechnung auf
Vollkostenbasis. Ein Arbeiten mit Variatoren, die stets an Veränderungen der
Planbeschäftigung angepaßt werden müssen, erweist sich als überflüssig. Mit
dem separaten Planen fixer und proportionaler Kosten will die Grenzplankostenrechnung nicht nur die **Überwachung und Steuerung der Wirtschaftlichkeit**
einzelner Kostenstellen oder sogar Kostenplätze unterstützen. Es geht ihr gleichermaßen um das **Bereitstellen entscheidungsrelevanter Kosteninformationen**, wie sie beispielsweise zur Optimierung von Produktions- und Absatzprogrammen, zur Untermauerung der Verfahrenswahl oder für den Aufbau von Ei-
gen-Fremd-Kostenvergleichen benötigt werden. **Die Grenzplankostenrechnung
bewertet Kostenstellenleistungen konsequent nur zu proportionalen Plankosten.** Auf diese Weise wird in enger Auslegung des Verursachungsprinzips das
kostenstellenbezogen erfaßte Kostenverhalten prinzipiell auch kostenträgerspezi-
fisch richtig abgebildet. Sofern für Kostenstellen mehrere Bezugsgrößen ausein-
anderzuhalten sind, führt dies zwangsläufig zur **Bezugsgrößenkalkulation**, in die
nur proportionale (volumenabhängige) Kosten eingehen. Hieraus folgt wiederum
zwingend, daß auf Lager produzierte Halbfertig- und Fertigwaren nur zu proportionalen Herstellungskosten bewertet und daß **Produktergebnisse als Dek-
kungsbeiträge** ausgewiesen werden.

Da die Grenzplankostenrechnung in die Kalkulation bezugsgrößenspezifischer
Kostensätze, wie erwähnt, nur proportionale Plankosten einbezieht und demnach

auch realisierte Bezugsgrößenmengen (Istleistungen) generell mit proportionalen Plankosten bewertet, entsprechen die in dieser Höhe verrechneten Plankosten den proportionalen Sollkosten einer Kostenstelle. Für voll proportionale Kostenarten erklärt sich die **Verbrauchsabweichung** als **Differenz zwischen proportionalen Sollkosten und proportionalen Istkosten**, wie dies **Abbildung 3-4** demonstriert. Da die Grenzplankostenrechnung Kostenstellenleistungen prinzipiell nur zu proportionalen Plankosten bewertet und verrechnet, können grundsätzlich auch nur für proportionale Kosten **Über- oder Unterdeckungen als Verrechnungsdifferenzen** entstehen. Diese sind mit der Verbrauchsabweichung identisch.

Für das Bereithalten von Kapazitäten anfallende **Fixkosten** werden im System der Grenzplankostenrechnung nicht proportionalisiert und demnach auch nicht bezugsgrößenmengenbezogen auf einzelne Kostenträger verrechnet. **Die Grenzplankostenrechnung übernimmt die in einer Periode für einzelne Kostenstellen entstehenden Fixkosten als periodische Beträge in die konzeptionell als Deckungsbeitragsrechnung aufgebaute zeitbezogene Kostenträgerergebnisrechnung.** Da fixe Kosten ihrem Wesen nach beschäftigungsunabhängig anfallen, besteht **kein Unterschied zwischen fixen Plankosten und fixen Sollkosten.** Die in einer Periode effektiv anfallenden Fixkosten müssen allerdings nicht zwingend mit den für diesen Zeitraum geplanten Fixkosten übereinstimmen. "Fix" bedeutet innerhalb der kostenrechnerischen Terminologie "leistungsunabhängig", nicht aber zugleich "unveränderlich". In der Praxis weichen die tatsächlichen Fixkosten einer Periode insbesondere deshalb von den geplanten Fixkosten ab, weil sich Kapazitätspläne häufig nicht wie gewollt realisieren lassen und weil sich Preise und Tarife anders als geplant entwickeln. **Abweichungen der in einer Periode anfallenden Fixkosten von den für diesen Zeitraum geplanten Fixkosten** sind vor allem für die Steuerung der Kapazitätsdimensionierung bedeutsam.

Sofern in periodische Kostenträgerergebnisrechnungen jeweils die effektiv entstandenen Fixkosten übernommen werden, entstehen innerhalb der Kostenstellenrechnung keine **Fixkostenabweichungen**, sondern - wie ausgeführt - nur **Proportionalkostenabweichungen**, die ihrer Verursachung nach Verbrauchsabweichungen sind. Für die im Rahmen der analytischen Kostenplanung voll als proportional eingestuften Kostenarten entstehen ausschließlich Proportionalkostenabweichungen. Für der Planung nach als absolut fix eingestufte Kostenarten entstehen ausschließlich Fixkostenabweichungen. Für zum Teil als bezugsgrößenproportional und zum anderen Teil als fix eingestufte **Mischkostenarten** (wie z.B. für Strom-, Instandhaltungs-, Zinskosten und dergleichen) kann die Praxis meist nur summarische Kostenabweichungen bestimmen, da sich Istkosten kostenstellenbezogen üblicherweise nur für einzelne Kostenarten als Ganzes erfassen lassen. Zur Bewältigung dieser Problematik schlagen die meisten Grenzplankostenrechner vor, die für eine Periode geplanten Fixkosten in die periodische Kostenträgerergebnisrechnung einzustellen. Demgemäß interpretieren sie die Gesamtabweichung als Verbrauchsabweichung und weisen sie auch als solche aus.

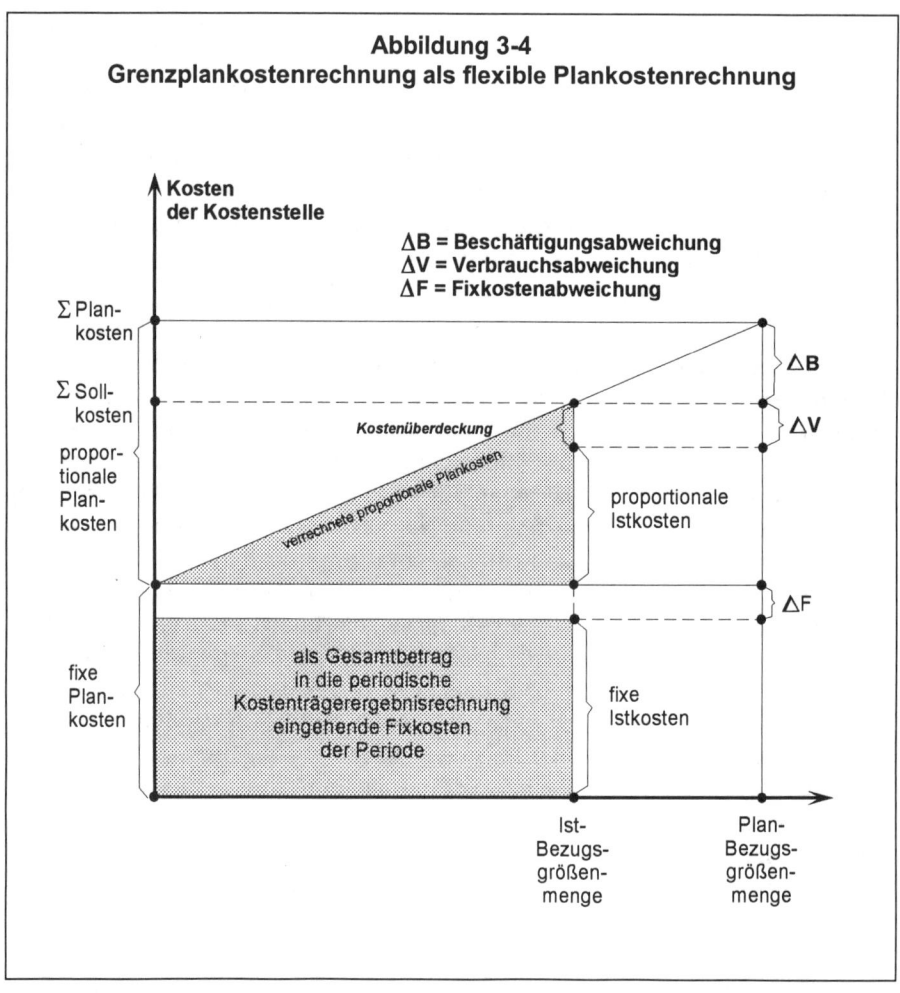

Abbildung 3-4
Grenzplankostenrechnung als flexible Plankostenrechnung

Jenen Unternehmen, die im Rahmen von Nachkalkulationen für Kostenträger Istkosten bestimmen wollen, empfehlen die Befürworter der Grenzplankostenrechnung das **parallele Weiterverrechnen kostenartenspezifisch erfaßter Preisabweichungen und kostenstellenbezogen erfaßter Verbrauchsabweichungen im Verhältnis der verrechneten proportionalen Plankosten**. Dies ist deshalb nicht unproblematisch, weil es für Kostenstellen mit mehreren unterschiedlichen Bezugsgrößenarten eine **Aufteilung sowohl der Preisabweichungen als auch der Verbrauchsabweichungen auf die verschiedenartigen Bezugsgrößen Mengenvolumina** voraussetzt. Nicht nur im wissenschaftlichen Bereich, sondern auch in der Praxis festigt sich immer mehr die Auffassung, daß man auf solche anteilige Weiterverrechnungen von Abweichungen verzichten und stattdessen Preis- und Verbrauchsabweichungen als periodisch erfaßte Beträge direkt in die Betriebsergebnisrechnung überführen sollte.

Als geschlossenes Gesamtkonzept ermittelt die moderne Grenzplankostenrechnung auch **kostenträgerspezifische Kostenabweichungen** durch **Gegenüberstellung von Plankalkulationen** und **Nachkalkulationen**. In Abhängigkeit vom Fertigungstyp deckt es für Kostenträger (in Betrieben des Anlagenbaus projektbezogen, bei Einzel- und Serienfertigung auftragsbezogen sowie bei Sorten- und Massenfertigung periodenbezogen) durch **Herstellkosten-Soll-Ist-Vergleiche** unterschiedliche Arten kostenträgerspezifischer Kostenabweichungen auf. Dazu zählen zunächst kostenträgerspezifische **Materialverbrauchsabweichungen** einerseits sowie **Ausschuß- und Ausbeuteabweichungen** andererseits. Für das Produktionscontrolling sind vor allem **Abweichungen der Inanspruchnahme von Ressourcen des Fertigungsbereichs** sehr wichtig. Ihrem Wesen nach sind das **Leistungsintensitätsabweichungen** der Produktion: Für das Be- oder Verarbeiten einer bestimmten Menge verbrauchten Fertigungskostenstellen mehr oder weniger Zeit als geplant. Unter solchen Bedingungen über- oder unterschreiten die von der Nachkalkulation erfaßten Fertigungskosten die Ansätze der Plankalkulation.

Herstellkosten-Soll-Ist-Vergleiche erfassen nicht nur jene Veränderungen von Input-Output-Relationen, die auf die begrenzte Beherrschung der Produktionseffizienz zurückzuführen sind. Praktische Bedeutung haben ferner auch **veränderte Prozeßbedingungen und Bedienungsrelationen zurückzuführende Abweichungen, Losgrößenabweichungen und Verfahrensabweichungen**. Abweichungen dieser Art sind dadurch bedingt, daß die Produktionssteuerung Ablauf und Vollzug der Produktion anders realisierte, als es die Produktionsplanung vorsah. Zur Bestimmung von **Losgrößenabweichungen** müssen die Plankosten der Planlosgröße in die Sollkosten der Istlosgröße umgerechnet werden. Die kostenmäßigen Konsequenzen von **Verfahrensabweichungen** lassen sich nur dadurch quantifizieren, daß man auf die effektiv realisierten Produktionsverfahren abstellend nachträglich eine modifizierte Plankalkulation der Herstellkosten durchführt. Wegen des damit verbundenen hohen Aufwands verzichtet die Praxis hierauf in den meisten Fällen.

Bei Übertragung des entwicklungsgeschichtlich gesehen zunächst auf Kostenstellen, später dann auch auf Kostenträger ausgerichteten Grundkonzeptes der Grenzplankostenrechnung auf periodische Kostenträgerergebnisrechnungen im Sinne kurzfristiger Artikelerfolgsrechnungen kann die konsequent zur Deckungsbeitragsrechnung fortgeführte Grenzplankostenrechnung letztlich auch **Abweichungen der Istergebnisse von den Planergebnissen** zur Unterstützung des Ergebniscontrolling aufzeigen. Der Vergleich des effektiven mit dem geplanten Verkaufspreisniveau zeigt für die abgesetzten Produkte **Preisabweichungen** auf. Gelingt deren Quantifizierung, können jene Mehr- bzw. Minderergebnisse transparent gemacht werden, die auf **Umsatzvolumenabweichungen** zurückzuführen sind. In differenzierenden Deckungsbeitragsrechnungen können getrennt davon auch **Sortimentsabweichungen** ausgewiesen werden, die immer dann entstehen, wenn sich der Anteil besonders rentabler Artikel einerseits und weniger gewinnbringender Produkte andererseits anders als geplant entwickelt. Nach Märkten und Kundengruppen differenzierende Deckungsbeitragsrechnungen informie-

ren darüber hinaus auch über die erfolgsmäßigen Konsequenzen von Verschie-
bungen der Absatzgebiete und der Abnehmerstruktur. Da die Ermittlung von Periodenerfolgen regelmäßig von den Erfolgsbeiträgen einzelner Kundenaufträge
oder sogar Kundenauftragspositionen ausgehen muß, kann man prinzipiell auch
auftragsgrößenbedingte Ergebnisabweichungen aufdecken. Letztlich hängt
die Abweichung des gesamten Periodenergebnisses vom Plan vor allem auch
davon ab, wie stark die von der Fertigungsauftragsabrechnung erfaßten **Herstellkosten** sowie die sich aus der Kundenauftragsabrechnung ergebenden **Vertriebskosten** und **Erlösschmälerungen** insgesamt vom periodenbezogen geplanten Niveau dieser Erfolgsvariablen divergieren.

6. Ablösung von Nettoergebnisrechnungen durch moderne Dekkungsbeitragsrechnungen

Das im Zuge der Weiterentwicklung und konzeptionellen Ausreifung der Plankostenrechnung methodisch immer weiter perfektionierte kostenstellenbezogene
Separieren fixer und bezugsgrößenspezifisch proportionaler Kosten ist von seinem primären Ansatz her vor allem auf die **Überwachung und Steuerung der
Wirtschaftlichkeit** von Kostenstellen und Kostenstellenbereichen ausgerichtet.
Wie im vorausgehenden Abschnitt ausführlich dargelegt, ermöglicht und vereinfacht es das Umrechnen der für geplante Prozeßvolumina veranschlagten Plankosten in die Plankosten effektiv realisierter Bezugsgrößenmengen. Der Vergleich
der so bestimmten Sollkosten mit den Istkosten einer Periode dient der Offenlegung kostenmäßiger Konsequenzen von Mehrverbräuchen und Minderverbräu-
chen an Kostengütern. Diese sind ein bedeutsames Indiz für das rationale Handeln der Kostenstellenleiter und demzufolge Ausgangspunkt für das **kostenstellenbezogene Kostencontrolling**.

Solange plankostenrechnerische Lösungen im wesentlichen nur vom Produkti-
ons- oder Absatzvolumen induzierte Prozesse als Bezugsgrößen erfaßten,
konnten sie kostenstellenbezogen proportional eingestufte Kosten zugleich auch
artikel- bzw. produktspezifisch als produktions- bzw. absatzabhängige Kosten
abbilden. Auf diese Weise kamen insbesondere die Befürworter der modernen
Grenzplankostenrechnung geradezu zwangsläufig dazu, ein **Rechnen mit Dek-
kungsbeiträgen zur differenzierenden Erfassung periodischer Betriebsergebnisse** zu fordern. Deckungsbeitrag ist im Sinne der Grenzplankostenrechnung jener Saldo, der nach Abzug sämtlicher produktspezifischer Proportionalkosten vom Nettoverkaufserlös verbleibt.

Entwicklungsgeschichtlich gesehen führte keineswegs erst die Plankostenrechnung zur Befürwortung von Deckungsbeitragsrechnungen. In Handelsbetrieben
ist seit jeher ein **Rechnen mit Handelsspannen** üblich. Als Überschuß der Wa-
renverkaufserlöse über die Wareneinstandskosten waren und sind Handelsspannen für Einzel- und Großhändler durchaus aussagefähige umsatzabhängige
Bruttoerfolgssalden. Zur Bestimmung des gesamten handelsbetrieblichen Ergebnisses lassen sich die für die verschiedenen Handelswaren innerhalb eines Zeit-

raums jeweils ingesamt realisierten Handelsspannen als Beträge aufsummieren. Dieser **Gesamtdeckungsbeitrag sämtlicher Handelsgeschäfte** muß mindestens die **Betriebskosten** decken, wenn in der betreffenden Periode ein Gewinn erzielt werden soll. Größere Warenhäuser, Großhändler und Versandhandelsunternehmen müssen dieses einfache Grundkonzept handelsbetrieblicher Deckungsbeitragsrechnungen insbesondere dadurch verfeinern, daß sie auch **proportionale Betriebskosten** analytisch aufdecken und bei der Berechnung handelswarenspezifischer Deckungsbeiträge berücksichtigen. Für sie reicht es wegen der Komplexität ihrer Unternehmensstruktur nicht mehr aus, nur die Wareneinstandskosten als umsatzproportional zu behandeln und sämtliche Betriebskosten als Fixkosten einzustufen.

Eine besonders bedeutsame konzeptionelle Wurzel der modernen Deckungsbeitragsrechnung sind **Nutzschwellenanalysen**. Diese haben eine sehr lange Geschichte. Da auf nahezu allen Geschäftsfeldern sowohl umsatzvolumenabhängige als auch umsatzvolumenunabhängige Kosten anfallen, war es schon immer ein Anliegen von Kaufleuten, jenes Umsatzniveau zu bestimmen, von dem an der Überschuß der Verkaufserlöse über die umsatzvolumenabhängig anfallenden Kosten die Fixkosten überdeckt. Bereits in der älteren deutschen Betriebswirtschaftslehre fand die von **Schär** propagierte **"Lehre vom toten Punkt"** große Beachtung. In der Nachkriegszeit setzten sich deutsche Betriebswirte sehr engagiert mit den im angloamerikanischen Sprachraum entstandenen, vielschichtigen Aussagen zu **Break-even-Analysen** auseinander. Es entstanden ins Detail gehende Beschreibungen von **Gewinnschwellenrechnungen** zur Unterstützung des Gewinnschwellenmanagements.

Nutzschwellenrechnerische Kalküle sind ihrem Wesen nach **echte, wenn auch methodisch einfache Deckungsbeitragsrechnungen. Abbildung 3-5** verdeutlicht drei alternative Formen der Darstellung von Nutzschwellen. Im ersten Bild werden die proportionalen Kosten zu den Fixkosten addiert und den Gesamterlösen gegenübergestellt. In einer anderen Form der Darstellung wird die Fixkostenschicht über die proportionelen Kosten gezeichnet. Dadurch wird besonders deutlich, daß auch die volumenunabhängigen Kosten gedeckt werden müssen. Möglich ist schließlich auch eine Darstellung, bei der zunächst die proportionalen Kosten vom Umsatzerlös saldiert werden. Die nach diesem Rechenschritt verbleibenden umsatzvolumenabhängigen Deckungsbeiträge werden dann den fixen Kosten gegenübergestellt. Wie die Abbildung veranschaulicht führen alle drei Formen zum selben Ergebnis bei der Bestimmung des "kritischen" Umsatzvolumens, bei dessen Überschreitung man die Verlustzone verläßt und die Gewinnzone erreicht. Dieses ist als **Nutzschwelle** definiert.

Mit zunehmender Fixkostenintensität wird die nutzschwellenrechnerische Erklärung der Erfolgsentstehung immer bedeutsamer. Denn sie verdeutlicht, daß der Gewinn eines Unternehmens beim Anfall hoher Fixkosten besonders sensibel auf Umsatzschwankungen reagiert. Nutzschwellenberechnungen und -analysen werden in der Literatur vor allem als **fallweise aufzustellende Sonderrechnungen** im Sinne direkt entscheidungsbezogener Kalküle diskutiert. Zumin-

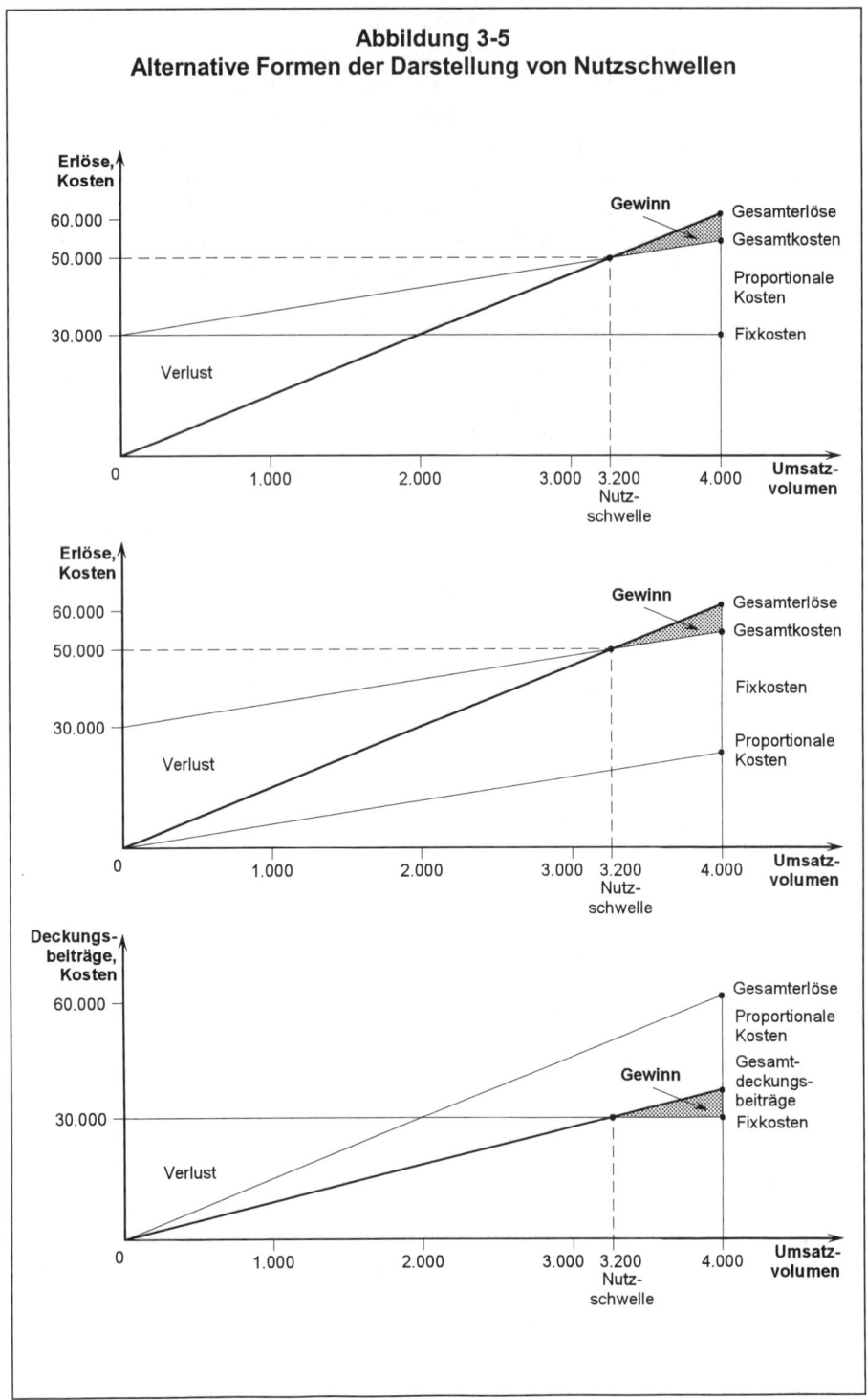

Abbildung 3-5
Alternative Formen der Darstellung von Nutzschwellen

dest in der Fachliteratur wird kaum ausdrücklich darauf hingewiesen, die laufende **Betriebsergebnisrechnung** nach dem Konzept der Nutzschwellenrechnung zu gestalten. 1934 hat in den USA **Harris** zur inhaltlichen Konkretisierung periodischer Ergebnisrechnungen das **Direct Costing** vorgeschlagen. In den meisten Lehrbüchern zur Kostenrechnung wird dieses Gedankengebäude als eine der wichtigen konzeptionellen Wurzeln der Deckungsbeitragsrechnung herausgestellt. **Direct costs** dürfen im Rahmen inhaltlicher Interpretationen allerdings nicht unmittelbar mit Kostenträgereinzelkosten gleich gesetzt werden, wie sie die traditionelle deutsche Kalkulationslehre definiert. Vielmehr sind direct costs eher als **variable Kosten** zu interpretieren.

Das in Deutschland erst nach 1950 diskutierte Direct Costing stellt ebenfalls auf eine Trennung fixer und variabler Kostenbestandteile ab. Letztere werden als proportionale Kosten behandelt. Das von Harris vorgeschlagene einfache Konzept ist seinem Wesen nach eine **periodenbezogene Nutzschwellenrechnung**, die vornehmlich auf die Prognose, Simulation, Planung und Analyse von Periodenerfolgen, auf die Programmplanung und auf andere absatzpolitische Entscheidungen abstellt.

Das Direct Costing will vor allem die Beziehungen zwischen Umsatz, Kosten und Gewinn wirklichkeitsgerecht abbilden. Für Einproduktunternehmen wird folgende **Berechnungsformel zur Bestimmung des Periodengewinns** präsentiert:

$$G = M \cdot (p - k_V) - K_f,$$

bei G = Periodengewinn, p = Preis im Sinne von Nettoerlös/Stück, k_V= var-iable (proportionale) Kosten/Stück, K_f= Fixkosten der Periode, M = Menge.

Die Differenz $p - k_V$ wird als **contribution margin (Deckungsspanne)** bezeichnet. **Abbildung 3-6** demonstriert die Anwendung des Erfolgskonzeptes des Direct Costing auf einen **Mehrproduktbetrieb. Für unterschiedliche Erzeugnisarten periodisch kumulierte Deckungsspannen** werden zum gesamten Deckungsbei-trag zusammengefaßt und anschließend dem undifferenziert ausgewiesenen Fixkostenblock gegenübergestellt. Das einfache Direct Costing sah **keine nach Sparten, Produktgruppen oder sogar nach einzelnen Produktarten differenzierende Erfassung und Abbildung von Fixkosten** vor. Insofern ähnelt es sehr stark der von **Rummel** vorgeschlagenen **Blockkostenrechnung**. In Weiterentwicklung des Direct Costing stellten **Agthe** und **Mellerowicz** gegen Ende der 50er und ausführlicher dann in den 60er Jahren die **Fixkostendeckungsrechnung** als eine **stufenweise retrograde Deckungsbeitragsrechnung** vor. Dieses System der Kosten-, Erlös- und Ergebnisrechnung stellt den Deckungsbeiträgen aus der Vermarktung der Erzeugnisse die in einem Unternehmen insgesamt anfallenden Fixkosten nicht als undifferenzierten "Kostenblock" gegenüber. Es geht konzeptionell über das einfache Direct Costing hinaus: Aus dem Verzicht auf eine Proportionalisierung fixer Kosten folgert es nicht, daß die für das Bereithalten von Kapazitäten anfallenden Fixkosten nur summarisch in die Ergebnisrechnung des Gesamtunternehmens eingestellt werden können. Die Befürworter der Fixkosten-

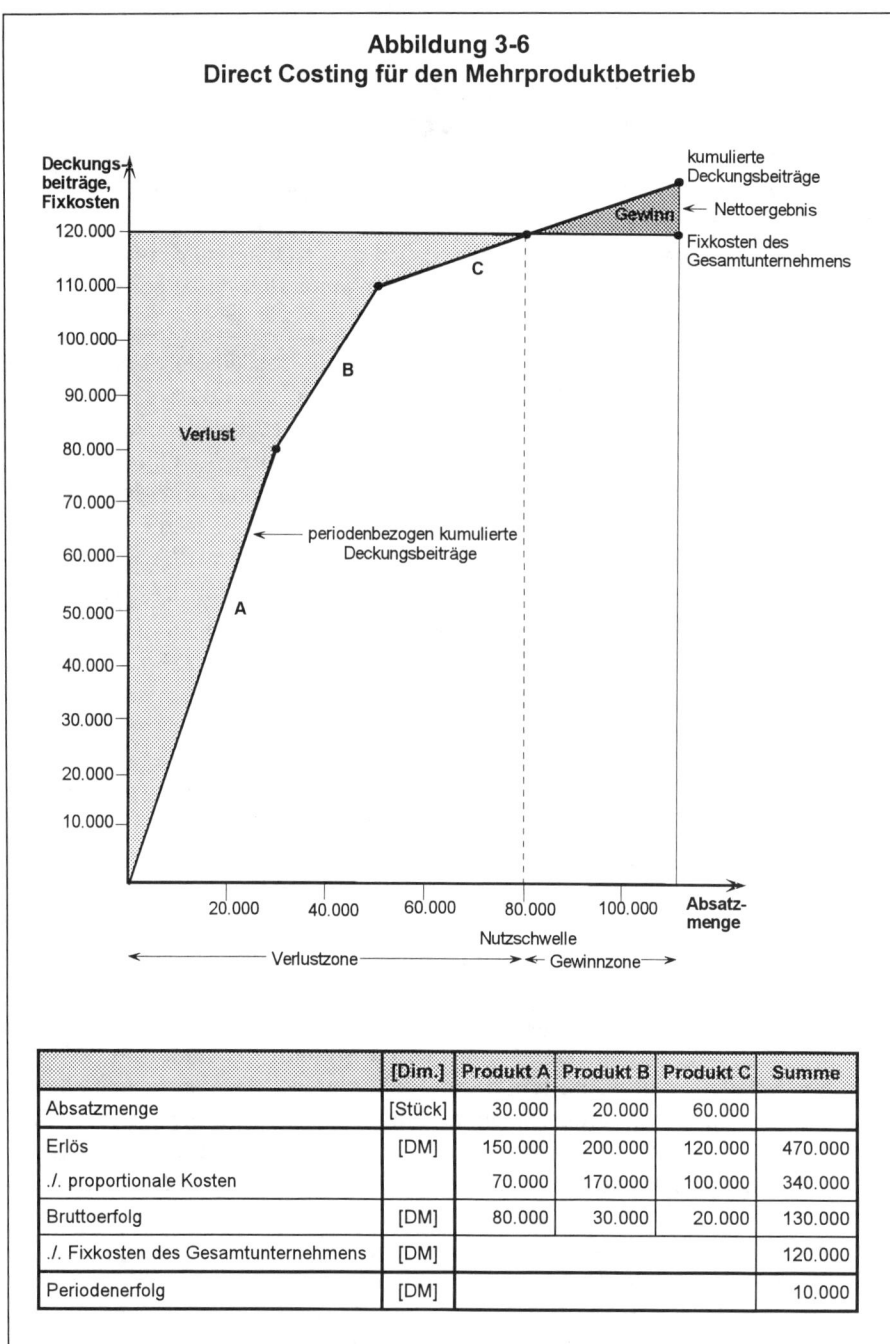

**Abbildung 3-6
Direct Costing für den Mehrproduktbetrieb**

	[Dim.]	Produkt A	Produkt B	Produkt C	Summe
Absatzmenge	[Stück]	30.000	20.000	60.000	
Erlös	[DM]	150.000	200.000	120.000	470.000
./. proportionale Kosten		70.000	170.000	100.000	340.000
Bruttoerfolg	[DM]	80.000	30.000	20.000	130.000
./. Fixkosten des Gesamtunternehmens	[DM]				120.000
Periodenerfolg	[DM]				10.000

deckungsrechnung haben vielmehr richtig erkannt, daß für einzelne Personen und Personengruppen oder für Technologien bzw. für ganze Unternehmensbereiche anfallende Fixkosten unter konkreter Bezugnahme auf den Einsatz- bzw. Tätigkeitsbereich dieser Ressourcen ohne eine Schlüsselung als periodische Beträge direkt für einzelne **Produktsparten, Produktgruppen** oder sogar für einzelne **Produktarten** erfaßbar sind. Diesem Denkansatz gemäß sind beispielsweise die insgesamt für eine spartenspezifische Wertschöpfungskette anfallenden Fixkosten der betreffenden Produktsparte direkt zurechenbar. Kosten für Spezialmaschinen oder Gehälter für Facharbeiter lassen sich möglicherweise sogar direkt einer Produktgruppe oder einer Produktart als periodischer Gesamtbetrag zurechnen.

Ausschlaggebend für differenzierende Fixkostenzuordnungen sind jeweils die speziellen **Einsatzfelder einzelner betrieblicher Ressourcen.** Hierauf abstellend unterscheidet die Fixkostendeckungsrechnung sogenannte **Fixkostenschichten.** Auf das Produktions- und Absatzsortiment abstellend werden **Erzeugnisfixkosten, Erzeugnisgruppenfixkosten und Erzeugnisspartenfixkosten** auseinandergehalten. Für den Fall, daß Unternehmen in völlig unterschiedlichen Geschäftsfeldern agieren, werden zudem **Unternehmensbereichsfixkosten** als separate Fixkostenschicht herausgestellt. Darüber hinaus verbleiben letztlich noch **Unternehmensfixkosten,** die für Ressourcen mit einem nicht nur spartenübergreifenden, sondern auch geschäftsfeldübergreifenden Tätigkeitsspektrum entstehen.

Abbildung 3-7 veranschaulicht das Grundprinzip der Fixkostendeckungsrechnung graphisch. Auf den einzelnen Ebenen werden für die jeweiligen Fixkostenschicht-Segmente, nämlich für die Erzeugnisarten, Erzeugnisgruppen, Erzeugnissparten einerseits sowie für die geschäftsfeldspezifischen Unternehmensbereiche andererseits, Fixkosten als periodische Beträge für das Jahr insgesamt oder für einzelne Monate erfaßt. Die **differenzierende Erfassung von Fixkosten** ermöglicht eine **schrittweise, mehrstufige Zusammenfassung von Deckungsbeiträgen,** und zwar derart, daß die für ein Stufensegment (Erzeugnisart, Erzeugnisgruppe, Erzeugnissparte oder Unternehmensbereich) zuammengefaßten Deckungsbeiträge jeweils die dem betreffenden Stufensegment direkt zurechenbaren Fixkosten decken. Dadurch erhält man für jede Art, Gruppe und Sparte von Erzeugnissen sowie für jeden geschäftsfeldspezifischen Unternehmensbereich den nach Fixkostendeckung verbleibenden Deckungsbeitrag. Demnach wird zunächst in einem ersten Schritt der Deckungsbeitrag bestimmt, den eine **Erzeugnisart** über die Deckung der von ihr allein verursachten Fixkosten hinaus zur Deckung der sonstigen Fixkosten und letztlich zur Gewinnerzielung beiträgt. Anschließend lassen sich die nach erzeugnisartspezifischer Fixkostendeckung verbleibenden Deckungsbeiträge zu den Gesamtdeckungsbeiträgen der einzelnen **Erzeugnisgruppen** zusammenfassen. Werden hiervon die Erzeugnisgruppenfixkosten abgezogen, verbleibt jener Überschuß, den jede einzelne Erzeugnisgruppe zur Deckung spartenspezifischer Fixkosten beizutragen vermag. Die Methodik des sukzessiven Zusammenfassens von Deckungsbeiträgen mit anschließender Fixkostensubtraktion führt schließlich konsequent zu den nach Fixkostendeckungen verbleibenden Deckungsbeiträgen der **Erzeugnissparten** und gegebenenfalls auch der **Geschäftsfelder** eines Unternehmens. Die graphische Darstellung der **Abbildung 3-7** stellt vereinfachend auf ein gedachtes Unternehmen ab, in

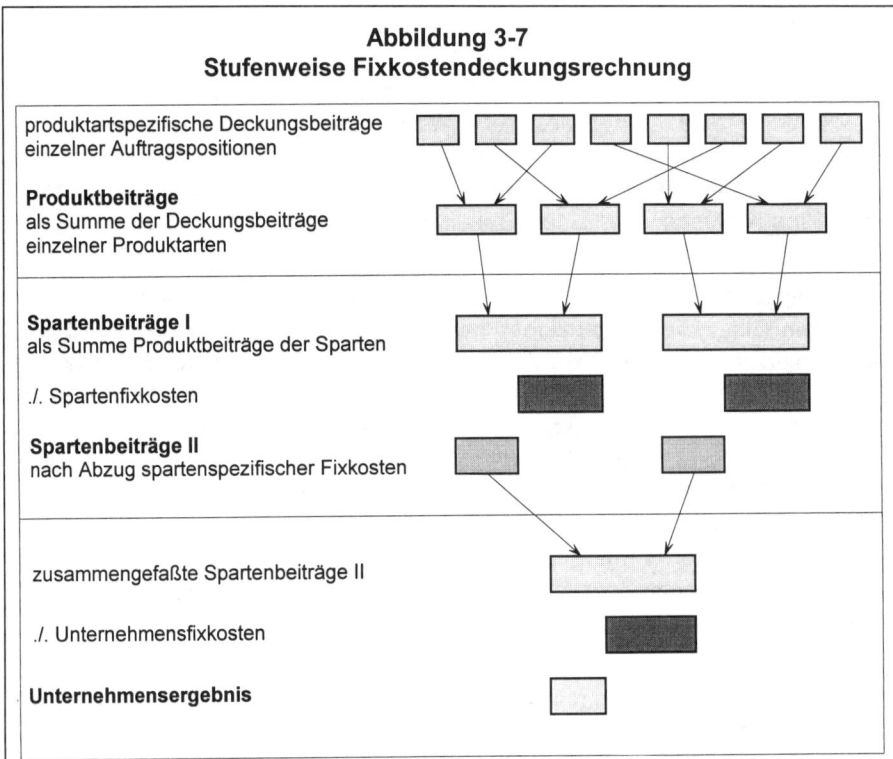

**Abbildung 3-7
Stufenweise Fixkostendeckungsrechnung**

produktartspezifische Deckungsbeiträge
einzelner Auftragspositionen

Produktbeiträge
als Summe der Deckungsbeiträge
einzelner Produktarten

Spartenbeiträge I
als Summe Produktbeiträge der Sparten

./. Spartenfixkosten

Spartenbeiträge II
nach Abzug spartenspezifischer Fixkosten

zusammengefaßte Spartenbeiträge II

./. Unternehmensfixkosten

Unternehmensergebnis

dem es keine spartenübergreifende Geschäftsfelder gibt. In ihr werden sämtliche
nach Deckung der jeweiligen Spartenfixkosten verbleibenden Spartendek-
kungsbeiträge zusammengefaßt den Unternehmensfixkosten gegenübergestellt.
Diese letzte Saldierung beider Beträge führt zum Nettobetriebsergebnis der betreffenden Periode.

Die Fixkostendeckungsrechnung ermöglicht durch ihre Art der Erfolgsdarstellung
einen besonders guten **Einblick in die Erfolgsentstehung und Erfolgsstruktur
eines Unternehmens,** besser als es das einfache Direct Costing vermag. Sie
zeigt für Erzeugnisarten, Erzeugnisgruppen, Erzeugnissparten und gegebenenfalls auch für spartenübergreifende Geschäftsfelder nicht nur die umsatzvolumenabhängig erwirtschafteten Deckungsbeiträge auf, sondern auch die für die
betreffenden Stufensegmente direkt erfaßbaren Fixkosten. Diese Differenzierung
belegt beispielsweise für einzelne Produktsparten, welche Beiträge zum Unternehmenserfolg auf lange Sicht unter sonst gleichbleibenden Umständen dann
entfielen, wenn eine Produktsparte aus dem Produktions- und Angebotsspektrum
eliminiert würde. Informationen dieser Art sind für die **langfristige, strategische
Produkt- und Programmpolitik** zweifelsfrei sehr wertvoll. Allerdings informiert
die Fixkostendeckungsrechnung nicht darüber, in welchem Ausmaß und innerhalb welcher Zeiträume erzeugnisgruppenspezifisch anfallende oder für Erzeugnissparten entstehende Fixkosten disponiert (abgebaut) werden können. Zur Aufdeckung der **Fixkostenremanenz** sind Sonderrechnungen erforderlich. Eher kri-

tisch ist auch der von **Agthe** und **Mellerowicz** unterbreitete Vorschlag zu beurteilen, die für die genannten Fixkostenschichten differenzierend erfaßten Fixkosten als Basis für eine **progressive, stufenweise differenzierende Fixkostenzuschlagskalkulation** zu nutzen. Denn die beispielsweise prozentual auf die proportionalen Kosten aufgeschlagenen anteiligen Fixkosten sind nichts anderes als **vollkostenrechnerisch geschlüsselte Kostenträgergemeinkosten**.

Das wissenschaftlich am weitesten ausgereifte, besonders gründlich durchdachte und am stärksten ins Detail gehende Gesamtkonzept einer auf die Bedürfnisse der Unternehmensführung ausgerichteten Ergebnisrechnung ist ohne Zweifel die von **Riebel** konzipierte **Einzelkosten-, Einzelerlös- und Deckungsbeitragsrechnung**. Wie die Fixkostendeckungsrechnung geht auch dieses Gesamtsystem davon aus, daß die Fixkosten differenzierend zu erfassen sind. Dennoch darf es nicht als Weiterentwicklung oder bloße Verfeinerung des Direct Costing und der Fixkostendeckungsrechnung eingestuft werden.

Die Entwicklung dieses Konzeptes ging primär von ganz anderen Erkenntnissen und auch von einem völlig anderen Denkansatz aus. **Riebel** hatte schon frühzeitig erkannt, daß die bei verbundener Produktion vor allem in Betrieben mit **Kuppelproduktion** und **chargenweiser Fertigung** anfallenden Kostenträgergemeinkosten den einzelnen Produktarten niemals mit einem als richtig beweisbaren Schlüssel anteilig zugerechnet werden können. Insbesondere für Kuppelproduktionsprozesse wurde überzeugend dargelegt, daß nicht nur die für das Bereithalten von Ressourcen anfallenden Fixkosten, sondern auch die variablen Kosten der Spaltprozesse den einzelnen Kuppelprodukten nicht direkt zugerechnet werden können und daß sich demzufolge für einzelne Spaltprodukte niemals "richtige" Selbstkosten bestimmen lassen. Diese Erkenntnis führte folgerichtig zur konsequenten **Ablösung progressiver Selbstkostenkalkulationen durch eine retrograde Deckungsbeitragsrechnung**, die Verkaufsüberschüsse einzelner Kuppelprodukte ermittelt und für Kuppelproduktbündel zusammenfaßt. Davon sind sowohl die variablen als auch die fixen Kosten des Kuppelproduktionsprozesses als echte Kostenträgergemeinkosten abzuziehen. Für Prozesse der chargenweisen Produktion und des chargenweisen Transports gilt dies analog. Sie bewirken, daß jeweils mehrere Objekte gleichzeitig gefertigt bzw. befördert werden (z.B. Trocknung von Porzellan im Trockenofen, Beförderung von Gütern und Personen durch Busse und Bahnen, in Flugzeugen und auf Schiffen). Die variablen Kosten solcher Chargenprozesse sind ebensfalls echte Kostenträgergemeinkosten. Auch sie sind von den zusammengefaßten Überschüssen aus der Vermarktung der betreffenden Produkte gemeinsam zu decken. Unternehmen, die universell einsetzbare technische und personelle Ressourcen für die **wechselnde Fertigung** von Erzeugnissen nutzen, haben die Kosten für das Bereithalten der betreffenden Kapazitäten als fixe Kostenträgergemeinkosten zu behandeln. Sind z.B. in einer Fabrikhalle mehrere Produktions- oder Verpackungslinien parallel installiert, entstehen auch für solche integrierte Produktionssysteme wiederum fixe Gemeinkosten, weil sie gemeinsam dieselben Infrastrukturen, Flächen und Räume, ferner auch dieselbe Administration in Anspruch nehmen.

Die von **Riebel** entwickelte Konzeption der Deckungsbeitragsrechnung fordert den **Verzicht auf jede Schlüsselung variabler und fixer Kostenträgergemeinkosten**. Für sämtliche als Kostenstellenbereiche, Kostenstellen oder Kostenplätze abgegrenzte Ressourcenpotentiale sollen generell ausschließlich jene primären und sekundären Kosten erfaßt und ausgewiesen (und auch geplant) werden, die allein durch das Bereithalten der betreffenden Kapazitäten und deren Nutzung bedingt sind. Das gilt für sämtliche kostenplatz- bzw. kostenstellenspezifischen Flächen, Räume, Infrastrukturen und Technologien, auch für Mitarbeiter und immaterielle Potentiale. In **Relativierung des Begriffs Einzelkosten** werden diese Beträge als **Kostenstelleneinzelkosten** bezeichnet. Verständlicherweise dürfen in diese Kostenstelleneinzelkosten nur die von innerbetrieblichen Leistungen zusätzlich ausgelösten Kosten einbezogen werden. Demnach wird ein Rechnen mit Einzelkosten auch für unternehmensinterne Leistungen gefordert.

Konsequent verzichtet das von **Riebel** vorgeschlagene Gesamtkonzept auch auf eine Schlüsselung von Periodengemeinkosten. Sowohl für kurze, als auch für längere Abrechnungsperioden sollen jeweils nur die diesen Zeiträumen jeweils direkt zurechenbaren Kosten als **Periodeneinzelkosten** ausgewiesen werden. Demgemäß wird begrifflich zwischen **Monatseinzelkosten, Quartalseinzelkosten, Halbjahreseinzelkosten, Jahreseinzelkosten und Einzelkosten mehrjähriger Zeiträume** unterschieden. Die Einordnung der für betriebliche Ressourcen anfallenden Kosten in diese Kategorien wird von der Länge jenes Zeitraums abhängig gemacht, für den die betreffenden Ressourcenpotentiale (Kapazitäten) disponiert und verfügbar gemacht wurden. Zwangsläufig führt das konsequente Rechnen mit Periodeneinzelkosten dazu, daß **sich prinzipiell keine Periodennettoergebnisse bestimmen lassen**, so wie dies traditionelle kurzfristige Erfolgsrechnungen vorsehen. Stattdessen werden nur **Monatsdeckungsbeiträge, Quartalsdeckungsbeiträge, Halbjahresdeckungsbeiträge und Jahresdeckungsbeiträge** ausgewiesen. Die Deckungsbeiträge kurzer Perioden lassen sich jeweils additiv zum Deckungsbeitrag längerer Perioden zusammenfassen.

Die für Jahre bestimmbaren Deckungsbeiträge sollen in sogenannten kumulativen Zeitablaufrechnungen aufsummiert und den für mehrjährige Zeiträume disponierten, ebenfalls kumulativ fortzuschreibenden Fixkosten gegenübergestellt werden. Letztlich sollen solche **langfristigen Erfolgsrechnungen** zum Totalerfolg eines Unternehmens führen. Wie an anderer Stelle bereits angemerkt, sind solche kumulativen Zeitablaufrechnungen allerdings nicht nur konzeptionell problematisch, sondern auch äußerst schwer interpretierbar. Demgemäß haben sie nur im Rahmen wissenschaftlicher Erörterungen Bedeutung erlangt. Die Praxis kann sie im Streben nach einer effizienten und zugleich effektiven Methodik für das führungsorientierte Rechnungswesen nicht umsetzen. Demgemäß kommen Industrie und Dienstleistungsbetriebe letztlich doch nicht umhin, kürzeren Perioden die für längere Zeiträume disponierten Kosten anteilig vorzugeben. Auf diese Weise werden aus zwingenden pragmatischen Gründen als solche erkannte Periodengemeinkosten wissentlich einzelnen Zeitabschnitten als anteilige Periodengemeinkosten angelastet. Sofern derart periodisierte Beträge durch geeignete Bezeichnungen exakt demgemäß kenntlich gemacht werden, läßt sich die zeitliche Disponierbarkeit solcher Kosten mit der für die Praxis zu fordernden Genauigkeit durchaus hinreichend genau offenlegen.

Das Rechnen mit relativen Einzelkosten und Deckungsbeiträgen sieht vor, sämtliche in einer Periode für Kostenstellen oder Kostenträger anfallenden Kostenarten in einer umfassenden **Grundrechnung** so zusammenzustellen, daß dadurch eine **zweckpluralistische Kosteninformationsstruktur** erreicht wird. Die für eine Periode direkt erfaßbaren Kosten werden demnach als **Einzelkosten hierarchisch strukturierter Bezugsobjekte** ausgewiesen. Die konkrete Bezugsobjekthierarchie ergibt sich aus der Unternehmensorganisation, aus der Struktur der Unternehmenspotentiale sowie aus den gebildeten Verantwortungsbereichen, nicht zuletzt aus den jeweiligen Anliegen der Planung, Kalkulation und Kontrolle. Die **Struktur der Kostenstellen** entspricht der des Kostenstellenplans. Innerhalb der Grundrechnung der Kosten werden sämtliche Kostenarten in Kostenkategorien eingeordnet. Jene Kosten, die sich infolge kurzfristiger Veränderungen von Art und Menge der Leistungen "automatisch" ändern, werden von **Riebel** als **Leistungskosten** bezeichnet. Prinzipiell zählen dazu zwar auch unterproportionale und überproportionale Kosten, praktische Umsetzungen gehen jedoch regelmäßig davon aus, daß Leistungskosten proportional mit dem Leistungsvolumen variieren. Als besonders wichtige Kostenkategorien unterscheidet das Rechnen mit relativen Einzelkosten und Deckungsbeiträgen **absatzabhängige Kosten** und **erzeugungsabhängige Kosten**. Fixkosten, die auf kurze Sicht bei gegebenen Kapazitäten unveränderlich anfallen, bezeichnet **Riebel** als **Bereitschaftskosten**. Diese Terminologie soll zum Ausdruck bringen, daß kurzfristig leistungsunabhängige Kosten für das Aufrechterhalten der Betriebsbereitschaft verschiedenartiger Ressourcen entstehen. In Abhängigkeit von der Länge des Dispositionszeitraums werden Bereitschaftskosten beispielsweise innerhalb jahresbezogener Grundrechnungen in die Kategorien Monatseinzelkosten, Quartalseinzelkosten, Halbjahreseinzelkosten und Jahreseinzelkosten eingeordnet.

Grundrechnungen der Kosten gliedern absatzabhängige Kosten weiter danach auf, ob **diese umsatzwertabhängig** oder (wie beispielsweise Ausgangsfrachten oder Versandverpackungskosten) **in Abhängigkeit von "mehreren Faktoren"** anfallen. Innerhalb der erzeugungsabhängigen Kosten werden **erzeugungsmengenabhängige Kosten** und **von der Zahl der Fertigungslose abhängige Kosten** auseinandergehalten. Zu letzteren zählen Rüstkosten, Sortenwechselkosten, auflagenfixe Kosten und dergleichen. Durch die Bildung dieser Kostenkategorien soll **die Abhängigkeit der Kosten von relevanten Haupteinflußfaktoren** erfaßt werden. Ausgangspunkt hierfür ist das Produktions- und Absatzvolumen. Demnach ist diese eher produktbezogene Erfassung des Kostenverhaltens speziell hinsichtlich ihres primären Ansatzes keineswegs voll identisch mit der für die Grenzplankostenrechnung typischen kostenstellenleistungsbezogenen, demgemäß nach Bezugsgrößen differenzierenden Erfassung von Kostenabhängigkeiten.

Der von **Riebel** unterbreitete Vorschlag, innerhalb der "Grundrechnung der Kosten" auch **direkt für Kostenträger erfaßbare Einzelkosten** auszuweisen, hat sich - zumindest aus heutiger Sicht - nicht als praktikabel erwiesen. Denn die für das Berechnen von Deckungsbeiträgen zu bestimmenden proportionalen Herstellkosten sowie die leistungsabhängigen Vertriebskosten ergeben sich erst aus produktspezifischen **Kalkulationen**. Für den Aufbau der Kalkulationsschemata müssen andere Kostenkategorisierungen vorgenommen werden. Demgemäß ist es zweckmäßiger, **kostenstellenspezifische Grundrechnungen** und **kostenträgerspezifische Grundrechnungen** zu trennen, und zwar derart, daß letztere dem jeweils relevanten Kalkulationsschema folgend die den einzelnen Arten von Kostenträgern direkt zurechenbaren Kosten aufzeigen. Eine solche Modularisierung sehen auch moderne Standardsoftwarekonzepte für die Kostenrechnung vor.

Anders als es die Theorie des Rechnens mit relativen Einzelkosten und Deckungsbeiträgen vorsieht, lassen sich die einer Produktart oder einer Produktsparte direkt **zurechenbaren** Fixkosten als Bereitschaftskosten (Kosten für entsprechend spezialisierte Mitarbeiter, Maschinen oder Technologien und dergleichen) innerhalb der gesamten Kostenrechnung keineswegs auch unmittelbar für diese Zurechnungsobjekte **erfassen**. Beim **Erfassen fixer Kostenträgereinzelkosten** muß man nämlich schrittweise vorgehen. Zunächst ist festzustellen, welche Kostenstellen ausschließlich für eine Produktart oder für eine Produktsparte zuständig sind. Ausgehend von dem so registrierten Einsatzspektrum bzw. Tätigkeitsbereich einzelner Kostenstellen läßt sich innerhalb der **Kostenstellenstammdaten** festhalten, ob der betreffende Ressourcenbereich produktartspezifisch, produktgruppen- oder produktspartenspezifisch agiert oder ob er spartenübergreifende Kompetenz und Verantwortung hat. Erst diese Identifizierungen ermöglichen die Zuordnung der Fixkosten einzelner Kostenstellen zu Erzeugnisarten, Erzeugnisgruppen und Sparten, wie sie für stufenweise, differenzierende Deckungsbeitragsrechnungen notwendig ist.

Riebel ging bei der Ausarbeitung seines Konzeptes davon aus, daß sich die Berechnung von Deckungsbeiträgen unmittelbar auf die in der Grundrechnung erfaßten Kosten stützt. Er sieht **keine progressive Kostenkalkulation** vor, sondern ausschließlich eine vom Verkaufserlös ausgehende **retrograde Deckungsbeitragsermittlung**. Innerhalb des gesamten Aussagensystems der Einzelkosten- und Deckungsbeitragsrechnung wird der Produktkostenkalkulation keine zentrale Bedeutung beigemessen. Im Gegensatz dazu haben praktische Implementierungen gezeigt, daß ein progressives Zusammenfassen (Kalkulieren) jener Leistungskosten, die in die proportionalen Herstellkosten einzelner Artikel eingehen, doch sehr bedeutsam ist. Für Mehrproduktbetriebe, die in mehrstufiger Fertigung komplexe Erzeugnisse herstellen, ist das besonders offensichtlich. Dem Prinzip der Deckungsbeitragsrechnung folgende Unternehmen gehen daher beim Berechnen produktbezogener Deckungsbeiträge **teils retrograd, teils progressiv** vor. Von den Umsatzerlösen ausgehend subtrahieren sie Erlösschmälerungen und proportionale Kosten des Vertriebs als absatzabhängige Kosten. Vom verbleibenden **Verkaufsüberschuß** werden die zuvor über die Fertigungsstufen hinweg progressiv kalkulierten **proportionalen Herstellkosten** als erzeugungsabhängige Kosten abgezogen. Als Saldo verbleibt der **Deckungsbeitrag**.

Riebel hat sich im Streben nach Konkretisierung von Deckungsbeitragsberech-
nungen auch mit der **Erlösrealisation** sowie mit der **Zurechenbarkeit von Erlösen** näher auseinandergesetzt. Er thematisierte die Problematik der für Waren-
geschäfte auf den Zeitpunkt des Gefahrenübergangs (ersatzweise auf den Zeitpunkt der Fakturierung) fixierten Erlösrealisation, wie sie für die Bilanzierung nach
Handels- und Steuerrecht vorgesehen ist. Da zu diesem Zeitpunkt häufig noch
das Transportrisiko, das Abnahmerisiko, das Zahlungsrisiko und andere Risiken
bestehen und da zudem von dem Kunden möglicherweise Mängelrügen, Scha-
densersatz- oder Garantieansprüche geltend gemacht werden können, lassen
sich zum Zeitpunkt der Rechnungsstellung zweifelsfrei nur **vorläufige, noch
nicht endgültig realisierte Erlöse** bestimmen. Dieses Erschwernis ist der Praxis
durchaus bekannt. Wenn sie dennoch bereits für fakturierte Geschäfte Erlöse
ausweist und hiervon ausgehend durch "retrogrades Kalkulieren" Deckungsbeiträge berechnet, setzt sie **Standardsätze für in ihrer Höhe noch nicht genau
feststehende Erlösschmälerungen und Erlösberichtigungen** an. Die zunächst
umsatzbezogen über Standardsätze verrechneten Beträge werden periodisch mit
den effektiv anfallenden Erlösminderungen abgeglichen. Auf diese Weise kann
man zum einen den genannten Risiken Rechnung zu tragen und zum anderen
dennoch schon zum Zeitpunkt der Leistungsverwertung Nettoerlöse zu bestimmen, von denen die proportionalen Kosten der Herstellung und des Vertriebs zur
Berechnung von Deckungsbeiträgen abgezogen werden können.

Trotz der von **Riebel** zu Recht monierten **Erlösrisiken** gehen die von ihm vorgeschlagenen Deckungsbeitragsrechnungen prinzipiell doch von einer **leistungs-
verwertungsbezogenen Erlösrealisation** aus. Hiervon, und somit auch vom
Realisationsprinzip des Handelsrechts abweichend, ziehen in der Praxis manche
Wirtschaftszweige und Unternehmen beim Aufbau interner Ergebnisrechnungen
die Erlösrealisation auf den **Abschluß der Leistungserstellung**, also auf die
Fertigstellung ihrer Erzeugnisse vor. Demgemäß setzen sie nicht nur für verkauf-
te, sondern auch für die auf Lager produzierten Fertigerzeugnisse **Verkaufsüberschüsse** an. Auf diese Weise können sie in der periodischen Betriebsergebnisrechnung zum Ausdruck bringen, welcher Gewinn aller Voraussicht
nach auf die produktionswirtschaftlichen Aktivitäten des betreffenden Zeitabschnitts zurückzuführen sind. Auf solche **Produktionsergebnisrechnungen** stützen sich beispielsweise viele Betriebe der Druckindustrie und andere Unternehmen mit besonders kapital- und fixkostenintensiver Produktion vornehmlich dann,
wenn sie auf Bestellung fertigen, so daß die Vermarktung fertiger Erzeugnisse mit
keinen allzu großen Risiken belastet ist. Solche Vorgehensweisen belegen, daß
Umsatzergebnisrechnungen, die von einer Erlösrealisation zum Auslieferungs-
zeitpunkt ausgehen keineswegs generell zwingend sind. Für das interne, führungsorientierte Rechnungswesen ist die Konkretisierung der Erlösrealisation aus
Zweckmäßigkeitserwägungen abzuleiten.

Dem Anlagenbau, der Bauindustrie und anderen Unternehmen mit **langfristiger
Produktion** fällt die Beantwortung der Frage nach der Erlösrealisation noch
schwerer. Unabhängig davon, ob die für solche Großprojekte insgesamt erzielbaren Erlöse zum Zeitpunkt der Fertigstellung oder erst zum Zeitpunkt der Überga-

be an den Kunden als realisiert ausgewiesen werden, kommt es zwangsläufig zu erheblichen Schwankungen der Periodenerlöse und Periodengewinne. Bezugnehmend auf solche Fertigungsbedingungen spricht sich **Riebel** nachdrücklich gegen den vorgezogenen Ausweis von Teilerlösen zum Zeitpunkt der Fertigstellung oder Abnahme von Teilleistungen (Teilprojekten) aus. Er fordert stattdessen eine **zeitraumbezogene Erlösrealisation**: Seiner Auffassung nach sollten Betriebe mit langfristiger Fertigung Erlöse jeweils dem **Gesamtzeitraum der Abwicklung einzelner Aufträge** zuordnen und über die aufeinander folgenden Abrechnungsperioden hinweg in **kontinuierlich fortschreitenden Zeitablaufrechnungen** aufsummieren. Auch dieses Postulat beinhaltet den Verzicht auf periodische Ergebnisrechnungen und hat sich demzufolge wegen seiner schwierigen Umsetzbarkeit in der Wirtschaftspraxis nicht durchsetzen können. Unternehmen mit langfristiger Produktion weisen stattdessen immer dann, wenn ihre Kunden **Teilleistungen (Teilprojekte)** abgenommen haben, die dafür vorgesehenen **Teilerlöse** als positive Erfolgsvariable aus und bestimmen davon ausgehend ihre periodischen Betriebsergebnisse. Sie sind sich dabei der Tatsache bewußt, daß solche Periodenerfolge keineswegs allein auf die unternehmerischen Aktivitäten dieses Zeitraums zurückzuführen sind.

Auch die bei kurzfristiger Fertigung in Betrieben mit schlanker, logistisch gut organisierter Produktion und geringen Fertigwarenlagerbeständen prinzipiell unproblematisch erscheinende Erlösrealisation zum Zeitpunkt der Auslieferung von Fertigprodukten an die Kunden gewährleistet **keineswegs einen als allein richtig beweisbaren Ausweis von Periodenergebnissen**. Auch dieses Vorgehen spiegelt nicht exakt die erfolgsmäßigen Konsequenzen jener Handlungen wider, die innerhalb der betreffenden Zeiträume von einem Unternehmen realisiert wurden. Werden für einen bestimmten Zeitraum jeweils umsatzbezogen Deckungsbeiträge bestimmt und diese anschließend den Fixkosten derselben Periode gegenübergestellt, verbleibt als Saldo nicht etwa genau der Gewinn oder Verlust, der seiner Verursachung nach ausschließlich aus unternehmerischen Aktivitäten dieses Zeitabschnitts resultiert. Denn auch in Betrieben mit kurzfristiger Fertigung werden mit großer Wahrscheinlichkeit Fixkosten einer Periode speziell im Marketing, in der Forschung und Entwicklung, im Einkauf sowie in anderen Unternehmensbereichen für Kapazitäten in Kauf genommen, die in der betreffenden Periode Leistungen für teilweise erst sehr viel später produzierte und vermarktete Erzeugnisse erbringen. Dieses **Grunddilemma aller periodischen Erfolgsrechnungen** ist unlösbar. Es zwingt auch jene Unternehmen, die den Grundprinzipien der Einzelkosten-, Einzelerlös- und Deckungsbeitragsrechnung folgen, periodische Gegenüberstellungen von Deckungsbeiträgen und Fixkosten sehr gründlich zu interpretieren.

Von den Umsätzen ausgehende periodische Deckungsbeitragsrechnungen müssen zur Unterstützung von Marketing und Vertriebssteuerung nach unterschiedlichen Kriterien differenzieren. Denn die marktorientierte Unternehmensführung hat **mehrere, verschiedenartige Ergebnisstrukturen** zur planen, zu überwachen und zu beeinflussen. Um das Produktions- und Absatzsortiment optimieren zu können, muß man die Deckungsbeiträge der Produktsparten, Produktgruppen,

Produktarten und Produktsorten kennen. Andererseits interessiert auch die Er-
giebigkeit der Belieferung unterschiedlicher Kundengruppen, Kundenarten und
Kunden. Das strategische Erfolgsmanagement muß ferner jene Ergebnisse kennen, die ausländische und inländische Märkte, Verkaufsgebiete und Vertriebsregionen zum gesamten Unternehmenserfolg beisteuern. Letztlich sind auch die
Ergebnisbeiträge unterschiedlicher Vertriebsorgane und Vertriebswege nicht ohne Belang.

Die sukzessive **Aggregation von Deckungsbeiträgen in produkt-, kunden-
und marktspezifischen Absatzsegmentrechnungen** geht prinzipiell von den
kundenauftragsspezifisch fakturierten **Mengen einzelner Erzeugnisarten** aus.
Demgemäß ist prinzipiell der **Deckungsbeitrag der einzelnen Kundenauftrags-
position** der Einzelposten, an dem mehrdimensionale, sukzessiv zusammenfas-
sende, letztlich zum periodischen Gesamtergebnis eines Unternehmens hinführende Deckungsbeitragsrechnungen ansetzen. In Ausrichtung auf die konkreten
Interessenslagen des Marketing und des Vertriebscontrolling lassen sich - wie es
die **Abbildung 3-8** veranschaulicht - für die schrittweise Zusammenfassung der
primär für Kundenauftragspositionen erfaßten Deckungsbeiträge unterschiedliche
Arten von Verdichtungs- und Analysehierarchien aufbauen.

Eindimensionale Absatzsegmenthierarchien bilden über mehrere Ebenen hinweg jeweils ausschließlich nur die Auftragsstruktur, Produktstruktur oder die Kun-
denstruktur bzw. die Struktur der Märkte, Verkaufsgebiete und Vertriebsregionen
bzw. Vertriebswege oder Vertriebsorgane ab. **Kombinatorische Absatzsegmenthierarchien** fassen die Deckungsbeiträge einzelner Kundenauftrags- positionen periodenbezogen beispielsweise zunächst für Produktarten, sodann für
Produktgruppen, anschließend für Kundengruppen und dann weiter für verschiedene Märkte zusammen. Andere kombinatorische Absatzsegmentrechnungen aggregieren Deckungsbeiträge einzelner Auftragspositionen zunächst für
Kundenaufträge und Kunden, sodann weiter für Märkte und Produktgruppen.
Sofern sich einzelnen Segmenten solcher Hierarchien bestimmte Fixkosten direkt
zurechnen lassen (wie beispielsweise Produktspartenfixkosten oder Produkt-
gruppenfixkosten, möglicherweise auch die für einzelne Märkte oder die Versorgung spezieller Kundengruppen oder Kunden anfallenden Bereitschaftskosten),
sind stufenweise Fixkostendeckungsrechnungen möglich. Differenzierende Dek-
kungsbeitragsrechnungen mit stufenweiser Fixkostendeckung führen ihrem Wesen nach zu einem Ausweis periodischer Betriebsergebnisse nach dem **Umsatz
kostenverfahren**. Diese auch für die Gewinn- und Verlustrechnung von Jahresabschlüssen relevante Methodik knüpft an den für abgesetzte Erzeugnisse auf
den Märkten realisierten Umsatzerlösen an und stellt diesen Verkaufserlösen die
Kosten der Herstellung und des Vertriebs der fakturierten ausgelieferten Produkte gegenüber. Es ist also - wie schon an anderer Stelle ausgeführt - ein **ab-
satzorientiertes Verfahren der Ergebnisrechnung**. Vor allem größere und mit-
telgroße Unternehmen, deren internes Rechnungswesen stark differenziert und
Deckungsbeitragsrechnungen vorsieht, folgen auch beim Aufstellen ihres Jahresabschlusses dem Umsatzkostenverfahren. Das setzt nicht nur eine ebenfalls differenzierende Kostenträgerrechnung, sondern für diese wiederum eine ausge-

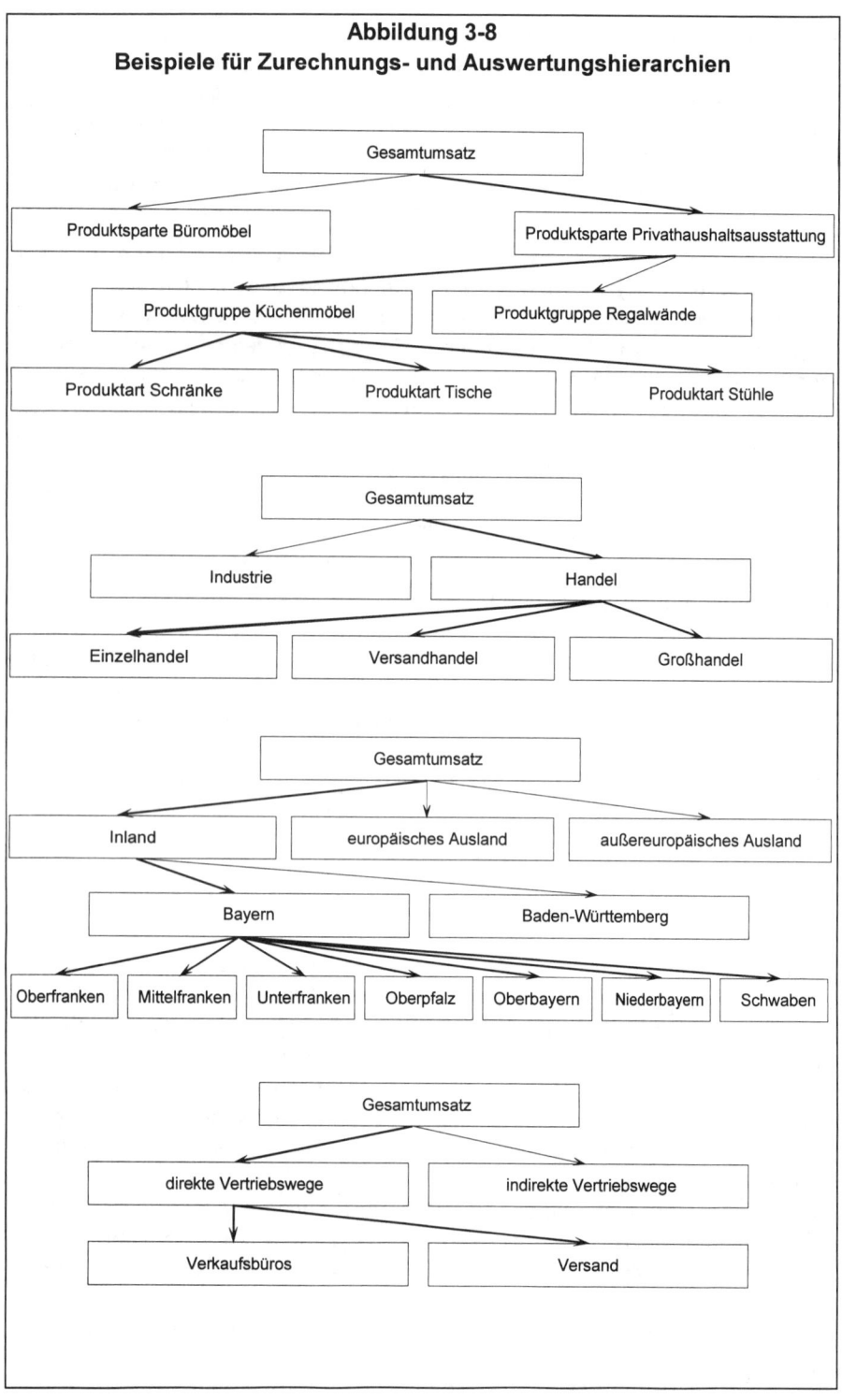

**Abbildung 3-8
Beispiele für Zurechnungs- und Auswertungshierarchien**

baute Kostenstellenrechnung voraus. Produktartspezifische Kalkulationen müssen die Herstellkosten jeder Erzeugnisart erkennen lassen. Für jene Unternehmen, die mit der Deckungsbeitragsrechnung arbeiten, müssen speziell die proportionalen Kosten der Herstellung einerseits und des Vertriebs andererseits aufgedeckt werden. Sie werden, wie im folgenden noch zu zeigen ist, auch ihre Bestände an Halbfertig- und Fertigwaren zu proportionalen Herstellungskosten bewerten. Dabei kommt es keineswegs zwingend auf die **proportionalen Istkosten der Herstellung** an. Ein Rechnen mit **proportionalen Standardkosten der Herstellung** ist regelmäßig nicht nur einfacher und wirtschaftlicher, es beschleunigt auch Ergebnisrechnungen. Wenn demgemäß auch retrograde **Deckungsbeitragskalkulationen** von porportionalen Standardkosten des Vertriebs und der Herstellung ausgehen, müssen in den periodischen **Betriebsergebnisrechnungen** sämtliche durch das Rechnen mit Standardkosten bedingte Verrechnungsdifferenzen, Abgrenzungen, Über- und Unterdeckungen ausgewiesen werden. Nur dies stellt eine geschlossene **Betriebsergebnisrechnung** sicher. Damit sind sämtliche **Divergenzen zwischen Standardkosten und Istkosten** gemeint, darüber hinaus auch sämtliche rechnerischen **Divergenzen zwischen Standerlösschmälerungen und effektiv anfallenden Erlösminderungen**.

Freilich können dem Grundprinzip der Deckungsbeitragsrechnung folgende Unternehmen ihre periodischen Betriebsergebnisrechnungen auch nach dem **Gesamtkostenverfahren** aufbauen. Dazu werden sich allerdings in der Praxis sicher nur jene Unternehmen entschließen, die auf eine stufenweise Zusammenfassung der Deckungsbeiträge ihrer Erzeugnisarten verzichten. Mit dem methodisch einfacheren Gesamtkostenverfahren erreichen solche Betriebe lediglich eine **summarische Darstellung des Betriebsergebnisses** durch das Gegenüberstellen der nach primären Kostenarten untergliederten Gesamtkosten und der Gesamtleistung. Letztere ist definiert als die Zusammenfassung von Umsatzerlösen +/- zu Herstellkosten angesetzte Veränderungen des Bestands an Halbfertig- und Fertigwaren + zu Herstellkosten aktivierte Eigenleistungen + sonstige betriebliche Erträge (Nebenerlöse).

7. Bestandsbewertung und Parallelkalkulation

Unternehmen, die Erlöse zum Zeitpunkt der Leistungsverwertung als realisiert ausweisen, die von diesen Erlösen ausgehend retrograd Deckungsbeiträge bestimmen und in differenzierenden Absatzsegmentrechnungen zusammenfassen, werden sich, wenn sie konsequent bleiben, stets für eine **Bewertung von Beständen an Halbfertigwaren und Fertigwaren zu deren Einzelkosten (im Sinne proportionaler Herstellungskosten)** entschließen. Sofern Deckungsbeiträge als Überschüsse der Erlöse über die Einzelkosten der Erzeugnisse erst dann als realisiert gelten, wenn Kunden Fertigprodukte übernehmen und für diese die Gefahr des Untergangs tragen, folgt daraus zwingend, daß über den gesamten Zeitraum der Fertigstellung von Erzeugnissen hinweg ausschließlich proportionale Einzelkosten der Herstellung zu kumulieren sind. Gewinne aus dem Verkauf von

Waren entstehen in Höhe der Deckungsbeiträge erst zum Zeitpunkt der Fakturierung bzw. anläßlich der Warenauslieferung an die Abnehmer.

Das Problem der Bewertung und wertmäßigen Fortschreibung halbfertiger und
fertiger Erzeugnisse tangiert vor allem Industrieunternehmen, die eine große Produktionstiefe haben und über mehrere Fertigungsstufen und Fertigungsvorgänge
hinweg in einer relativ breiten Palette verhältnismäßig komplexe Produkte fabri-
zieren. Solche Unternehmen können auch bei gut organisierter Produktionslogi-
stik keine extrem kurzen Durchlaufzeiten erreichen. In Betrieben dieses Typs la-
gern unfertige Erzeugnisse nicht nur innerhalb geschlossener, organisierter Lä-
ger, sondern auch innerhalb der Fertigungsbereiche. Auch Fertigfabrikatebestände lassen sich in solchen Fällen meist nicht ganz vermeiden. Ein Operieren mit
der Deckungsbeitragsrechnung bedingt, daß für all diese Bestände als Herstellkosten nur die **Materialeinzelkosten, die Fertigungseinzelkosten und die
Sondereinzelkosten der Fertigung** (darüber hinaus möglicherweise proportionale Prozeßkosten des Herstellungsbereichs) aktiviert werden. Nur diese proportionalen Herstellungskosten werden abrechnungstechnisch über Bestandserhö-
hungen und spätere Bestandsminderungen von einer Abrechnungsperiode auf
den folgenden Abrechnungszeitraum übertragen. **Sämtliche Fixkosten eines
Abrechnungszeitraums gehen in voller Höhe zu Lasten des Erfolgs der betreffenden Periode.**

Wegen des konzeptionell bedingten Verzichts auf die Aktivierung anteiliger fixer
Herstellungskosten führt das Rechnen mit relativen Einzelkosten und Deckungsbeiträgen zwangsläufig zu einem anderen periodischen Erfolgsausweis als traditionelle Vollkosten- und Nettoergebnisrechnungen. Werden Bestandszugänge
und demzufolge auch Bestände an Halb- und Fertigfabrikaten konsequent zu den
Kosten bewertet, die ihre Herstellung zusätzlich ausgelöst hat (Einzelkosten, proportionale Kosten), folgt daraus, **daß allein die Absatzmenge gewinnbestim-
mend ist.** Daher lassen sich Veränderungen der Periodenerfolge verhältnismäßig
leicht beurteilen. Das Periodenergebnis hängt einerseits von der relativen und
absoluten Höhe der aus Verkäufen (Umsätzen) erwirtschafteten **Deckungsbeiträge** und andererseits von der Höhe der **Fixkosten** des jeweiligen Zeitraums ab.
Auf positive oder negative Umsatzentwicklungen und Sortimentsverschiebungen
zurückzuführende Erfolgsänderungen werden unmittelbar ersichtlich.

Werden - dem Grundprinzip der Deckungsbeitragsrechnung gemäß - in den Beständen an Halbfertigwaren und Fertigwaren keine anteiligen Fixkosten aktiviert,
ist jede Produktion auf Lager erfolgsneutral. Eine bilanzpolitisch motivierte
Produktion auf Vorrat ist daher ausgeschlossen. Im Gegensatz dazu besteht
beim Aktivieren voller Herstellungskosten speziell bei schlechter Ertragslage
durchaus ein Anreiz, durch Vorratsproduktion den Erfolgsausweis zu verbessern,
den in der Bilanz ausgewiesenen Jahresüberschuß zu erhöhen. Wenn nämlich in
die Wertansätze anteilige Fixkosten eingehen, werden die Fixkosten der Produk-
tionsperiode um diese Beträge entlastet. Diese werden innerhalb der Bilanz im
Vorratsvermögen "gespeichert" und gehen letztlich zu Lasten des Zeitraums, in

dem die betreffenden Erzeugnisse vermarktet werden. Die **Abbildung 3-9** veranschaulicht die zuvor erläuterten Konsequenzen exemplarisch.

Bei strenger Auslegung des Verursachungsprinzips könnte man der anteiligen Aktivierung fixer Herstellungskosten außerdem entgegenhalten, daß sie zum **Ausweis noch nicht realisierter Gewinne** führt. Denn diese Bewertungskonzeption basiert implizit auf der Unterstellung, daß später Verkaufserlöse erwirtschaftet werden, deren Niveau mit Sicherheit auch Gegenwerte zur Deckung der in den Beständen anteilig anktivierten fixen Herstellungskosten enthält. Dies ist keineswegs immer gewährleistet, am wenigsten in Betrieben mit einer besonders große Produktionstiefe, die für ihre Erzeugnisse in Zeiten eines intensiven Wettbewerbs nur relativ niedrige Nettoerlöse und Verkaufsüberschüsse erwirtschaften können. Sie sind der Gefahr ausgesetzt, daß sie Fertigfabrikate gelegentlich, wenn auch ausnahmsweise, zu Preisen veräußern müssen, die nur eine **teilweise Deckung der vollen Herstellungskosten** gewährleisten.

Aus vollkostenrechnerischer Sicht erscheint das anteilige Weiterwälzen fixer Herstellungskosten in die Vermarktungsperiode deshalb vorteilhaft, weil bei diesem Vorgehen jedes produzierte Stück unabhängig vom Zeitpunkt des Absatzes proportional zur Kapazitätsinanspruchnahme mit demselben anteiligen Kapazitätskosten belastet wird. Auf diese Weise wird erreicht, daß letztlich den Umsätzen auch **inanspruchnahmeproportional verrechnete Kosten der Produktionskapazitäten** gegenübergestellt werden. Um auch einen so begründeten Ausweis von Periodennettoergebnissen zuzulassen, eröffnet das Handelsrecht den bilanzierenden Unternehmen ein Wahlrecht. Gemäß § 255 HGB dürfen sie, wie es bei einem Rechnen mit Einzelkosten und Deckungsbeiträgen geboten ist, die Bewertung von halbfertigen und fertigen Erzeugnissen auf das Niveau der **Herstellungseinzelkosten** begrenzen. Sie können jedoch der Vollkosten- und Nettoergebnisrechnung folgend Halbfabrikate- und Fertigfabrikatebestände auch zu **vollen Herstellungskosten** aktivieren.

§ 255 Abs. 2 HGB: Herstellungskosten sind die Aufwendungen, die durch den Verbrauch von Gütern und die Inanspruchnahme von Diensten für die Herstellung eines Vermögensgegenstandes, seine Erweiterung oder für eine über seinen ursprünglichen Zustand hinausgehende wesentliche Verbesserung entstehen. Dazu gehören die Materialkosten, die Fertigungskosten und die Sonderkosten der Fertigung. Bei der Berechnung der Herstellungskosten dürfen auch angemessene Teile der notwendigen Materialgemeinkosten, der notwendigen Fertigungsgemeinkosten und des Wertverzehrs des Anlagevermögens, soweit er durch die Fertigung veranlaßt wird, eingerechnet werden. Kosten der allgemei nen Verwaltung sowie Aufwendungen für soziale Einrichtungen des Betriebs, für freiwillige soziale Leistungen und für betriebliche Altersversorgung brauchen nicht eingerechnet werden. Aufwendungen im Sinne der Sätze 3 und 4 dürfen nur insoweit berücksichtigt werden, als sie auf den Zeitraum der Herstellung entfallen. Vertriebskosten dürfen nicht in die Herstellungskosten einbezogen werden. Für die bilanzierenden Unternehmen stehen demnach **zwei inhaltlich unterschiedliche Periodenerfolgskonzeptionen** zur Diskussion.

Abbildung 3-9

Abhängigkeit des Periodenerfolgs von der Bestandsbewertungskonzeption

Perioden	1	2	3	4	5	6
Produktionsmenge	800	1.000	900	800	1.000	1.000
Absatzmenge	800	800	900	1.000	1.000	775
Bestandsveränderung		+200		-200		+225
Nettoerlöse (40,00 DM/ME)	32.000	32.000	36.000	40.000	40.000	31.000
proportionale Vertriebskosten (3,00 DM/ME)	2.400	2.400	2.700	3.000	3.000	2.325
proportionale Herstellkosten (15,00 DM/ME)	12.000	15.000	13.500	12.000	15.000	15.000
fixe Herstellungskosten	12.600	12.600	12.600	12.600	12.600	12.600
fixe Vertriebs- und Verwaltungskosten	6.000	6.000	6.000	6.000	6.000	6.000
Überschuß der Nettoerlöse über die effektiv angefallenen Kosten	-1.000	-4.000	+1.200	+6.400	+3.400	-4.925

Wert der Bestandveränderung (15,00 DM/ME)		+3.000		-3.000		+3.375
ausgewiesener Periodenerfolg	-1.000	-1.000	+1.200	+3.400	+3.400	-1.550

Wert der Bestandsveränderung (27,60 DM/ME)		+5.520		-5.520		+6.210
ausgewiesener Periodenerfolg	-1.000	+1.520	+1.200	+880	+3.400	+1.285

Ermittlung anteiliger fixer Herstellungskosten unter Orientierung an der Normalbeschäftigung von 1.000 Stück pro Periode: 15,00 + 12.600 / 1.000 = 27,60 DM/ME

Periodenerfolg bei Bestandsbewertung zu proportionalen Herstellungskosten

Periodenerfolg bei Bestandsbewertung zu vollen Herstellungskosten

Entwicklung der Produktionsmenge und der Absatzmenge

Unternehmen, die zwar für ihr internes, führungsorientiertes Rechnungswesen differenzierende Deckungsbeitragsrechnungen aufbauen, aber in ihrem handelsrechtlichen Jahresabschluß dennoch ihre Vorräte an halbfertigen und fertigen Erzeugnissen zu vollen Herstellungskosten bewerten wollen, kommen nicht umhin, **Parallelkalkulationen** durchzuführen. Moderne Softwaresysteme für die Kostenrechnung sind mittlerweile geeignet, über mehrere Fertigungsvorgänge und Fertigungsstufen hinweg durchgängig für halbfertige und letztlich für fertige Erzeugnisse **proportionale Herstellungskosten einerseits** und **volle Herstellungskosten andererseits** parallel fortzuschreiben. Sie gewährleisten häufig sogar ein **separates Durchrechnen der einzelnen Kalkulationspositionen des Kalkulationsschemas,** wie es das tabellarische Zahlenbeispiel im oberen Teil der **Abbildung 3-10** veranschaulicht. Im Zusammenwirken mit computergestützten Kalkulationsprogrammen können die heute verfügbaren Materialwirtschafts-Softwaresysteme für jeden einzelnen halbfertigen oder fertigen Artikel die Struktur der proportionalen und der vollen Herstellungskosten festhalten.

Die für das **Aufstellen von Steuerbilanzen** ausschlaggebende Rechtsnorm (Abschnitt 33 EStR) zwingt Unternehmen, die in ihrem internen Rechnungswesen den Prinzipien der Deckungsbeitragsrechnung folgen, zu **positionsweisen Doppelbewertungen,** weil sie ausdrücklich verlangt, daß in die Herstellungskosten auf Lager produzierter Artikel **anteilige Materialgemeinkosten und Fertigungsgemeinkosten** einbezogen werden müssen. Solange die Genauigkeit der Bestandsbewertung den Grundsätzen ordnungsmäßiger Buchführung und Bilanzierung gemäß erhalten bleibt, erlauben die Finanzbehörden allerdings auch **globale Umbewertungen der halbfertigen und fertigen Erzeugnisse,** derart, daß am Ende der Abrechnungsperiode für die steuerliche Bilanzierung die proportionalen Herstellkosten **mittels prozentualer Zuschläge** zu den vollen Herstellungskosten hochgerechnet werden. Unter solchen Bedingungen müssen die für Deckungsbeitragsrechnungen relevanten Wertansätze nur zum Ende des Geschäftsjahres korrigiert werden.

Parallelkalkulationen zum Zweck des separaten Durchrechnens proportionaler und voller Herstellungskosten über mehrere Fertigungsstufen hinweg sind auch dann nötig, wenn nach den Bestimmungen des öffentlichen Preisrechts **Selbstkosten für öffentliche Aufträge** zu bestimmen sind. In solchen Fällen sind die vollen Herstellungskosten, Vertriebseinzelkosten, Sondereinzelkosten des Vertriebs und zudem auch Vertriebs- und Verwaltungsgemeinkosten, letztlich auch noch ein angemessener Gewinnzuschlag hinzuzufügen. Zu einer solchen **Fortführung der Herstellkostenkalkulation zur Selbstkostenkalkulation** ent schließen sich meist auch jene Unternehmen, die auf Bestellung in Einzel- oder Serienfertigung Individualprodukte für den freien Markt produzieren, wenn sie der Auffassung sind, daß ihre Angebotspreise prinzipiell die vollkostenrechnerischbestimmten Selbstkosten decken sollen. Solange man bei einer so ausgerichteten Preispolitik die methodischen Unzulänglichkeiten der Vollkostenrechnung ausdrücklich beachtet, können **Selbstkosteninformationen als Richtgrößen** durchaus hilfreich sein, vor allem dann, wenn man marktorientiert innerhalb bestimmter Grenzen ausdrücklich einen **kalkulatorischen Ausgleich** zuläßt. Sobald nach

Abbildung 3-10
Parallelkalkulation von Produktkosten und Produkterfolgen

Kalkulationspositionen	proportionale Kosten	Vollkosten	
Materialeinzelkosten	166,60	166,60	(24,5%)
Bestellabwicklungskosten	5,30	12,24	(1,8%)
Kosten des Wareneingangs	5,00	10,20	(1,5%)
Lagerkosten	3,20	31,96	(4,7%)
Σ Kosten der Materialbereitstellung	13,50	54,40	(8,0%)
Σ Materialkosten	180,10	221,00	(32,5%)
+ Fremdleistungskosten	46,50	55,76	(8,2%)
Rüstkosten	13,85	(19,94%)	(2,9%)
Produktionskosten	115,95	139,40	(20,5%)
+ Σ Fertigungskosten	129,80	159,34	(23,4%)
+ Werkzeugkosten	30,60	30,60	(4,5%)
Kosten der Arbeitsvorbereitung	20,80	27,20	(4,0%)
Planungs- und Steuerungskosten	7,40	12,24	(1,8%)
Produktionslogistikkosten	9,20	18,36	(2,7%)
+ Σ Kosten produktionsunterstützender Bereiche	37,40	57,80	(8,5%)
= **Herstellkosten I (HK I)**	424,20 ●	524,50	(77,1%)
Entwicklungskosten		22,20	(3,3%)
Konstruktionskosten		13,30	(2,0%)
+ Σ Vorleistungskosten		35,50	(5,2%)
= **Herstellkosten II (HK II)**		560,00	(82,4%)
+ Verwaltungsgemeinkosten (6% der HK II)		33,60	(4,9%)
+ Vertriebsgemeinkosten (8% der HK II)		44,80	(6,6%)
= **Selbstkosten I (SK I)**		638,40	(93,9%)●
+ Vertriebseinzelkosten (mengenabhängig)	41,60 ●	41,60	(6,1%)
= **Selbstkosten II (SK II)**		680,00	(100,0%)
+ Gewinnzuschlag (% i.H.d. SK II)		68,00	
+ Erlösschmälerungen (umsatzabhängig, % i.H.d. SK II)	30,60 ●	30,60	
= **Angebotspreis**		778,60	
Umsatzerlös (UE)	778,60 (100%)		
./. Erlösschmälerungen (umsatzabhängig, % v.H.d. UE)	30,60 (3,9%)		
./. Vertriebseinzelkosten (mengenabhängig)	41,60		
= **Verkaufsüberschuß** (v.H.d. UE)	706,40 (90,7%)		
./. Herstellkosten I	424,20		
= **Deckungsbeitrag (DB)** (v.H.d.UE)	282,00 (36,2%)		
./. Selbstkosten I		638,40	
= **Nettoergebnis** (v.H.d.UE)		68,00	(8,7%)

der Beendigung von Verkaufsverhandlungen, letztendlich nach dem Vertragsab-
schluß, Verkaufspreise bekannt sind, kann man ausgehend von kundenauftrags-
bezogenen Parallelkalkulationen nicht nur das kalkulatorische Nettoergebnis,

sondern auch den zu erwartenden Deckungsbeitrag bestimmen. **Abbildung 3-10** erklärt auch diese **Verbindung von progressiver Produktkostenkalkulation und retrograder Produkterfolgsrechnung**.

8. Entwicklungs- und konstruktionsbegleitende Produktkalkulationen und Produkterfolgsrechnung

Die Praxis erkennt zunehmend, daß Produktkosten, Produkterlöse und Produkterfolge bereits in der frühen Phase der Produktentwicklung wirksam beeinflußt werden können und auch müssen. Kostenrechnungskonzepte dürfen daher nicht nur auf das laufende Produktionskostencontrolling ausgerichtet werden, sondern müssen auch Instrumente für das frühzeitige produkt- und produktionsbezogene Kostenmanagement bereitstellen. Diese müssen die simultane Optimierung von **Produktkosten, Produktgestalt, Produktfunktionalität, Produktnutzen, Produktpreis und Produkterfolg** insbesondere durch die Bereitstellung von Kosteninformationen unterstützen, ohne auf ein bereits festliegendes Mengen- und Zeitgerüst für die Kalkulation zurückgreifen zu können. Für die Aufdeckung der Beziehung von funktionalen Konstruktionsmerkmalen und Produktkosten, von funktionalen Konstruktionsmerkmalen und Kundennutzen sowie von Kundennutzen und den realisierbaren Produkterlösen sind unterschiedliche methodische Ansätze entwickelt worden.

Bereits die globalen Produktmerkmale in frühen Phasen der Produktentwicklung (Phase des Produktentwurfs) erlauben entsprechende Grobkalkulationen. **Globale Schätzkalkulationen** beruhen auf einem oder wenigen typisierenden Parametern. Im Baugewerbe genügen beispielsweise zunächst das Volumen des umbauten Raumes und der Baustandard zur Abschätzung der Kosten eines Bauprojektes. Bei derartigen globalen Schätzkalkulationen wird somit weder nach einzelnen Produktmodulen noch nach einzelnen Kalkulationspositionen unterschieden. Es werden demnach anhand pauschaler Parameter zunächst nur summarisch veranschlagte Herstellkosten ermittelt.

In der Phase der Entwicklung und Konstruktion komplexer Produkte werden auf Produktkomponenten ausgerichtete und nach Kostenarten differenzierende Kalkulationsverfahren benötigt. Hierfür kommen **modulare Produktkalkulationen** bzw. **Ähnlichkeitskalkulationen** zur Anwendung. Handelt es sich um kontinuierlich variierbare Merkmalsausprägungen von Produktvarianten, lassen sich gegebenenfalls Kostenfunktionen bereitstellen. Diese Kostenfunktionen können mittels Regressionsanalysen aus Erfahrungswerten ermittelt werden. Die Aufdeckung solcher Zusammenhänge von Kosten und kontinuierlich variierbaren Produktmerkmalen kann auch durch den Einsatz neuronaler Netze unterstützt werden.

Lassen sich Merkmale verschiedener Produktvarianten nicht kontinuierlich, sondern nur diskret variieren, d.h. liegen sich wechselseitig vollständig ausschließende technische Alternativen vor (z. B. kleben oder schrauben), können keine Kostenfunktionen vorgegeben werden. Für die Unterstützung der entwicklungs- und konstruktionsbegleitenden Kalkulation derartiger Produktvarianten bieten sich systematisch aufgebaute **Relativkostenkataloge** an. Relativkostenzahlen sind Äquivalenzziffern, die - auf die Standardversion des Produktes oder der Produktkomponente bezogen - die relative Höhe einer Kostenart zum Ausdruck bringen. Mit Hilfe derartiger Relativkostenkataloge wird der Konstrukteur auf die Kostenunterschiede anderer Lösungsalternativen im Vergleich zu der von ihm gewählten Lösung aufmerksam gemacht und dadurch veranlaßt die wirtschaftlichste Alternative zu wählen.

Nach Abschluß der Produktentwicklung und -konstruktion läßt sich die physische Zusammensetzung industrieller Erzeugnisse durch **Stücklisten** abbilden. Für Chemieprodukte, Pharmazeutika, Nahrungsmittel, Getränke und dergleichen werden **Rezepturen** zusammengestellt. Für komplexe Produkte enthalten Stücklisten **Mengenangaben für Funktionseinheiten, Baugruppen, Komponenten, Rohstoffe** und häufig auch für Hilfsstoffe. Ausgehend hiervon können unter Zugriff auf die im Materialwirtschaftssystem festgehaltenen Standardmaterialpreise die **Materialkosten** kalkuliert werden.

Für die einzelnen Stücklistenpositionen halten Arbeitspläne die planmäßig in Anspruch zu nehmenden **Arbeitsplätze, Fertigungsverfahren und Arbeitsgänge sowie prozeßspezifische Planzeiten und Plankostensätze** fest. Auf dieses Zeitgerüst stützt sich die **Kalkulation der Fertigungskosten**, die regelmäßig nach Rüstkosten und echten Produktionskosten differenziert. Zur Unterstützung der **Werkzeugkostenkalkulation** halten Arbeitspläne die für das Ausführen der Fertigungsvorgänge benötigten Werkzeuge und deren Inanspruchnahme fest. Für den Bau industrieller Großanlagen wird das zeitliche Nebeneinander und Nacheinander von Produktionsvorgängen in **Netzplänen** dokumentiert. Dies ermöglicht ein **Abbilden des zeitlichen Kostenanfalls** für solche nur in langfristiger Fertigung realisierbare Vorhaben.

Wie ausgehend von Stücklisten und Arbeitsplänen für konstruktiv ausgereifte Erzeugnisse erstellte Standardkalkulationen, dienen auch Grobkalkulationen in der Produktentwurfsphase und anspruchsvollere Methoden der entwicklungs- und konstruktionsbegleitenden Kalkulation keineswegs nur vorrangig der kostenrechnerischen Bestimmung von **Selbstkosten-Richtpreisen**. Denn die Vorstellung, von den Selbstkosten über das Hinzufügen prozentualer Gewinnzuschläge abgeleitete Angebotspreise könne man beim Einsatz besonders effektiver Marketinginstrumente sowie mittels intensiver Vertriebsanstrengungen mit hoher Wahrscheinlichkeit auf den Märkten durchsetzen, wird den Gegebenheiten der Marktwirtschaft speziell wegen der Verschärfung und Globalisierung des Wettbewerbs nicht gerecht. Hersteller von Standardartikeln müssen von einem weitgehend **vorgegebenen Marktpreisniveau** ausgehen, von dem sie sich preispolitisch allenfalls geringfügig durch besondere Perfektion, hohe Funktionalität, rasche Innovationsgeschwindigkeit, hohe Qualität und ein gutes Logistikkonzept absetzen können. Auch für verhältnismäßig individuelle Produkte streben marktorientiert agierende Unternehmen wettbewerbspolitisch von Anfang an ein bestimmtes Preisniveau an, etwa in dem Bestreben, für Imitatoren Marktbarrieren aufzubauen. Unter solchen Bedingungen spielt eine **kostenrechnerische Preiskalkulation** keine große Rolle.

Wesentlich bedeutsamer ist stattdessen **das vom vorgegebenen oder angestrebten Marktpreis(niveau) sowie von der gewollten Umsatzrentabilität ausgehende, retrograde Kalkulieren der von den Märkten in den Preisen akzeptierten Kosten.** Dies ist der in seiner Ausrichtung freilich keineswegs völlig neue Denkansatz des von japanischen Entwicklungen ausgehenden **Target Costing.** In der Entwurfs-, Entwicklungs- und Konstruktionsphase erstellte Kostenkalkulationen sind in dieses **Zielkostenmanagement** einzubinden.

Dazu lassen sich die beim jeweils angestrebten Preisniveau und der vorgegebenen Gewinnrelation vertretbaren Kosten durch ein sehr einfaches retrogrades Kalkül bestimmen. Den **retrograd kalkulierten markt- und rentabilitätskonformen Kosten** sind die **progressiv kalkulierten Produktkosten der aktuellen Technologie- und Fertigungsstruktur** gegenüberzustellen. Je weniger das Expertenwissen, die Entwicklungsergebnisse, die Ressourcen und die Fertigungsstruktur eines Unternehmens auf die spezifischen Erfordernisse gewollter Produktinnovationen ausgerichtet sind, desto größer ist die Wahrscheinlichkeit, daß diese "drifting costs" der jeweiligen faktischen Gegebenheiten und Bedingungen höher sind als die dem Preisniveau und dem Rentabilitätsstreben gemäßen "allowable costs". In solchen Fällen müssen Konstrukteure **Produktmodifikationen, die bei möglichst geringen Einbußen an Produktnutzen und Verkaufserlösen möglichst große Kostensenkungen** versprechen, überdenken: Vor allem Produktkonfigurationen, Funktionalität, Ausstattung der Erzeugnisse, Eigen-Fremd-Relation, Fertigungsverfahren, Fertigungsablauf, genutzte Technologien und Materialeinsatz sind systematisch zu überprüfen. Das Analysieren solcher Änderungen der Produktgestalt erfordert unter Umständen **mehrfache Überarbeitungen der entwicklungs- und konstruktionsbegleitenden Produktkostenkalkulation.** Läßt sich die Kalkulationslücke zwischen "allowable costs" und "drifting costs" nicht sofort zu Beginn der Produktions- und Vermarktungsphase schließen, sind unter gründlicher Beachtung von Erfahrungskurven- und Lernkurveneffekten **Zielkosten** in einem Niveau vorzugeben, das innerhalb des Produktlebenszyklus mengen- oder zeitabhängig immer weiter so stark sinkt, daß über den gesamten Lebenszyklus des Erzeugnisses hinweg die angestrebte Umsatzrentabiliät tatsächlich erreicht wird.

Rationalisierungsvorgaben, die auf eine stetige Senkung der zielorientiert kalkulierten Produktkosten ausgerichtet sind, konzentrieren sich vornehmlich auf **Materialkosten, Kosten für Zukaufteile,** Fremdfertigungskosten und nicht zuletzt auf die **Kosten der eigenen Fertigung.** Befürworter der Prozeßkostenrechnung raten an, die Kosten produktionsunterstützender und produktionsbegleitender Tätigkeiten in Zielkostenkalkulationen als spezifische **Prozeßkosten** anzusetzen. Auf diese Weise sollen die Entwickler und Konstrukteure nicht nur über die Maschinenbelegung, sondern auch über die Inanspruchnahme der fertigungsnahen Dienstleistungsbereiche (Arbeitsvorbereitungen, Fertigungssteuerung, Materialwirtschaft, Einkauf und andere) informiert werden. Anders als es das prozeßkostenrechnerische Grundkonzept vorsieht, müssen für die Inanspruchnahme solcher Ressourcen allerdings keinesfalls zwingend **Vollkosten** angesetzt werden. Es ist gleichermaßen möglich, letztlich sogar zu empfehlen, mit **proportionalen Prozeßkosten** und demnach letztlich mit **proportionalen Herstellkosten** zu kalkulieren. Dies eröffnet den großen Vorteil, das dem strategischen Denkansatz des Zielkostenmanagements entsprechende Rechenmodell mit dem Konzept der Deckungsbeitragsrechnung verbinden zu können. Freilich verlangt diese Integration, daß als anzustrebende Umsatzrentabilität Plandeckungsbeiträge vorzugeben sind und zwar möglichst nicht nur in absoluter, sondern auch in relativer Höhe. Das **marktorientierte Veranschlagen von Deckungsbeitragsniveaus und von Deckungsbeitragsvolumina** deckt auf diese Weise das Anliegen des Zielkostenmanagements sehr gut ab.

9. Lebenszyklusbezogene Kosten-, Erlös- und Ergebnisrechnung

In marktwirtschaftlichen Systemen kam es während der zurückliegenden Jahre nicht nur zu einer Verschärfung und Internationalisierung des Wettbewerbs. Auch die Bedeutung der Wettbewerbsfaktoren hat sich verschoben. Neben der Preis- und Konditionenpolitik erlangen Qualitätspolitik, logistisch perfekte Lösungen und vor allem die Innovationsstrategien der Unternehmen zunehmend an Bedeutung. Märkte können nicht mehr nur über besonders günstige **Preise**, sondern eher durch die Zusicherung einer hohen **Qualitätssicherheit**, hoher **Mengen- und Termintreue** sowie durch **Innovationskraft** und **Innovationsgeschwindigkeit** gewonnen und ausgebaut werden. Wegen der Verschiebung des Gewichts dieser strategisch relevanten Wettbewerbsfaktoren müssen marktorientiert agierende Unternehmen immer mehr Personal für die Forschung sowie für die Entwicklung und Konstruktion, ferner auch für die perfekte Vorbereitung der Produktherstellung und parallel dazu immer höhere Kapitalbeträge für moderne Technologien einsetzen. Das Investieren in solche und andere **Vorleistungen** wird immer wichtiger. Das führt zu einem Anstieg der **Vorleistungskosten**.

In zunehmendem Maße sind andererseits zum Ende von Produktlebenszyklen **Nachleistungen** erforderlich. Es fallen **Nachleistungskosten** an. Solche Kosten entstehen insbesondere für die **Ausmusterung, Entsorgung und Verwertung** nicht mehr benötigter Maschinen, Apparaturen, Vorrichtungen, Werkzeuge und anderer materieller Potentiale. Hinzu kommen eventuell noch Kosten für bauliche Änderungen sowie für Reinigungs- und Säuberungsmaßnahmen. Gelingt anstelle der Verschrottung von Altanlagen ein echtes **Recycling**, werden Nachleistungskosten zu einem Teil durch **Verwertungserlöse** kompensiert.

Bislang werden Vor- und Nachleistungskosten von den meisten Unternehmen jeweils zu Lasten der Perioden verrechnet, in denen sie anfallen. Dies hat zur Folge, daß sie als **Gemeinkostenbestandteile** Produkte belasten, die diesen Kostenanfall mit Sicherheit nicht ausgelöst haben. Insofern kommt es zum **Ausweis falscher Periodenergebnisse**. Mit dem Anstieg der Vor- und Nachleistungskosten nimmt das Ausmaß solcher **Ergebnisverfälschungen** zu. Dieser nachteilige Effekt läßt sich nur dadurch vermeiden, daß man Vorleistungskosten (Vorlaufkosten) einerseits und Nachleistungskosten (Nachlaufkosten) andererseits produktlebenszyklusbezogen als **zwei eigenständige Kostenkategorien** erfaßt und so auch dokumentiert. Man muß also erkennen, daß die Unterscheidung von Kapazitätskosten und Leistungskosten für ein wirklichkeitsgerechtes Abbilden des Kostenverhaltens nicht ausreicht. Die zum einen in der Vorlaufphase und zum anderen in der Nachlaufphase anfallenden Kosten sind **spezielle Kategorien von Leistungskosten**, da sie - mit Investitionsausgaben vergleichbar - **einmalig für den gesamten Produktlebenszyklus** anfallen.

Da sowohl die Vorleistungskosten als auch die Nachleistungskosten für den Produktlebenszyklus insgesamt einmalig anfallen, sind **periodenübergreifende, den gesamten Lebenszyklus von Erzeugnissen umspannende Kosten-, Erlös- und Ergebnisrechnungen** erforderlich. Die integrierten Graphiken der **Abbildung 3-11** veranschaulichen die Grundstruktur solcher Kalküle. Das obere Bild weist die zu unterscheidenden Kostenkategorien und die Erlöse so aus, wie sie über die Teilphasen eines Produktlebenszyklus hinweg im Laufe der Zeit effektiv anfallen. Eine so aufgebaute Produktlebenszyklusrechnung erweist sich jedoch als nachteilig, und zwar deshalb, weil sie den **Amortisationszeitpunkt der Vorleistungs- und Nachleistungskosten** nicht erkennen läßt. Abgesehen davon informiert sie auch nicht direkt über die in den einzelnen Teilperioden der Produktions- und Vermarktungsphase erwirtschafteten Deckungsbeiträge. Die mittlere Graphik der **Abbildung 3-11** zeigt, wie sich die nach Deckung der periodisch anfallenden Fixkosten verbleibenden Deckungsbeiträge über die gesamte Produktions- und Vermarktungsphase hinweg entwickeln. Diese **Periodenbeiträge** sind zu kumulieren und - wie es der untere Teil der **Abbildung 3-11** veranschaulicht - in einer **Amortisationsrechnung** den zu einem Gesamtbetrag aufaddierten Vorleistungs- und Nachleistungskosten gegenüberzustellen. Über die Kosten der Vorlaufphase hinaus sind der gesamten Produktions- und Vermarktungsphase demnach auch die erst später in der Nachlaufphase anfallenden Kosten als **summarische Deckungslast** vorzugeben. Ähnlich wie die Zuführungen zu Rückstellungen sind die Nachlaufkosten als **prognostisch zu antizipierende Deckungslast** anzusetzen.

Auf Produktlebenszyklen abstellende Ergebnisrechnungen sollen keineswegs nur aufzeigen, zu welchem Erfolg die Entwicklung, Herstellung und der Absatz bestimmter Produktarten letztlich geführt haben. Das letztendlich auflaufende **Produktlebenszyklusergebnis** ist zwar keineswegs eine unwichtige Information, als **Istergebnis** hat es jedoch vor allem bei relativ langen Produktlebenszyklen keinen besonders hohen Wert. Produktlebenszyklusbezogene Kosten-, Erlös- und Ergebnisrechnungen sind deshalb vor allem für die nach Erzeugnisarten differenzierende **Prognose, Simulation und Planung von Produktlebenszyklusergebnissen** bedeutsam. Die deutschsprachige Fachliteratur befaßt sich mit solchen Kalkülen erst seit wenigen Jahren. Im angloamerikanischen Schrifttum werden Konzepte des Life-Cycle-Costing dagegen schon länger diskutiert.

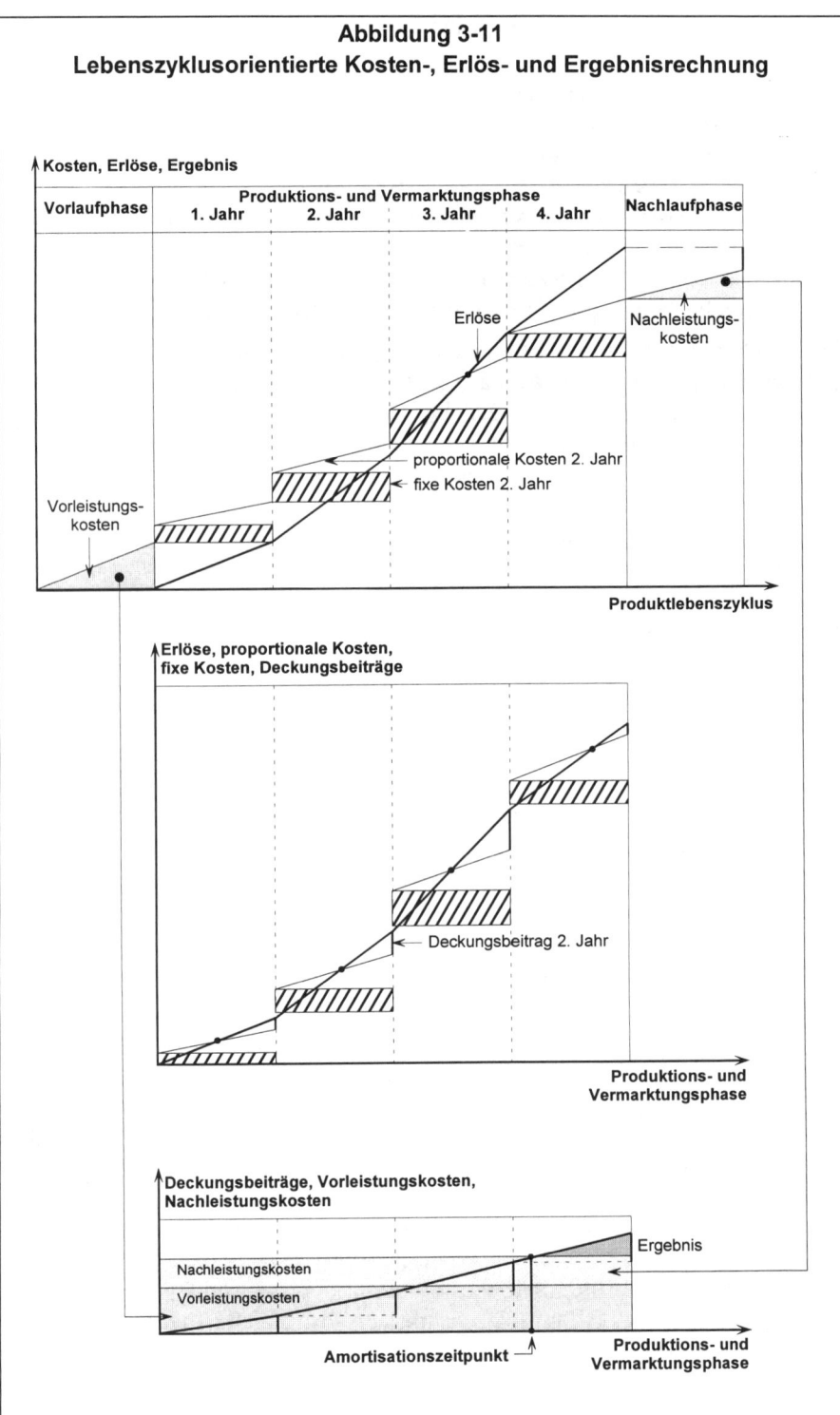

Abbildung 3-11
Lebenszyklusorientierte Kosten-, Erlös- und Ergebnisrechnung

Saisonbetrieben, die für Frühjahr und Sommer einerseits sowie für Herbst und Winter andererseits völlig unterschiedliche Kollektionen anbieten, ist anzuraten, in Analogie zu produktlebenszyklusbezogenen Erfolgsrechnungen **saisonbezogene Ergebnisrechnungen** aufzustellen. Solche Rechnungen belegen die Erfolgsbeiträge saisonspezifischer Sortimente.

In manchen Wirtschaftszweigen müssen Unternehmen auch für die Gewinnung neuer Kunden einmalig erhebliche Kosten in Kauf nehmen. So investieren beispielsweise Brauereien häufig erhebliche Kapitalbeträge für jene Gaststätten, die sie als Dauerabnehmer langfristig beliefern wollen. Unter solchen Bedingungen empfiehlt es sich, **auf den Lebenszyklus einzelner Kunden abstellende Kosten-, Erlös- und Ergebnisrechnungen** aufzustellen. Große praktische Bedeutung haben ferner **ressourcenbezogene Lebenszykluskostenrechnungen**. So erfaßt beispielsweise die **Anlagenkostenrechnung** außer den für die Bereithaltung und Nutzung von Betriebsmitteln periodisch anfallenden Kosten auch die Kosten der Projektierung, der Planung und des Errichtens von Anlagen als typische Vorleistungskosten und die Kosten der Ausmusterung, der Entsorgung und Verwertung von Anlagen als immer mehr ins Gewicht fallende Nachleistungskosten. Innerhalb der **Personalkostenrechnung** haben Kosten der Personalgewinnung, der Personalschulung und Personalentwicklung den Charakter von Vorleistungskosten, da sie ebenfalls nicht periodenbezogen, sondern einmalig für den gesamten Zeitraum der Betriebszugehörigkeit von Mitarbeitern entstehen. Schließlich fallen auch beim Aufbau von Lieferantenbeziehungen einmalige Kosten an, so daß auch **lieferantenbezogene Lebenszykluskostenrechnungen** sinnvoll und zweckmäßig erscheinen. Solche Kalküle werden deshalb immer wichtiger, weil Industrieunternehmen im Zuge der Reduzierung ihrer Produktionstiefe sehr viel Geld in das Schaffen partnerschaftlicher Kooperationsbeziehungen mit Zulieferbetrieben investieren müssen.

Auf Produkt-, Programm- und Potentiallebenszyklen abstellende Kalküle sollen periodenbezogene Kosten-, Erlös- und Ergebnisrechnungen nicht ablösen, sondern ergänzen. Denn für die rentabilitätsorientierte Unternehmensführung ist eine **Orientierung an Periodenerfolgen** unabdingbar, nicht zuletzt wegen des ausdrücklichen Periodenbezugs der externen Rechnungslegung, zu der die Grundausrichtung des internen Rechnungswesens nicht konträr sein darf. Das **Planen, Überwachen und Steuern von Monats- und Jahresergebnissen** ist insofern unverzichtbar. Das Berechnen exakter Periodenerfolge wird durch den Anfall von Vorleistungs- und Nachleistungskosten erschwert.

Ein wichtiger Grund dafür ist, daß die in der Vorlauf- und in der Nachlaufphase anfallenden Kosten nach strengen Maßstäben nur dem gesamten Lebenszyklus direkt zurechenbar sind. Hinzu kommt, daß sich Lebenszyklen möglicherweise mit Abrechnungsperioden "überlappen". Sehr anschaulich verdeutlicht dies beispielsweise die zeitliche Lage der Kollektionslebenszyklen von Saisonbetrieben. Bei Sportartikelherstellern fallen nicht nur Produktion und Verkauf zeitlich relativ stark auseinander. Vielmehr reicht die Verkaufsperiode der Herbst/Winter-

Kollektion über das Ende eines Kalenderjahres hinweg in den Beginn des nächsten Jahres hinein.

Um jährliche oder sogar monatliche Nettoergebnisse bestimmen zu können, müssen Vorleistungskosten im innerbetrieblichen Rechnungswesen als Aktivposten abgegrenzt und dann anteilig **entweder als periodenbezogene Deckungslasten oder als unmittelbar produktionsvolumenbezogene Deckungslasten** verrechnet werden. Methodisch entspricht dies dem Rechnen mit zeit- oder leistungsbezogenen Abschreibungen. Desgleichen werden beispielsweise in Industrieunternehmen, die zur Bewältigung ihrer Fertigungsaufgaben hochwertige Werkzeuge und Vorrichtungen einsetzen müssen, anteilige Amortisationsbeträge für produktspezifische Werkzeugkosten fertigungsmengenproportional verrechnet. Analog zum sukzessiven Bilden von Rückstellungen für erst nach längerer Zeit fällige Zahlungen ist eine **Vorverrechnung anteiliger Deckungslasten für Nachleistungskosten** erforderlich. Die den Teilperioden der Produktions- und Vermarktungsphase angelasteten Beträge sind bis zum Lebenszyklusende als Passivposten abzugrenzen.

10. Integriertes Kostenrechnungskonzept für das Kostencontrolling und Kostenmanagement

Die Ergebnisse der Weiterentwicklungen auf den zuvor beschriebenen Sachebenen sind unter Beachtung der bedeutsamsten Führungsaufgaben und Rechnungszwecke unternehmensspezifisch jeweils zusammenzufügen. So muß ein **geschlossenes kostenrechnerisches Gesamtkonzept für die Unternehmensführung** entstehen. Dies ist auf die speziellen Bedürfnisse des Kostencontrolling und des Kostenmanagement auszurichten. Dabei muß es vor allem der Tatsache Rechnung tragen, daß Niveau und Stabilität der Erfolge vor allem in fixkostenintensiven Unternehmen sehr stark von einer **optimalen Nutzung menschlicher, technischer und anderer Ressourcen** abhängen. Demgemäß sind Kostenstellen zugleich als Leistungsstellen zu begreifen. Die Kosten- und Leistungsrechnung muß nicht nur die für das Vorhalten und Nutzen verschiedenartiger Potentiale entstehenden Fixkosten und Proportionalkosten aufzeigen, sondern auch Struktur (Arten und Volumina), Intensitätsniveau und Qualitäten der geplanten und der erbrachten Leistungen für das **ressourcenorientierte Leistungscontrolling** abbilden.

Das Operieren mit Kostenumlagen und Kostenverteilungen im Rahmen der Kostenstellenrechnung sowie das Rechnen mit Kostenzuschlägen in der Kostenträgerrechnung sind soweit wie möglich durch eine **leistungsbezogene prozeßkonforme Kostenrechnung** abzulösen. Neben jenen wertschöpfenden und nichtwertschöpfenden Prozeßarten, die sich unmittelbar aus dem Leistungsspektrum einzelner Kosten- und Leistungsstellen ergeben, sind vor allem zur Abbildung der Leistungen sogenannter indirekter Bereiche, die meist von mehreren Kostenstellen gemeinsam abgewickelten **produktionsunterstützenden** und **produktionsbegleitenden Hauptprozesse** zu erfassen, wie die Abwicklung von Bestellvorgängen, Fertigungsaufträgen, Kundenaufträgen und dergleichen. Über die grenzplankostenrechnerische Unterscheidung von Bezugsgrößen hinausgehend deckt die Differenzierung nach Hauptprozeßarten die besonders wichtigen Kostentreiber auf. Gleichzeitig ist sie die differenzierende Basis für **prozeßkostenrechnerische Produktkalkulationen**. Für diese müssen Prozeßpläne festhalten, welche Leistungen für die Entwicklung, Konstruktion, Fertigung und Vermarktung von Produkten sowie für die Bereitstellung von Produktionsfaktoren erforderlich sind. Dies schafft die Voraussetzung dafür, daß die bewährte Methodik der Bezugsgrößen- und Verrechnungssatzkalkulation umfassender zum Tragen kommen kann.

Eine als Führungsinstrument konzipierte Kostenrechnung darf auf die Abbildung des Kostenverhaltens nicht verzichten. Sie darf keineswegs nur Prozeßkosten als Vollkosten abbilden, sondern muß, wie es die Grenzplankostenrechnung vorsieht, konsequent für einzelne Kostenstellen nach Prozeßarten (Bezugsgrößen) differenzierend **planmäßig-analytisch fixe Kosten und proportionale Kosten separieren**. Eine exakte Kostenauflösung ist schon deshalb erforderlich, weil die führungsorientierte Kostenrechnung stets als Plankostenrechnung auszugestalten ist: Neben kostenstellenbezogenen Plan-Soll-Ist-Vergleichen sind kostenträgerspezifische Herstellkosten-Soll-Ist-Vergleiche zu organisieren, darüber hinaus auch Vergleiche von Planergebnissen und Istergebnissen.

Wird sorgfältig analysiert und festgehalten, wie sich die von Kosten- und Leistungsstellen realisierten Prozeßvolumina und die Hauptprozeßvolumina zum Beschaffungs-, Produktions- und Absatzvolumen verhalten, lassen sich jene volumenabhängigen Kosten identifizieren, die zur Bestimmung von Deckungsbeiträgen bekannt sein müssen. Auf diese Weise lassen sich kostenrechnerische Gesamtlösungen zu **differenzierenden Deckungsbeitragsrechnungen** ausbauen, die Gewinnschwellenanalysen ermöglichen. Speziell für Unternehmen mit Geschäftsfeld- und Spartenorganisation bieten sich **stufenweise retrograde Fixkostendeckungsrechnungen** an, die Fixkosten nicht nur summarisch für die Gesamtunternehmung, sondern - von den Kostenstellen ausgehend - differenzierend für Produktsparten oder sogar für Produktgruppen festhalten. An den einzelnen Positionen der Kundenaufträge ansetzend lassen sich Deckungsbeiträge nicht nur für **Erzeugnisarten, Erzeugnisgruppen und Erzeugnissparten**, sondern auch für **Kunden und Kundengruppen** sowie für **Märkte und Verkaufsregionen** zusammenfassen (verdichten), möglicherweise auch für unterschiedliche Vertriebsorgane und Vertriebswege. Neben eindimensionalen sind auch kombinatorische Absatzsegmenthierarchien zur Unterstützung des ergebnisorientierten Vertriebscontrolling aufzubauen.

Parallel zum konsequenten Rechnen mit Einzelkosten und Deckungsbeiträgen sollte die führungsorientierte Kostenrechnung vor allem dann parallel auch **Selbstkosten und Nettoergebnisse** ausweisen, wenn für öffentliche Aufträge Selbstkosten kalkuliert werden müssen oder wenn Selbstkosten als "Richtgröße" zur Absicherung preispolitischer Entscheidungen von der Unternehmensführung verlangt werden. Eine **vollkostenrechnerische Parallelkalkulation von Her-**

stellungskosten kann sich dann als zweckmäßig erweisen, wenn zur handels- und steuerbilanziellen Bewertung halbfertiger und fertiger Erzeugnisse "volle Herstellungskosten" permanent fortgeschrieben werden müssen, um globale Umbewertungen der Halbfabrikate und Fertigfabrikate zum Ende des Geschäftsjahres zu vermeiden.

Um Kosten, Erlöse und Erfolge möglichst schon in frühen Phasen der Produktentwicklung beeinflussen und steuern zu können, sind von Betriebswirten, Technikern und Informatikern gemeinsam die **Methodiken der entwicklungs- und konstruktionsbegleitenden Produktkalkulation und Produkterfolgsrechnung** weiterzuentwickeln: In der Phase des Produktentwurfs durchführbare summarische Veranschlagungen der Herstellkosten durch Grobkalkulationen und auf die Optimierungsaufgaben der Entwickler und Konstrukteure ausgerichtete modulare Variantenkalkulationen. Nur durch eine methodisch so unterstützte zeitliche Vorverlagerung von Produktkostenkalkulationen und Produkterfolgsrechnungen wird die Kostenrechnung zu einem effektiven Führungsinstrument. Es reicht nicht aus, Kosten und Erfolge erst dann vorzukalkulieren, wenn für industrielle Erzeugnisse Stücklisten und Arbeitspläne bereits festliegen. Denn für konstruktiv weitgehend ausgereifte Erzeugnisse lassen sich innerhalb der Produktions- und Vermarktungsphase durch das Beschaffungs-, Produktions- und Vertriebscontrolling nur noch relativ geringe Kosteneinsparungen realisieren.

Dort, wo insbesondere für Forschung, Entwicklung, Konstruktion und Fertigungsvorbereitung hohe Vorleistungskosten sowie andererseits zur Bewältigung von Entsorgungs- und Recyclingaufgaben hohe Nachleistungskosten anfallen, sind **produktlebenszyklusbezogene Kosten-, Erlös- und Ergebnisrechnungen** aufzubauen. Vorleistungs- und Nachleistungskosten sind produktlebenszyklusbezogen als zwei eigenständige Kostenkategorien zu erfassen und so auch zu dokumentieren. Das ermöglicht erzeugnisspezifische Amortisationsrechnungen, die Produkte als Investitionen abbilden.

Eine konzeptionell geschlossene Verbindung des konsequenten Rechnens mit Einzelkosten mit der planmäßig-analytischen Kostenauflösung und dem Rechnen mit Prozeßkosten schafft die Voraussetzungen für den Aufbau von **Dateien entscheidungsrelevanter Kosteninformationen**. Die Basisdaten hierfür sind in umfassenden **Grundrechnungen** festzuhalten. Auf diese sollten die Entscheidungsträger aller Unternehmensbereiche möglichst im Dialog zugreifen können. Moderne Standardsoftwaresysteme ermöglichen dies. Sie unterstützen zugleich die **Vorverdichtung wiederholt abzufragender Kosten-, Erlös- und Ergebnisinformationen** (Kostenartenstrukturen, Kostenstellenberichte, Standardkalkulationen, Deckungsbeiträge und andere). Für fallweise Entscheidungen sind zusätzlich **Sonderrechnungen** durchzuführen. Ein hohes Maß an Konzentration führungsrelevanter Informationen läßt sich durch Kennzahlensysteme erreichen, die in ihrer Struktur das Zustandekommen des Unternehmenserfolgs - etwa durch Gegenüberstellung von Deckungsbeiträgen und Fixkosten - anschaulich erklären.

Methodisch moderne Gesamtlösungen sind vor allem als **Instrumente des Kosten-, Erlös- und Ergebniscontrolling** konzipiert. Sie ermöglichen durchgängig

Plan-Soll-Ist-Vergleiche. Dies ist wichtig für die Organisation von Regelungs
prozessen. Hierfür ist die reine Plankostenrechnung zu einer umfassend auf Kosten, Erlöse und Ergebnisse abstellenden Planungs-, Kontroll- und Steuerungs-
rechnung auszubauen. Das von klar definierten und strukturiert aufgedeckten
Abweichungen ausgehende, primär steuernde und regelnde Kosten- und Ergebniscontrolling muß allerdings durch ein konzeptionell klar festgelegtes **Kosten-
und Erfolgsmanagement** ergänzt werden. Die **Abbildung 3-12** gibt einen Überblick über das Gesamtkonzept.

Das **Kostenmanagement** geht insofern über das Kostencontrolling hinaus, als es
auf die für den Kostenanfall ursächlichen Faktoren besonders frühzeitig Einfluß
nimmt. Es zielt nicht nur auf eine permanente **Senkung des Kostenniveaus** ab,
sondern wirkt auch gestaltend auf **Kostenstrukturen, Kostenflexibilität, Kostenverhalten** und **Kostentransparenz** ein.

Die Kostenbeeinflussung muß stets auf die **Beziehungen zwischen Ressourcen, Prozessen und Produkten** ausgerichtet sein. Auf der Ressourcenebene
kann das Kostenmanagement keineswegs direkt auf die Kapazitäts- und Leistungskosten Einfluß nehmen. Es muß vielmehr zunächst an der Kapazität und
an den Leistungen der Potentiale ansetzen. Das auf ein hohes Leistungsniveau
und eine hohe Leistungsintensität abzielende **Leistungscontrolling** muß vor allem nicht wertschöpfende Prozesse auf ein Mindestmaß reduzieren, um eine
möglichst optimale Ressourcennutzung zu gewährleisten. Die Steuerung der
Produktion muß eine bestmögliche Kapazitätsauslastung sicherstellen. Serviceleistungen sind so zu steuern, daß die Verfügbarkeit optimiert wird. Demgemäß
konkretisiert sich das **Fixkostenmanagement** vorrangig in der **optimalen Dimensionierung und Nutzung der Kapazität von Produktionsmitteln und Mitarbeitern.** Um im Streben nach Fixkostensenkung möglichst sämtliche Formen
der Verschwendung von Ressourcen zu vermeiden, muß der Ausbau der Leistungsrechnung vorangetrieben werden, um vor allem Verfügbarkeitsverluste,
Auslastungsverluste infolge nicht wertschöpfender Rüstzeiten und Nebenzeiten
sowie dem Qualitätsstandard nicht entsprechende Fehlleistungen transparent zu
machen. Die Informationsstruktur der Leistungsrechnung muß vermeidbare Ka-
pazitätsbedarfe aufdecken und dadurch die Senkung des Fixkostenniveaus durch
eine optimale Kapazitätsdimensionierung initiieren. Zudem muß **das primär auf
Prozesse abstellende Kostenmanagement** das unternehmensinterne Prozeßgeflecht aufdecken. Es zielt auf die Vermeidung überflüssiger und ausgliederba-
rer innerbetrieblicher Leistungen ab sowie auf die Reduzierung des Niveaus produktionsunterstützender Hauptprozesse.

Dem Denkansatz des Zielkostenmanagement folgend, muß das **produktbezogene Kostenmanagement** von den auf den Märkten durchsetzbaren Produkt-
preisen und der angestrebten Umsatzrentabilität ausgehen. In dieser Markt- und
Rentabilitätsorientierung ist bereits in den frühen Phasen der Entwicklung und
Konstruktion die **Beziehung zwischen Produktkosten, Produktgestalt, Produktnutzen und Produkterlös** so zu optimieren, daß über den gesamten Produktlebenszyklus hinweg ein größtmöglicher Erfolg erreicht wird. So gesehen ist

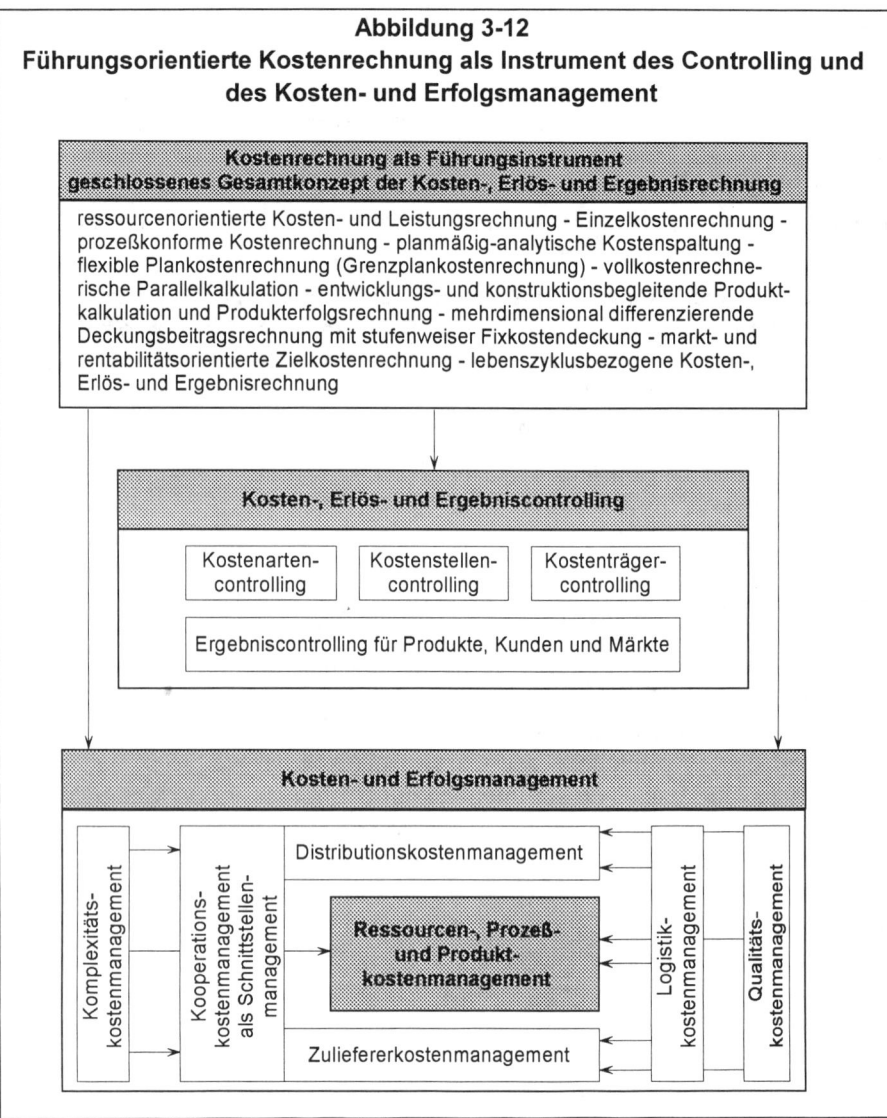

Abbildung 3-12
**Führungsorientierte Kostenrechnung als Instrument des Controlling und
des Kosten- und Erfolgsmanagement**

**Kostenrechnung als Führungsinstrument
geschlossenes Gesamtkonzept der Kosten-, Erlös- und Ergebnisrechnung**

ressourcenorientierte Kosten- und Leistungsrechnung - Einzelkostenrechnung -
prozeßkonforme Kostenrechnung - planmäßig-analytische Kostenspaltung -
flexible Plankostenrechnung (Grenzplankostenrechnung) - vollkostenrechnerische Parallelkalkulation - entwicklungs- und konstruktionsbegleitende Produktkalkulation und Produkterfolgsrechnung - mehrdimensional differenzierende
Deckungsbeitragsrechnung mit stufenweiser Fixkostendeckung - markt- und
rentabilitätsorientierte Zielkostenrechnung - lebenszyklusbezogene Kosten-,
Erlös- und Ergebnisrechnung

Kosten-, Erlös- und Ergebniscontrolling

| Kostenarten-controlling | Kostenstellen-controlling | Kostenträger-controlling |

Ergebniscontrolling für Produkte, Kunden und Märkte

Kosten- und Erfolgsmanagement

Komplexitäts-kostenmanagement | Kooperations-kostenmanagement als Schnittstellen-management | Distributionskostenmanagement | **Ressourcen-, Prozeß- und Produkt-kostenmanagement** | Zuliefererkostenmanagement | Logistik-kostenmanagement | Qualitäts-kostenmanagement

Produktkostenmanagement stets zugleich **Produkterfolgsmanagement**. Es zählt
zu den zentralen Aufgaben der Entwickler und Konstrukteure. Ihnen sind vom
Controlling geeignete Methoden zur besonders frühzeitigen Produktkostenkalkulation und Produkterfolgskalkulation an die Hand zu geben.

Zu den besonders wichtigen Aufgabenfeldern des Kostenmanagement zählt die
Reduzierung von Komplexitätskosten. Damit sind jene zusätzlichen Kosten
und Mehrkosten gemeint, die letztendlich aus der **Vielfalt an Produkten und Varianten, Baugruppen und Teilsystemen, Komponenten und Teilen** sowie aus
der daraus wieder folgenden **Vielfalt an Führungsaufgaben, Abläufen, Ressourcen, Kunden und Lieferanten** resultieren. Wenn die Kostenrechnung ein

geeignetes Führungsinstrument sein soll, muß sie die Zusammensetzung und das Gesamtvolumen der Komplexitätskosten ersichtlich machen, so daß **programmpolitische, prozeßbezogene und strukturpolitische Maßnahmen** gezielt optimierend hierauf einwirken können. Das Bereitstellen solcher Kosteninformationen muß an jenen Aufgaben, Tätigkeiten und Prozessen ansetzen, die speziell durch die miteinander in Beziehung stehenden Dimensionen der Vielfalt bedingt sind. Hauptsächlich handelt es sich dabei um **Maßnahmen der Planung, Koordination, Budgetierung, Disposition, Steuerung und Kontrolle,** die vielfaltbedingt zusätzlich bzw. in einem progressiv steigenden Volumen abzuwickeln sind: Tätigkeiten der Absatz-, Produktions- und Bestandsplanung, Einzelaufgaben zur Steuerung von Beschaffung, Fertigung und Vertrieb, die Abwicklung von Kunden-, Produktions- und Bestellaufträgen sowie das Festlegen von Prioritäten, Reihenfolgen und Terminen (vor allem im Rahmen der Fertigungssteuerung). Im Rahmen der **Vorleistungen** verursacht die Produkt- und Variantenvielfalt Produktmodifikationen sowie Stücklisten- und Arbeitsplanänderungen, ferner Mehraufwand für Arbeits- und Zeitstudien. Im **Fertigungsbereich** nehmen mit der Produkt-, Varianten- und Teilevielfalt vor allem Umrüstvorgänge überproportional zu, im **Einkauf** Bestellvorgänge und Maßnahmen der Lieferantenbetreuung, ferner erhöhen sich die Bestände an Rohstoffen, Zukaufteilen, Halbfabrikaten und Fertigerzeugnissen. Der Tendenz nach verlängern sich die Durchlaufzeiten. Während Entwicklungstätigkeiten, konstruktive Änderungen und produktionsvorbereitende Aktivitäten mit der Variantenvielfalt prinzipiell nur proportional zunehmen, steigt das Volumen anderer Prozesse und Tätigkeiten progressiv. Dies gilt vor allem für das Koordinieren, Budgetieren, Steuern und Analysieren, ferner für das Festlegen von Bearbeitungsreihenfolgen, für das Setzen von Prioritäten, für Umstellungs- und Umrüstvorgänge und dergleichen.

Der traditionell strukturierten Kostenrechnung lassen sich die **Kosten komplexitätsbedingter Prozesse** deshalb nur zum Teil direkt entnehmen, weil die meist primär dem Funktionalprinzip folgende Kostenstellengliederung nur wenige Kostenstellen separiert, die ausschließlich durch Vielfalt bedingte Aufgaben bewältigen. Bei den meisten komplexitätsbedingten Tätigkeiten handelt es sich um **Teilprozesse indirekter Leistungsbereiche.** Mit Hilfe der Prozeßkostenrechnung läßt sich das anteilig auf solche Teilprozesse entfallende Kostenvolumen abgrenzen und zusammenfassen. Die teils kostenstellenrechnerisch, teils nur prozeßkostenrechnerisch separierten Komplexitätskosten sind in ihrem Verhältnis zu den jeweils relevanten Erscheinungsformen der Vielfalt vor allem durch **Zeitreihen und Regressionsanalysen** zu verfolgen. Auf diese Weise lassen sich **Auswirkungen des "Kostentreibers" Komplexität** quantifizieren. Das Kostenmanagement erkennt dadurch Ansatzpunkte und Beeinflussungsmöglichkeiten.

Je mehr auf kundennahe Produktion bedachte Unternehmen auf die Invidualität und den Wandel der Abnehmerwünsche eingehen, desto weniger wird es ihnen gelingen, die Komplexität ihres Marketing und ihrer Distribution zu reduzieren. Sie müssen vor allem über eine auf unterschiedliche Märkte und Kundengruppen ausgerichtete Vertriebsorganisation verfügen. Das Verstärken der Markt- und Kundenorientierung verlangt deshalb vor allem eine stark **differenzierende Ver-**

triebskostenrechnung. Im einzelnen impliziert dies eine nicht nur funktionale, sondern vorrangig nach Verkaufsgebieten, Abnehmergruppen, Vertriebsorganen und Vertriebswegen ausgerichtete Bildung von Vertriebskostenstellen und darüber hinaus eine prozeßkostenrechnerische Kalkulation der bedeutsamsten Arten von Vertriebsleistungen. Ferner wird es geboten sein, die Kosten der Belieferung von Schlüsselkunden genau abzugrenzen. Je mehr Dritte, wie etwa Handelsvertretungen, Verkaufsagenturen, Spediteure oder andere Transportunternehmen, Kundendienstorganisationen und andere externe Verkaufs- und Distributionspartner zur Versorgung der Abnehmer herangezogen werden, desto bedeutsamer wird die **exakte Kalkulation absatzwirtschaftlicher Fremdleistungen**.

Nicht nur im Absatz kristallisiert sich das Kooperationskostenmanagement als eine immer wichtiger werdende Teilaufgabe der Kostenpolitik heraus. Auch die **strategische Beeinflussung der Kosten des Kooperierens mit Zulieferern** nimmt an Bedeutung zu. Das Reduzieren der Produktions- und Dienstleistungstiefe und das daraus folgende Zusammenarbeiten mit Systemanbietern reduziert einerseits die unternehmensinterne Komplexität, es schafft aber gleichzeitig auch neue komplexe Schnittstellen an der Unternehmensgrenze. Insofern bedeutet Kooperationskostenmanagement prinzipiell **Beeinflussung der Kosten von Schnittstellen**. Diese Teilaufgabe der Kostenpolitik muß ebenfalls auf mehreren Ebenen ansetzen. Auf der untersten Ebene hat das Kooperationskostenmanagement die **Kosten des Aufbauens und Erhaltens externer Lieferquellen und Dienstleister** zu beeinflussen. Die in ihrer Bedeutung zunehmenden Kosten der Gewinnung, Entwicklung, Pflege und Erhaltung von Zulieferern sind durch Kalküle zu erfassen, die auf den gesamten Lieferantenlebenszyklus abstellen. Eine solche auf Lieferpotentiale abstellende Kostenrechnung ähnelt in ihrer Grundstruktur der auf technische Ressourcen abstellenden Anlagenkostenrechnung. Sie trennt ebenfalls einmalig anfallende Kosten des Potentialaufbaus (Kosten der Suche, Bewertung, Entwicklung und organisatorischen Einbindungen von Zulieferern) und Kosten des Aufrechterhaltens der Lieferbeziehung. Außer den unmittelbar für bereitgestellte Materialien, Bauteile, Baugruppen und Systeme anfallenden Kosten muß die **Beschaffungskostenkalkulation** separat auch **für Nebenleistungen der Lieferanten entstehende Kosten** erfassen. Damit sind die von Zulieferern getrennt in Rechnung gestellten Kosten für Anlieferungen, Kundendienst, Wartung, Ersatzteillieferungen und dergleichen gemeint. Als weitere Kategorie gehen in die Beschaffungskostenkalkulation die Kosten für jene Dienstleister ein, die als Dritte am Bereitstellungsprozeß mitwirken (Kosten des Antransports, Eingangsfrachten, Transportversicherungen, durch das Einschalten von Prüflabors entstehende Kosten und andere). Schließlich kommen die prozeßkostenrechnerisch zu kalkulierenden **Kosten der gesamten Abwicklung von Bestell- und Anlieferungsvorgängen** als Kosten selbst erbrachter Leistungen hinzu. Die Methodik der Prozeßkostenrechnung ist geeignet, solche Kosten wesentlich exakter zu erfassen als globale oder differenzierende Zuschläge für Gemeinkosten des Einkaufs und der Materialwirtschaft.

Da im Rahmen der marktorientierten Unternehmensführung der strategische Wettbewerbsfaktor "Qualität" eine immer größere Rolle spielt, nimmt auch die

Bedeutung des **Qualitätskostenmanagements** zu. Vorrangig der Differenzierungsstrategie folgende Unternehmen müssen wissen, welche Kosten das Streben nach einem möglichst hohen und stabilen Qualitätsniveau zusätzlich auslöst.
Ansonsten besteht nämlich die Gefahr, daß das Qualitätsstreben das Bemühen
um Kostenführerschaft zu stark oder sogar vollständig dominiert. Demgemäß
sollten der Kostenrechnung **die insgesamt für das Schaffen und Sichern, Prüfen und Kontrollieren von Produktqualitäten entstehenden Kosten** entnehm-
bar sein. Zu den terminologisch so faßbaren **Qualitätskosten** im eigentlichen
Sinn zählen zweifelsfrei die Kosten jener organisatorisch abgegrenzten Kostenstellen und Kostenstellenbereiche, die sich funktional spezialisiert mit Wareneingangskontrollen, mit fertigungswirtschaftlichen Qualitätsprüfungen sowie mit Qua-
litätskontrollen innerhalb des Distributionsprozesses befassen. Vor allem im Fertigungsbereich vieler Industrieunternehmen gibt es zahlreiche als Kostenstellen
separierte Qualitätsprüfplätze. Da Produktion und Qualitätsprüfung nicht nur organisatorisch, sondern auch technisch immer weiter zusammenwachsen und da
Wareneingangskontrollen immer mehr auf Zulieferer übertragen werden, wird
sich künftig die **kostenrechnerische Abgrenzung von Qualitätskosten** schwieriger gestalten. Die Kosten für das Schaffen von hohen Produktqualitäten lassen
sich von den Kosten der Entwicklung und Konstruktion ohnedies kaum separieren.

Den jeweils unternehmensspezifisch festzulegenden und abzugrenzenden Qualitätskosten muß das Qualitätskostenmanagement die **Ausschuß- und Nach-
besserungskosten sowie die Kosten für Gewährleistungen und Kulanz-
nachlässe** gegenüberstellen. Dazu zählen insbesondere die infolge der Produktion von "Schlechtstücken" unnütz entstehenden Herstellkosten, zu denen in Zeiten voll ausgelasteter Kapazitäten noch entgehende Deckungsbeiträge als Opportunitätskosten hinzukommen. Die Erfassung der **durch Nichtqualitäten oder
Minderqualitäten befristeten Mehrkosten und Erfolgseinbußen** geht vornehmlich von der Nachkalkulation der Fertigungsaufträge sowie von den quali-
tätsmängelbedingt entstehenden Erlösschmälerungen aus. Die Hauptaufgabe
des Qualitätskostenmanagement besteht darin, im Streben nach Optimierung der
Qualität die negativen Auswirkungen von Qualitätseinbußen und Minderqualitäten
permanent den Qualitätskosten gegenüberzustellen.

Ein ebenfalls sehr wichtiges Grundanliegen des Kostenmanagements ist die **Optimierung des Niveaus und der Struktur der Logistikkosten.** Das folgt aus
dem hohen Rang des strategischen Wettbewerbsfaktors "Zeit". Da hohe Reakti-
onsgeschwindigkeiten und kurze Lieferzeiten Marktvorteile verschaffen, bemüht
sich das strategische Marketing moderner Unternehmen um kurze Innovationszy-
klen und kurze Durchlaufzeiten. Die unternehmenseigenen Fertigungsstufen werden in eine **umfassende mehrgliedrige logistische Kette** eingebunden, die von
den Zulieferern bis zu den Kunden reicht. Dies erfordert Just-in-time-
Anlieferungen, einen optimierten Materialfluß durch die Fabrik sowie leistungsfähige Distributionssysteme. Für derart umfassende logistische Lösungen fallen
relativ hohe Logistikkosten an. Unternehmen der Automobilindustrie veranschlagen ihre Logistikkosten beispielsweise auf mehr als 15% ihrer Gesamtko-

sten. Zu den Logistikkosten zählen vor allem Kosten für Transporte und Umschlagsvorgänge, darüber hinaus auch die Kosten unvermeidlicher Eingangslager, Zwischenlager und Fertigwarenlager. Eine der besonders wichtigen Teilaufgaben des **Logistikkostenmanagements** besteht darin, die Kosten der Lagerhaltung (einschließlich der für Bestände entstehenden Kapitalbindungskosten) auf das wirtschaftliche Mindestmaß - möglicherweise unter Hinnahme höherer Transport- und Umschlagkosten - zu senken. Demzufolge muß die Kostenrechnung nicht nur die Logistikkosten insgesamt offenlegen, sondern auch die **Logistikkostenstruktur**. Kosten für Fremdtransporte, Eingangsfrachten, Ausgangsfrachten und dergleichen lassen sich als **primäre Kostenarten** relativ einfach abgrenzen, Kosten für innerbetriebliche Transporte als **Sekundärkosten** am ehesten dann, wenn unternehmenseigene Förder- und Umschlagssysteme (Verkehrswege, Transportmittel, Fuhrpark und andere) als eigenständige Kostenstellen abgebildet werden. Ebenso sind oft für geschlossene Eingangslager, Zwischenlager und Fertigfabrikatelager Kostenstellen eingerichtet. Meist wird aber die durchlaufzeitabhängige Kapitalbindung und die sich daraus ergebende Zinslast nicht kalkuliert. Diese Ungenauigkeit sollten moderne Industrieunternehmen nicht länger hinnehmen.

Die zweite wichtige Teilaufgabe des Logistikkostenmanagements besteht darin, **das Gesamtvolumen der Logistikkosten im Verhältnis zum erreichten Servicegrad zu optimieren**. Dies macht es notwendig, sämtliche Logistikkostenarten, die Kosten aller Logistikkostenstellen sowie die Kosten der von anderen Ressourcenbereichen abgewickelten logistischen Prozesse zu einem Gesamtbetrag zusammenzufassen. Diese Kostensumme muß das Logistikkostenmanagement in Relation zur Effektivität der jeweiligen logistischen Lösung beurteilen und beeinflussen. Gleichzeitig sind den gesamten Logistikkosten alle **negativen ökonomischen Effekte logistischer Fehlleistungen (Fehlmengenkosten)** gegenüberzustellen. Ausgehend von der laufenden Kostenrechnung sind hierfür **Sonderauswertungen** zu organisieren.

Prozeß- und ressourcenorientiertes Kosten- und Erfolgsmanagement

1. Ziele und Anliegen des Kostenmanagements

An kostenrechnerischen Prozeduren und Funktionen zur Erfassung, Dokumentation und Verrechnung von Kosten sowie Instrumenten und Aufgaben des Kostencontrolling ansetzend, entwickelte sich in den letzten Jahren das Kostenmanagement. An die Stelle des Kostencontrolling aus Abweichungen rückt in der Bedeutung die **frühzeitige umfassende Beeinflussung der Kosten**. Das Kostenmanagement ist allerdings kein Teilgebiet des Rechnungswesens, sondern eine Aufgabe der Unternehmensführung und geht mit einer **Verstärkung des Kostenbewußtseins** im Gesamtunternehmen einher. Durch die gezielte Einflußnahme auf die den Kostenanfall ursächlich determinierenden Faktoren werden systematisch

- Kostenniveau,
- Kostenstrukturen,
- Kostenflexibilität,
- Kostenverhalten,
- Komplexitätskosten sowie
- Kostentransparenz

beeinflußt.

Kostenniveaupolitik bedeutet, die Gesamtkosten oder die Kosten bestimmter Leistungsfelder eines Unternehmens in ihrer **absoluten Höhe** zu beeinflussen. Im Kern geht es jedoch immer um eine Beeinflussung des **relativen Kostenniveaus**. Dabei erweist sich eine Trennung von Fixkosten als Kapazitätskosten und proportionalen Kosten als Leistungs- oder Prozeßkosten als nützlich.

In bezug auf die Fixkosten erfolgt die Kostenbeeinflussung primär durch eine **kapazitätsorientierte Fixkostensteuerung**. Durch optimale **Kapazitätsdimensionierung** werden Fixkosten auf ein minimal notwendiges Niveau gesenkt. Auch das Kapazitätsprofil in der Zeitachse sowie die Größe der Kapazitätsquanten determinieren den Fixkostenanfall. Eine große Maschine verursacht regelmäßig einen größeren Fixkostenblock als eine kleine Maschine. Mit einem Abschluß eines Mietvertrages über zwei Jahre reduziert man die Disponierbarkeit der Fixkosten in zeitlicher Hinsicht. Das Niveau der Fixkosten betreffend ist Kostenmanagement immer Kapazitätsmanagement mit Blick auf die kostenmäßigen Konsequenzen der kapazitätsbezogenen Entscheidungen.

Zur Beeinflussung des **Niveaus der proportionalen Kosten** sind Maßnahmen zur Produktivitätssteigerung geeignet, da im Vordergrund eine Optimierung von Kosten-Leistungs-Relationen steht. Es handelt sich hierbei um Maßnahmen, die darauf ausgerichtet sind, die auf einzelne Prozesse anfallenden prozeßabhängigen Kosten zu minimieren. Eine Rationalisierung, die beispielsweise den Energieverbrauch von Maschinen verringert, wäre als Ansatz zur Senkung des Niveaus der proportionalen Kosten zu sehen.

Die auf die Optimierung von Kostenstrukturen ausgerichtete **Kostenstrukturpolitik** beinhaltet die Beeinflussung verschiedener Kostenstrukturen, die sich aus den unterschiedlichen Kategorisierungen des Gesamtkostenblocks ergeben. Dementsprechend sind mehrere Stoßrichtungen der Kostenstrukturpolitik zu unterscheiden. Es handelt sich zunächst um die Beeinflussung der **Primärkostenstruktur**. Steigen die Preise für bestimmte Kostengüter (z.B. Energie, Personal) wird dies im Sinne eines strategisch ausgerichteten Kostenmanagements zur Substitution dieser Kostengüter durch solche führen, deren Preisentwicklung sich günstiger gestaltet. So werden in Zeiten steigender Löhne und Gehälter, Personal und die dafür anfallenden Kosten durch den verstärkten Einsatz von Technologien und entsprechende Technologiekosten ersetzt. Im Sinne einer frühzeitigen Antizipation knappheitsbedingter Preisentwicklung wird beispielsweise bereits heute in Technologien investiert, die sich durch einen geringeren Energieverbrauch auszeichnen.

Die Beeinflussung des Verhältnisses von **primären und sekundären Kosten** durch das Kostenmanagement erfolgt mit dem Ziel, die Sekundärkosten zu reduzieren. Der Abbau von innerbetrieblichen Leistungen führt zu einer reduzierten unternehmensinternen Komplexität. Damit geht einher, daß sich die vielfältigen Verrechnungen, die zur rechnerischen Abbildung der Leistungsbeziehungen erforderlich sind, verringern und sich die Kostentransparenz erhöht.

Auch die Verfolgung und bewußte Beeinflussung der **funktionalen Kostenstruktur** ist ein Gestaltungsbereich der Kostenstrukturpolitik. Betrachtet man die Gesamtkosten eines Unternehmens als die Summe der Kosten aller Unternehmensbereiche, zeigen sich Einflußnahmemöglichkeiten auf, die durch Verlagerung, Substitutionalisierung und Intensivierung von Aktivitäten in und zwischen Unternehmensbereichen insgesamt zu geringeren Gesamtkosten führen. Die Intensivierung der Entwicklungsaktivitäten zur Verbesserung von Produkten und Prozessen kann das Aktivitätsniveau und die Aktivitätsstruktur im Produktions- und auch Vertriebsbereich reduzieren. Auch diese kostenstrukturpolitische Aufgabe erfordert zunächst einmal eine Einflußnahme auf die Unternehmensstruktur und die betrieblichen Abläufe. Die Beeinflussung der funktionalen Kostenstruktur ergibt sich erst mittelbar.

Die Beeinflussung von **Verwaltungskosten, Dispositionskosten und operativen Kosten** der direkt produktbezogen arbeitenden Unternehmensbereiche ist ebenfalls eine kostenstrukturelle Einflußnahme. Die Beeinflussungsrichtung durch das Kostenmanagement ist durch das Ziel gegeben, **nichtwertschöpfende Tätigkeiten** und die dafür anfallenden Kosten zu reduzieren.

Die Kostenkategorisierung in **Einzel- und Gemeinkosten** führt zu einem weiteren kostenstrukturpolitischen Aufgabenbereich. Gemeinkosten sollen soweit wie möglich abgebaut und in ihrem qualitativen Charakter den Einzelkosten angenähert werden. Unternehmen, die sich horizontal und vertikal segmentieren und demzufolge kompaktere und schlankere Einheiten schaffen, erhalten die strukturellen Voraussetzungen zur Segmentierung eines zuvor größeren Gemeinkostenblocks. Sie haben wesentlich bessere Voraussetzungen für die Zuordnung von Gemeinkosten zu Ressourcenbereichen und Tätigkeitsfeldern.

Als weiterer Einflußnahmebereich ist die Gestaltung der **lebenszyklusspezifischen Kostenstruktur** anzusehen. Die Differenzierung von Vorlaufkosten, laufend anfallenden Kosten der Produktion und Vermarktung sowie Nachlaufkosten im Produktlebenszyklus gibt ein wichtiges Strukturbild für das Kostenmanagement wieder. In diesem Zusammenhang fällt es schwerer, eine eindeutige Beeinflussungsrichtung anzugeben. Sicherlich ist es tendenziell sinnvoll, Nachlaufkosten (im Sinne von Entsorgungskosten) zu vermeiden und durch Intensivierung der Produktentwicklung beispielsweise ein leichter demontierbares und entsorgungsfreundlicheres Produkt zu schaffen. Eine weitere Beeinflussungsrichtung ist die Reduktion der Kosten in der Produktions- und Vermarktungsphase durch Verstärkung der Forschungs-, Entwicklungs- und Konstruktionstätigkeit, wie bereits im Zusammenhang mit der funktionalen Kostenstruktur angesprochen wurde.

In der Relation zwischen fixen und proportionalen Kosten manifestiert sich die Kostenflexibilität. Die **Kostenflexibilisierung** ist ein besonders bedeutsamer Aufgabenbereich des Kostenmanagements, um die erfolgswirtschaftliche Stabilität von Unternehmen zu gewährleisten. Technologie- und Personalpolitik in einem Unternehmen determinieren in einem großen Maße die Kostenflexibilität. In zunehmendem Umfang werden fixkostenintensive Technologien eingesetzt, um prozeßbedingte Verbräuche (z. B. an Energie- und Betriebsstoffen) und die hierfür anfallenden proportionalen Kosten zu reduzieren. Eine Verminderung der Prozeßkosten ist nicht ohne die Hinnahme höherer Fixkosten und Verschiebung in der Relation zwischen beiden Kostenkategorien zu erreichen. Bei personellen und immateriellen Potentialen läßt sich das Kostenverhalten insbesondere durch die Art der Vertragsgestaltung beeinflussen. Je nachdem, ob eine umsatzabhängige oder produktionsabhängige Lizenz oder auch eine Pauschallizenz vereinbart wird, gestaltet sich die Anpassungsfähigkeit der Kosten unterschiedlich. In dem Moment, in dem der Vertrag abgeschlossen wird, erfolgt eine kostenstrukturpolitische und gleichzeitig die Kostenflexibilität beeinflussende Festlegung. Auch die Höhe der Löhne und Gehälter und ihre Relation zueinander sowie beispielsweise die Entscheidung, ob im Vertrieb Reisende oder auf Provisionsbasis arbeitende Vertreter eingesetzt werden, beeinflußt das Verhältnis zwischen fixen und proportionalen Kosten. Wichtige Ansatzpunkte der Kostenflexibilisierung sind demnach die Personal- und Technologiepolitik, die Preis- und die Tarifstruktur für die verschiedenen Potentiale sowie darüber hinausgehende Aspekte der Vertragsgestaltung und die Dienstleistungs- und Produktionstiefenoptimierung.

Die gezielte **Beeinflussung langfristiger Kostenentwicklungen** steht im Vordergrund der kostenpolitischen Einflußnahme auf das Kostenverhalten. Nicht nur die Veränderung der Kostenflexibilität auf längere Sicht, sondern auch das bewußte Herbeiführen anderer kostenstruktureller und das Gesamtkostenniveau betreffender Entwicklungen ist die Aufgabe des Kostenmanagements, die auch als **dynamische Kostenpolitik** bezeichnet werden kann. Vor allem Kostenprogressionen sollten frühzeitig erkannt und ihnen entgegengewirkt werden. Die Aufdeckung der kostenmäßigen Konsequenzen von Komplexitätsphänomenen macht das Erfordernis deutlich, an bisher kaum beachteten Kosteneinflussgrößen, wie beispielsweise der Variantenvielfalt, mit Maßnahmen des Kostenmanagements anzusetzen. Die Beeinflussung von Komplexitätskosten ist daher in engem Zusammenhang mit der langfristigen Einflußnahme auf das Kostenverhalten zu sehen.

Die Komplexitätskosten sind **Mehrkosten durch Komplexität auf der Produkt-, Prozeß- und Ressourcenebene**. Sie fallen in Folge einer großen Vielfalt von Kunden, Produkten, Varianten, Baugruppen, Teilen, Materialien und auch Lieferanten an. Betroffen sind insbesondere die Bereiche Forschung und Entwicklung, Konstruktion, Arbeitsvorbereitung, Logistik, Einkauf und Vertrieb. Dem Wesen nach handelt es sich um Kostenprogressionen, die beispielsweise bei Erhöhung der Variantenanzahl dadurch anfallen, daß sich Planungs-, Dispositions- und Koordinationsbedarfe bei jeder zusätzlichen Variante erhöhen.

Standardisierung und Normung sind bekannte, der Baugruppen-, Teile- und Materialvielfalt entgegenwirkende Teilstrategien. Die leistungswirtschaftliche Komplexität wirkt sich kostenmäßig auch dergestalt aus, daß mögliche Degressionseffekte erst verspätet oder auch nur in einem geringen Umfang realisiert werden können. Insbesondere Kostensenkungspotentiale, die auf Grund von Lern- und Erfahrungskurveneffekten realisiert werden können, sind hiervon betroffen.

Die Kostentransparenz kann erhöht werden, wenn die Voraussetzungen dafür geschaffen werden, daß Kosten den jeweiligen Betrachtungsobjekten in einem möglichst hohen Umfang auf disaggregierten Stufen direkt zugerechnet werden können. Die Schaffung dieser Voraussetzung steht in einem sehr engen Zusammenhang mit den Ansatzpunkten zur **Reduzierung von Gemeinkosten, Fixkosten und auch Komplexitätskosten**. Die eindeutigere Zuordnung von Gemeinkosten, wie sie beispielsweise durch die schon erläuterte Segmentierung und wertschöpfungskettenorientierte Bündelung von Aktivitäten erfolgt, verhilft zu einer **höheren Kosten- und Ergebnistransparenz**. Durch die Reduzierung der Anzahl von Beziehungsebenen, über die hinweg Kosten-, Leistungs- und Produktionsbeziehungen bestehen, erhöht sich die Kostentransparenz. Durch die Reduzierung innerbetrieblicher Leistungen und die durch Dienstleistungs- und Produktionstiefenreduzierung erreichbare Transparenz der Prozeßstruktur wird auch eine höhere Kostentransparenz geschaffen.

2. Marktorientiertes Kostenmanagement

Das Streben nach einer markt- und kundennahen Produktion zur Befriedigung der Kundenwünsche bedeutet, daß sich Unternehmen in ihrer **strategischen Grundausrichtung** an den kaufentscheidenden Kriterien der Abnehmer orientieren. Dabei reiht sich der Preis, der im Rahmen einer Strategie der Kostenführerschaft als dominierender Wettbewerbsfaktor angesehen wird, in ein ganzes Spektrum weiterer Faktoren ein, denen im Rahmen einer Differenzierungsstrategie eine größere Bedeutung zugemessen wird.

Während mit einer **Kostenführerschaftsstrategie** angestrebt wird, über Economies of Scale Kostenvorteile und ein vergleichsweise günstiges Preisniveau zu erzielen, ist die Verfolgung einer **Differenzierungsstrategie** dadurch gekennzeichnet, daß durch die Individualität der Produkte bzw. Leistungsbündel, durch die Neuartigkeit und Innovationsgeschwindigkeit, durch technische Perfektion und Qualität sowie logistische Leistungen (wie die Termintreue) Kundenpräferenzen geschaffen werden sollen. Preisniveauunterschiede zur Konkurrenz sollen demnach bei einer Differenzierungsstrategie durch Vorteile bei anderen Wettbewerbsfaktoren kompensiert werden. Im Rahmen kundenorientierter Unternehmensstrategien verlieren nun der Preis und die Kostensituation gegenüber den **Wettbewerbsfaktoren Individualität, Innovation, Qualität und Zeit** relativ gesehen an Bedeutung. Eine derartige Bedeutungsabnahme ist aber nur so lange haltbar, wie auch der unterstellte Kompensationsmechanismus funktioniert. Wenn sich die **kostenmäßigen Konsequenzen der Differenzierung** bei Überschreitung eines gewissen Maßes auf die Preisstellung auswirken, wird der Wirkungsmechanismus beeinträchtigt. Eine Differenzierungsstrategie, die die Kostensituation des Unternehmens vernachlässigt, kann dann erfolgswirtschaftlich genauso gefährlich sein wie eine Strategie der Kostenführerschaft, die den differenzierten Kundenwünschen nicht genug Rechnung trägt. Es kommt darauf an, sämtliche Wettbewerbsfaktoren ihrer jeweiligen Bedeutung entsprechend in der Unternehmensstrategie zu verankern. Die daraus je nach Schwerpunktlegungen resultierenden Teilstrategien lassen sich unter dem Begriff der **Kosten- und Leistungsführerschaft** subsumieren.

Für die Kostenrechnung bedeutet die Verankerung einer Kosten- und Leistungsführerschaftsstrategie, daß die kostenmäßigen Konsequenzen der Leistungsdifferenzierung verfolgt werden müssen. Die primär auf die Kostensteuerung bei hohen Mengenvolumina standardisierter Leistungsprogramme ausgerichtete Kostenrechnung bedarf hierzu einer Vielzahl konzeptioneller Erweiterungen. Vielfalt, Neuerungen, Qualität, Zeit und Geschwindigkeit werden zu **Kalkulationsobjekten**.

Da sich die kostenmäßigen Konsequenzen der Leistungsdifferenzierung vor allem in den Bereichen Forschung und Entwicklung, Qualitätsschaffung und Qualitätssicherung sowie im gesamten Gebiet der Logistik niederschlagen, steht an vorderster Front der konzeptionellen Erweiterungen der Kostenrechnung der **Aufbau der Entwicklungs-, Qualitäts- und Logistikkostenrechnung.** Die Prozeßkostenrechnung stellt eine speziell auf diese sogenannten indirekten Leistungsbereiche ausgerichtete Methodik der Kostenerfassung und leistungsbezogenen Kostenverrechnung bereit. Sie ist insofern ein wertvolles Hilfsmittel, um die auch bei Verfolgung der verschiedenen Teilstrategien der Kosten - und Leistungsführerschaft erforderliche Kostenbeeinflussung anzustoßen. Eine weitere und sehr wichtige methodische Konsequenz ist, daß von progressiv kalkulierten

Selbstkosten plus Gewinnzuschlags-Preisen abzugehen ist. Die mit einem solchen Vorgehen verbundene kostenorientierte Preispolitik stößt unter den geschilderten Bedingungen schnell an ihre Grenzen.

Das schon in der Entwicklungs- und Konstruktionsphase einsetzende Produktkostenmanagement muß von den auf den Märkten durchsetzbaren Preisen ausgehen. Das schließt eine aktive Preispolitik keinesfalls aus, doch ist diese primär marktorientiert anzulegen. Insofern wird die kostenorientierte Preiskalkulation immer mehr durch eine **marktpreisorientierte Kostenpolitik** abgelöst. Ziel dieser Kostensteuerung muß die **permanente Rationalisierung aller unternehmensinternen Prozesse** sein. Dies macht freilich ein kurzfristiges Ergebniscontrolling keineswegs überflüssig. Die unterjährige Erfolgssteuerung sollte jedoch von weitgehend optimierten Kostenstrukturen ausgehen. Konzeptionell und methodisch ist die Kostenrechnung immer mehr auf die Erfordernisse einer frühzeitigen Kostenbeeinflussung auszurichten. Denn während der Produktions- und Vermarktungsphase lassen sich nur noch relativ geringe Kostensenkungspotentiale erschließen.

3. Auf Produkte, Prozesse und Ressourcen abstellendes Kostenmanagement

Die Kostenbeeinflussung vollzieht sich über mehrere Beziehungsebenen der Leistungssphäre hinweg. **Ressourcen** in Servicebereichen oder administrative Ressourcen geben Leistungen an Ressourcen ab, die direkt für das Herstellen und die Vermarktung von Produkten agieren. Die Hilfs- und Hauptressourcen (Hilfs- und Hauptkostenstellen) sind über innerbetriebliche Leistungen, für die in den Hilfskostenstellen anfallende Kostenarten weiter verrechnet werden, miteinander verbunden. Einzelne Kostenstellen wickeln **Prozesse** ab, die sich in einem mehrstufigen Konzept auch in Teilprozesse untergliedern lassen und zu denen sachlich übergelagert sogenannte Hauptprozesse hinzukommen. Letztere werden von mehreren Kostenstellen gemeinsam realisiert, wie z. B. die Bestellabwicklung. Letztlich werden Prozesse abgewickelt, um Produkte herstellen und vermarkten zu können. Mit den **Produkten** ist die nächste Ebene des mehrstufigen Beziehungszusammenhangs angesprochen, der schließlich bis zu den Kunden und Märkten führt. Dabei werden nicht nur die Einflußgrößen betrachtet, die für den Kostenanfall in den einzelnen Kostenstellen relevant sind. Primär geht es um eine Durchleuchtung des mehrstufigen Beziehungszusammenhangs, die Aufdeckung und Beeinflussung der hierin wirksamen Kostenbestimmungsfaktoren und die Optimierung von Strukturen und Abläufen, wodurch letztlich die originäre Führungsaufgabe der Sicherung und Erhaltung des Unternehmenserfolgs verfolgt wird.

Zahlreiche Industrie- und Dienstleistungsunternehmen befassen sich in dieser Zeit engagiert mit der **Reorganisation ihrer Prozesse und Strukturen**. Organisationsexperten sind zu der Erkenntnis gelangt, daß die Neuorientierung der Unternehmensstrategien (Marktorientierung, Differenzierung, Qualität, Logistik) sich nicht direkt auf die Unternehmensstrukturen auswirkt, sondern daß der Wandel der strategischen Ausrichtung primär die in den Unternehmen ablaufenden, möglichst rational zu steuernden Prozesse betrifft. Die möglichst **frühzeitige Gestaltung, Planung und Steuerung von Geschäftsprozessen** wurde insofern zu einem besonders wichtigen Aufgabenfeld. Dem Reverse-Engineering-Ansatz folgend muß die kostenpolitische Unternehmenssteuerung stärker als bisher von markt- und kundenbezogenen Zielkosten ausgehen. Auch muß das Controlling stärker auf nachhaltig wirksame kontinuierliche Verbesserungsprozesse ausgerichtet werden.

Der letztlich für die Erstellung und Verwertung von Leistungen entstehende Kostenanfall wird ausdrücklich und nachhaltig von den für die Produktion, für den Absatz und für die anderen Unternehmensfunktionen eingesetzten **Ressourcen** im Sinne von Technologien, Personal, Mensch-Maschine-Systemen und immateriellen Potentialen determiniert. Demgemäß setzte sich auch in der Kostenrechnungstheorie immer mehr die Auffassung durch, daß die Kostenrechnung die **einerseits für das Bereithalten und andererseits für das Nutzen der verschiedenen Arten von Ressourcen anfallenden Kosten** abzubilden habe und daß erst im Rückgriff auf diesen Zusammenhang Kosten für einzelne Leistungsarten und Leistungsvolumina bestimmt werden können. Für Potentiale, die alternativ für das Erstellen unterschiedlicher Leistungen genutzt werden können, erwies sich diese Differenzierung als besonders dringlich. Für Mehrproduktmaschinen, wie auch für universell einsetzbares Personal, muß zu diesem Zweck zunächst deren Leistung mit dem Maß gemessen werden, das auch zur Messung der Kapazität solcher Potentiale herangezogen werden muß: Maschinenstunden, Systemstunden, Personalstunden. Die so zu messende **Ressourcenleistung** steht über die **Leistungsintensität** mit dem **Produktionsvolumen** im Sinne der Ausbringungsmenge in Beziehung.

Mit der vor allem durch den technologischen Fortschritt sowie durch den Wandel der Personalentlohnungssysteme bedingten **Zunahme der Fixkostenintensität** wurde das **planmäßig-analytische Separieren von Kosten der Kapazität und Kosten der Kapazitätsnutzung**, die Trennung von Kapazitätskosten (Fixkosten) und Leistungskosten (Proportionalkosten), immer dringlicher. Diesem Anliegen trug vor allem die noch zu erörternde Entwicklung moderner Systeme der flexiblen Plankostenrechnung Rechnung. Gleichermaßen wurde das **Aufdecken, Systematisieren, Planen, Erfassen, Analysieren und Steuern des Leistungsspektrums betrieblicher Ressourcen** immer wichtiger. Mehr und mehr wurde die Forderung erhoben, Kostenstellen zugleich auch als Leistungsstellen zu begreifen und die **Kostenrechnung zur Kosten- und Leistungsrechnung auszubauen. Abbildung 4-1** zeigt einen entsprechenden Berichtsaufbau mit Angaben zur Kapazität und Kapazitätsnutzung einer Leistungsstelle. Mittlerweile ist kaum noch bestreitbar, daß für die im Rechnungswesen als Kostenstellen oder Kostenplätze abgebildeten menschlichen, technischen und sonstigen Ressourcen nicht nur die anfallenden fixen und proportionalen Kosten, sondern auch **Leistungsstruktur, Leistungsarten, Leistungsvolumina, Leistungsintensitäten,**

Abbildung 4-1
Kapazität und Kapazitätsnutzung einer Leistungsstelle

Kapazität	Maximale Arbeitsplatzkapazität (21 x 24 Std.)			504 Std.
	Tarifliche Arbeitsplatzkapazität			
	(eine Schicht, 37 Wochenstunden)			155 Std.
	Tatsächlich bereitgestellte Kapazität			155 Std.

Kapazitätsinanspruchnahme	**nicht genutzte Kapazität**	./. generelle Ausfallzeit, v. a. Brachzeiten			./. 15 Std.
					(9,68 %)
		./. generelle Hilfszeiten durch organisatorische oder technische Störungen			./. 10 Std.
					(6,45 %)

		= Summe aller Prozeßeinheiten			= 130 Std.
	nicht wertschöpfend	Prozeßtyp	Anzahl der Prozesse	Prozeßdauer	Gesamtzeit
		Maschinen-reinigung	21	10 min	210 min 3,5 Std. (2,26 %)
		Umstellung auf anderes Matieral	50	15 min	750 min 12,5 Std. (8,06 %)
		Werkzeug-wechsel	40	21 min	840 min 14 Std. (9,03 %)
	wert-schöpfend	Fertigen			6000 min 100 Std. (64,52 %)

Leistungsmengen und auch Leistungsqualitäten abgebildet werden sollten. Nur durch eine in diesem Sinne ausgebaute Leistungsrechnung können Verfügbarkeit, Auslastung und konkrete Formen der Nutzung fixkostenintensiver Kapazitäten offengelegt und so beeinflußt werden, daß Leerkosten vermieden und in möglichst hohem Maß Kostendegressionseffekte realisiert werden. Die Systematiken zur Gliederung von Personal- und Betriebsmittelzeiten nach REFA können sich für das Gestalten der Leistungsrechnung als wertvoll erweisen. Für einzelne Industriezweige (wie etwa für die Druckindustrie) gibt es bereits ausgereifte Empfehlungen zum Aufbau der Leistungsrechnung, die als bedeutsame Verbindung von ressourcenbezogener und produktbezogener Kostenrechnung zu verfeinern ist.

4. Activity Based Costing und Prozeßkostenrechnung

Parallel zu deutschen Weiterentwicklungen wurden in den USA von Cooper und Kaplan das **Activity-Based-Costing (ABC)** als zweckgerichtetes Aussagensystem vorgestellt und auch für europäische Unternehmen propagiert. Der deutsche Terminus **Prozeßkostenrechnung** bringt die Ziele und die methodische Ausrichtung dieser Entwicklung möglicherweise nicht exakt zum Ausdruck. Ihrem primären Ansatz nach ist die Prozeßkostenrechnung vorrangig eine **ressourcenorientierte Kapazitäts-, Aktivitäts- und Prozeßrechnung**. Sie will über den meist kostenrechnerisch gut abgebildeten Produktionsbereich hinausgehend vornehmlich für die **personalintensiven Dienstleistungsbereiche** (Einkauf, Materialwirtschaft, Produktionsplanung und -steuerung, Vertriebsabwicklung, Qualitätssicherung und Logistik, Forschung, Entwicklung, Konstruktion und Arbeitsvorbereitung) unterschiedliche Arten der Ressourcennutzung in ihrer Struktur und ihrem Volumen aufdecken, um letztlich jene Kosteneinflußgrößen zu identifizieren, die als **Kostentreiber (cost driver)** den Kostenanfall determinieren.

In diesem Bestreben werden die indirekten Leistungsbereiche bezüglich ihrer Prozeßstrukturen analysiert. **Abbildung 4-2** zeigt eine Differenzierung nach verschiedenen Prozeßarten, die über die konventionell leistungsbezogen erfaßten Prozesse in Beschaffung, Produktion und Absatz hinaus auch **dispositive und steuernde Prozesse, Vorleistungen und Serviceleistungen** zur Erhaltung unternehmerischer Potentiale sowie **Leistungen zur Erhaltung der Lieferanten- und Kundenpotentiale** umfaßt.

Die Unterscheidung verschiedener Prozeßarten geht mit den in Deutschland für den Ausbau der Leistungsrechnung geforderten Differenzierungen sowie mit den Bezugsgrößensystematiken der Grenzplankostenrechnung weitgehend konform. Für das Activity-Based-Costing hat die Differenzierung von Prozeßarten, das Messen von Prozeßmengenvolumina sowie deren Planung, Überwachung und Steuerung essentielle Bedeutung. Um die Aufgaben des ressourcenorientierten Leistungs-, Kapazitäts- und Kostenmanagements möglichst gut unterstützen zu können, werden die Prozeßarten danach differenziert, ob sie zur Wertschöpfung beitragen oder nicht. Die **Unterscheidung zwischen wertschöpfenden und nicht wertschöpfenden Prozeßarten** korrespondiert weitgehend mit der im Schrifttum ebenfalls gebräuchlichen **Differenzierung zwischen volumenabhängigen und nicht volumenabhängigen Prozessen**. Das Minimieren der für die Kapazitätsvorhaltung und Kapazitätsnutzung anfallenden Kosten soll nicht nur durch das Aufdecken von Brachzeiten und Verfügbarkeitsverlusten, sondern auch

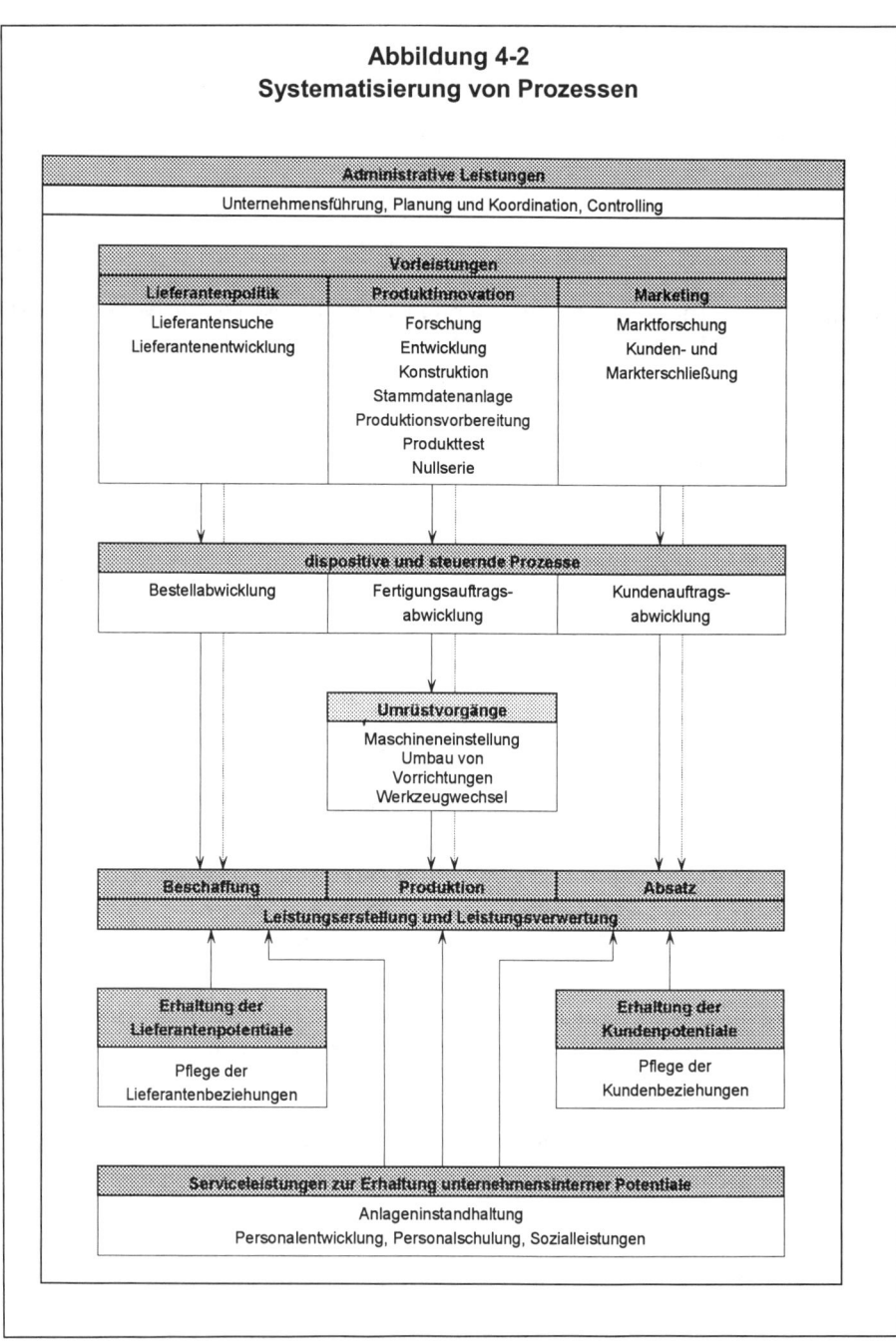

Abbildung 4-2
Systematisierung von Prozessen

durch die Offenlegung der nicht zur Wertschöpfung beitragenden, nicht direkt vom Produktions- bzw. Absatzvolumen induzierten Prozesse unterstützt werden.

Dies korrespondiert mit dem Denkansatz des von Japan aus propagierten **KAIZEN**, das zur Vermeidung aller Formen von Verschwendung auffordert. Es steht auch dem **Total Productive Maintenance (TPM)** nahe, einem ebenfalls in Japan entwickeltem Konzept für die Anlagenwirtschaft, das insbesondere die Reduzierung, möglichst sogar die Vermeidung von Verfügbarkeitsverlusten, Auslastungsverlusten und Qualitätsverlusten sowie das Minimieren von Stillstandszeiten, Rüstzeiten und unproduktiven Nebenzeiten verlangt.

5. Prozeßkosteninformationen zur Steuerung des Ressourcen einsatzes im Rahmen des Produktkostenmanagements

Eine methodische Spezialität der Prozeßkostenrechnung besteht darin, daß sie neben den von Ressourcen unmittelbar produktbezogen abgewickelten Prozessen auch sogenannte **Hauptprozesse (cost pools)** herausstellt. Sie werden ihrem Wesen nach produktionsbegleitend, produktionsunterstützend oder auch im Sinne von Vorleistungen zur Ermöglichung der Produktion von Erzeugnissen durch das **Zusammenwirken mehrerer Kostenstellen** abgewickelt. Konkret geht es dabei vor allem um das Ausführen von Bestell-, Fertigungs- und Kundenaufträgen, um logistische Prozesse, um Entwicklungs- und Konstruktionstätigkeiten für neue Erzeugnisse sowie um Konstruktionsänderungen, um das Anlegen von Stücklisten und Arbeitsplänen und deren Modifizierung, um Prozesse zur Kunden- und auch zur Lieferantenbetreuung, um **Produktentwicklungen, Konstruktionsaufgaben, Dispositions-, Steuerungs-, Überwachungs- und Kontrollprozesse, Betreuungsaufgaben und andere Hauptprozesse.** Siehe hierzu nochmals **Abbildung 4-2.** Diese Hauptprozesse sind häufig so komplex, daß ihre Abwicklung mehrere Kostenstellen in Anspruch nimmt.

Einen wesentlichen Fortschritt lösten die Befürworter der Prozeßkostenrechnung dadurch aus, daß sie die sogenannten **indirekten Bereiche** untersuchten und sehr kritisch in Frage stellten. Dadurch hat man mittlerweile erkannt, daß ein verhältnismäßig großer Teil der indirekten Bereiche bei genauer Betrachtung doch direkten **Produktbezug** hat. Für produktbezogene Entwicklungstätigkeiten, für Konstruktion, Auftragsabwicklung und ähnliche Tätigkeitskomplexe ist dies heute unumstritten. Wenn ein Konstrukteur mit Hilfe eines CAD-Systems ein neues Erzeugnis konzipiert, arbeitet er ebenso an diesem Erzeugnis wie ein Produktionsarbeiter, der dieses Produkt physisch bearbeitet. Infolgedessen läßt sich diese produktionsbezogene Tätigkeit auch messen, erfassen und letztlich auch kostenmäßig kalkulieren. Letzteres führt zu einer Erweiterung des Kalkulationsschemas, wie sie in **Abbildung 4-3** dargestellt ist.

Wenn den Produktentwicklern und -konstrukteuren prozeßkostenrechnerische Produktkostenkalkulationen präsentiert werden, sollen sie damit vor allem differenziert über **bewertete Ressourcenverbräuche** informiert und auf diese Weise dazu angeregt werden, gezielt die Volumina besonders kostenintensiver Prozesse zu reduzieren. Ihrem Sinn und Zweck nach so zu verstehende Prozeßkosteninformationen sind durchaus geeignet, schon im Rahmen der Entwicklung

Abbildung 4-3
Prozeßkostenrechnerisch erweitertes Kalkulationsschema

Kalkulationsposition	KOSTEN-TRÄGER-EINZEL-KOSTEN	PROZEßKOSTEN stückbezogen prop	voll	losbezogen imi	voll	periodenbezogen voll	lebenszyklusbezogen voll	PERIODEN-BEZOGENE DECKUNGS-LASTEN	volumenabhängige Kosten pro Stück	(anteilige) Vollkosten pro Stück
Rohstoffe	●								●	●
Bauelemente	●								●	●
Zukaufteile	●								●	●
Handelswaren	●								●	●
Σ Materialeinzelkosten	●								●	●
Fertigung Stelle 1		◐	□						◐	□
Rüsten Stelle 1				○	□				○	□
Fertigung Stelle 2		◐	□						◐	□
Rüsten Stelle 2				○	□				○	□
...									◐ ○	□ □
Σ Fertigungskosten									◐ ○	□ □
Werkzeugkosten	●								●	●
weitere Sondereinzelkosten der Fertigung	●								●	●
Σ Sondereinzelkosten der Fertigung	●								●	●
Σ HERSTELLKOSTEN i. e. S.										
Bestellabwicklung				○	□				○	□
Materialbereitstellung				○	□				○	□
Fertigungsauftragssteuerung				○	□				○	□
Qualitätssicherung				○	□				○	□
Σ Prozeßkosten der Herstellung				○	□				○	□
Neuproduktentwicklung							◆			◆
Teilekonstruktion							◆			◆
Lieferantenentwicklung							◆			◆
Σ Prozeßkosten der Vorlaufphase							◆			◆
Σ HERSTELLKOSTEN i. w. S.										
Verkaufsprovision	●								●	●
Verpackungsmaterial	●								●	●
Versandkosten	●								●	●
Σ Vertriebseinzelkosten	●								●	●
Kundenauftragsabwicklung				○	□				○	□
Großkundenbetreuung						■				■
Σ Prozeßkosten des Vertriebs									○	□ ■
Σ VERTRIEBSKOSTEN										
Verwaltungsgemeinkosten (%)								■		■
SELBSTKOSTEN										

Volumenabhängige bzw. volumeninduzierte Kosten: ● = Kostenträgereinzelkosten, ◐ = proportionale stückbezogene Prozeßkosten und ○ = leistungsmengeninduzierte losbezogene Prozeßkosten.
Volumenunabhängige Kosten: □ = volle stückbezogene Prozeßkosten, □ = volle losbezogene Prozeßkosten, ■ = volle periodenbezogene Prozeßkosten und ◆ = volle lebenszyklusbezogene Prozeßkosten.
Deckungslasten: ■ = vollkostenrechnerisch anteilig verrechnete Deckungslasten.

und Konstruktion industrieller Erzeugnisse das **Vermeiden von Ressourcenverschwendungen** anzustoßen. Schließlich werden in der Entwicklungsphase jene Prozesse der Herstellung, des Vertriebs aber auch der Qualitätssicherung festgelegt, die später als Prozeßkosten zu den Selbstkosten eines Produktes beitragen.

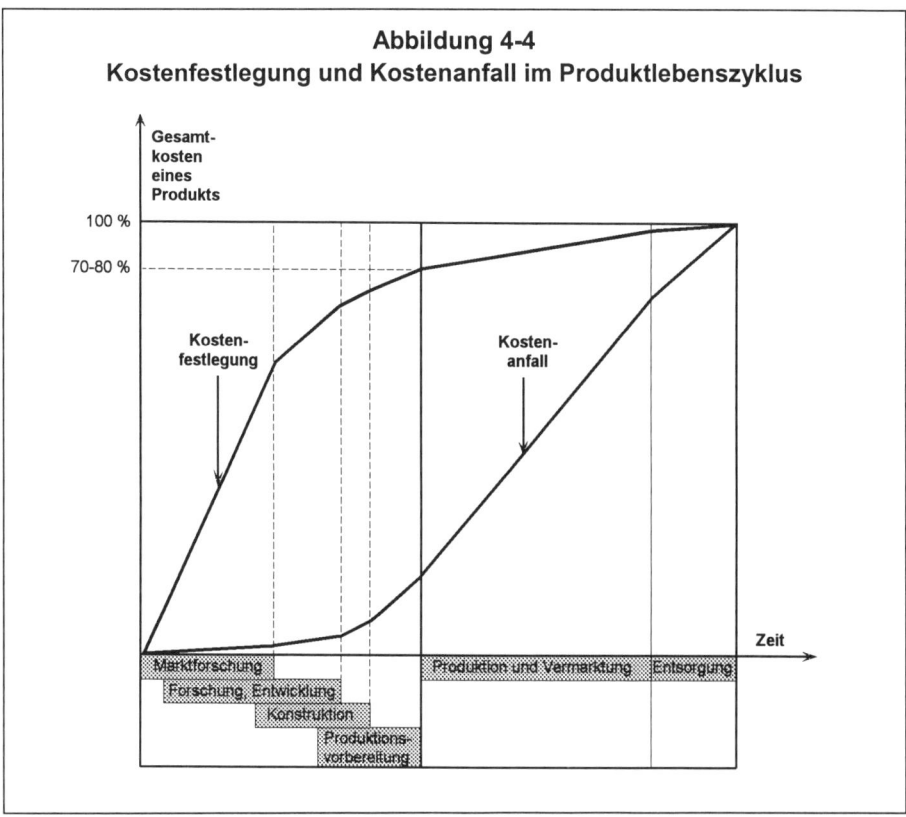

Abbildung 4-4
Kostenfestlegung und Kostenanfall im Produktlebenszyklus

Abbildung 4-4 veranschaulicht den grundlegenden Beziehungszusammenhang von **Kostenfestlegung und Kostenanfall** im Produktlebenszyklus. Die hohe Bedeutung der Aktivitäten in der Frühphase der Produktentwicklung bei der Festlegung des späteren Kostenanfalls **erfordert einen Ausbau der Methoden zur konstruktionsbegleitenden Kalkulation.** Für die dazu notwendige Bewertung zukünftiger Leistungsprozesse ist eine Bestimmung von Prozeßkosten unabdingbar.

Frühzeitige Produktkostenkalkulation und Produktkostenpolitik

1. Kostenrechnung und Preiskalkulation

Wie die Geschichte des Rechnungswesens belegt, wurde die Kostenrechnung vorrangig als **Instrument der Preiskalkulation** entwickelt. Die Verfeinerung und Variation der Kalkulationsmethoden verfolgte primär dieses Ziel. Demgemäß wurden die **Verfahren der industriellen Produktkostenkalkulation** an die besonderen Bedingungen unterschiedlicher Industriezweige und Fertigungsverfahren angepaßt, überdies auch an die unterschiedlichen Formen der produktionswirtschaftlichen Leistungsverbundenheit. Spezielle Kalkulationsmethoden für Betriebe mit Massenfertigung, Serienfertigung, Chargenfertigung und Kuppelproduktion sind zwischenzeitlich von der Fachliteratur ausgiebig beschrieben worden.

Die im industriellen Sektor gesammelten Erfahrungen wurden mehr und mehr auch auf die **Kalkulation komplexer Dienstleistungen** übertragen. Die Einsicht, daß sich verschiedenartige Bearbeitungsvorgänge mit Fertigungsprozessen weitgehend vergleichen lassen, führte zunächst zur Weiterentwicklung der Maschinenstundensatzrechnung bis hin zur Systemstundensatzrechnung und zu der auch für industrielle Dienstleistungsbereiche nutzbaren **Verrechnungssatzkalkulation**; für Dienstleistungsunternehmen wurde das Methodenpotential der **Vorgangskalkulation** schrittweise ausgebaut. Nicht nur Banken und Sparkassen, sondern auch Versicherungen, Bausparkassen und öffentliche Verwaltungen können sich hierauf stützen. Auch das öffentliche Preisrecht hat diese Entwicklungen verfolgt. Einschlägige Kommentare verlangen die Anwendung möglichst genauer Kalkulationsmethoden zur Bestimmung von Selbstkosten anläßlich der Kalkulation öffentlicher Aufträge oder dann, wenn zur Bemessung anteiliger Subventionierungen Vollkostenkalkulationen vorgelegt werden müssen. Das für die Energiewirtschaft relevante Preisgenehmigungsverfahren orientiert sich ebenfalls an Selbstkostenkalkulationen. Analoges gilt für andere Sektoren der öffentlichen Wirtschaft, wie etwa für das Gesundheitswesen und für kommunale Gebührenhaushalte: Die Konkretisierung von Gebührenkalkulationen zählt zu den wichtigen Aufgabenfeldern der Kostenrechnung.

2. Kriktik an Selbstkostenkalkulationen

In der Nachkriegszeit verstärkte sich die **kritische Beurteilung vollkostenrechnerischer Preiskalkulationen**. Speziell die Befürworter der Deckungsbeitragsrechnung und moderner Formen der Plankostenrechnung (Grenzplankostenrechnung) bemängelten, daß jede vollkostenrechnerische Kalkulation deshalb äußerst problematisch ist, weil sie über mehrere Abrechnungsschritte hinweg Periodengemeinkosten, Kostenstellengemeinkosten, Prozeßgemeinkosten und Kostenträgergemeinkosten anteilig aufschlüsselt und weil sie im Rahmen dieser mehrphasigen Aufteilungsprozedur fixe Kosten proportionalisiert. Infolge dieser sehr grundsätzlichen Einwendungen wurde die Aussagefähigkeit stückbezogener Selbstkostenkalkulationen immer mehr in Zweifel gezogen. Diese Kritik stellte keineswegs nur auf Gemeinkostenumlagen und Gemeinkostenzuschläge ab. Sie richtete sich generell gegen jegliche **Gemeinkostenschlüsselung** und **Fixkostenproportionalisierung** und hat sich als sehr berechtigt erwiesen. Gleichwohl wäre es verfehlt, jenen Wissenschaftlern und Praktikern, die in früheren Jahren zur Weiterentwicklung der mittlerweile traditionellen Kalkulationslehre beigetragen haben, aus heutiger Sicht vorzuwerfen, sie hätten über Jahrzehnte hinweg Instrumente verfeinert, für die es nur utopische Rechnungszwecke gab. Eine solche Argumentation würde die Entwicklung der Marktverhältnisse ignorieren. Die Verfeinerung der Kalkulationsmethoden, wie sie auch heute noch durch Lehr- und Fachbücher ausführlich beschrieben werden, war durchaus sehr nützlich. Dies zu leugnen, würde mangelndes Geschichtsbewußtsein belegen. Allerdings ist die praktische Bedeutung vollkostenrechnerische Preiskalkulatikonen aus heutiger Sicht anders zu beurteilen als Jahre bzw. Jahrzehnte zuvor. Diesem Wandel der Rechnungszwecke hat die Weiterentwicklung des führungsorientierten Rechnungswesen sehr gut Rechnung getragen.

3. Marktpreisorientierte Kostenpolitik

In der zurückliegenden Zeit kam es nicht nur zu einer Ausweitung und Internationalisierung von Märkten, sondern im Zusammenhang damit auch zu einem Abbau diverser Marktbarrieren. In länger zurückliegenden Jahren fiel es den Unternehmen leichter, kostenrechnerisch kalkulierte Preise am Markt durchzusetzen. Insofern war es durchaus wertvoll, Selbstkosten als langfristige kostenmäßige Preisuntergrenze zu kennen. Doch handelte es sich dabei von Anfang an generell nur um **kostenrechnerische Richtgrößen**, die lediglich auf jene Preise verwiesen, die für jedes Produkt eine - der jeweiligen Kalkulationsmethode nach - **anteilig gleiche Gemeinkostendeckung** sicherstellen. Gut ausgebildete Fachleute wußten, daß sie sich im Rahmen des "kalkulatorischen Ausgleichs" über kalkulierte Selbstkosten hinwegsetzen konnten[1]. Allerdings wurde diese **interne Produktsubventionierung** früher meist erst dann bedacht, wenn kalkulierte Selbstkosten im Markt nicht durchgesetzt werden konnten. Vor allem große Betriebe mit komplexen Produktsortimenten orientierten sich vielfach primär an den kalkulierten Selbstkosten und richteten erst den "zweiten Blick" auf ihre Märkte. So gesehen klaffte auch zwischen der betriebswirtschaftlichen Kalkulationslehre und der mikroökonomischen Preistheorie über lange Zeit hinweg eine für manche Betriebswirtschaftsstudenten nur schwer schließbare Lücke.

Der **Abbau von Marktbarrieren** und die damit einhergehende **Verschärfung des internationalen Wettbewerbs** haben während der unmittelbar zurückliegenden Jahrzehnte die Erkenntnis reifen lassen, daß es weniger auf eine **kostenorien-**

---

[1] Vgl. dazu insbesondere **Riebel, P.**: Die Preiskalkulation auf Grundlage von Selbstkosten... **(1964)**, S. 549 ff.

tierte Preispolitik, sondern sehr viel mehr auf eine **preisorientierte Kostenpolitik** ankommt. Der vom Markt her gegebene bzw. strategisch von der marktorientierten Preispolitik gewollte Preis determiniert das hinnehmbare Kostenniveau. Dieser Paradigmawechsel ist einer der maßgeblichen Gründe dafür, daß die kostenpolitische Unternehmenssteuerung schon sehr frühzeitig einsetzen muß, dann nämlich, wenn sich eine Produktidee konkretisiert, wenn Produkte entwickelt und konstruktiv festgelegt werden. Denn in diesen frühen Phasen werden - wie praktische Erfahrungen zeigen - 70-80% der Produktkosten hinsichtlich ihres Niveaus und ihrer Struktur so festgelegt, daß sie während der Produktions- und Vermarktungsphase nur unwesentlich gesenkt werden können. Die Entwickler und Konstrukteure legen nicht nur die Funktionalität und Gestalt industrieller Erzeugnisse fest, sondern zwangsläufig zugleich auch die zu realisierenden Fertigungsverfahren, die mögliche Eigenleistung und den erforderlichen Fremdbezug. Kostenwirksame Verfahrens- und Eigen-Fremd-Entscheidungen werden demzufolge regelmäßig mehr oder weniger lange Zeit vor Beginn der eigentlichen Produktion getroffen.

Die verstärkte Hinwendung der Unternehmen zur **"Differenzierungsstrategie"** hatte zur Folge, daß die Notwendigkeit einer frühzeitigen Produktkostenpolitik nicht hinreichend beachtet wurde. Viele Betriebe mußten in der Vergangenheit mitunter als durchaus "bittere" Erfahrung zur Kenntnis nehmen, daß sie in primärer Ausrichtung auf die **"Strategie der Kostenführerschaft"** ihre Wettbewerbsposition letztlich doch nicht halten können. Sie versuchten daher, durch Forcierung ihrer Innovations- und Qualitätsstrategie verlorene Märkte zurückzuerobern.

Andere Unternehmen verbreiterten ihre Produktpalette und erhöhten ihre Variantenvielfalt. Das Erkennen des strategischen Wettbewerbsfaktors "Zeit" führte zum Angebot logistisch besonders perfekter Lösungen (Just-in-time-Konzepte). Nur selten wurden allerdings die kostenmäßigen Konsequenzen solcher strategischer Neuorientierungen sorgfältig beachtet. Deshalb kam es vielfach zu Rückwirkungen auf die Kostenposition, die ihrerseits ein Preisniveau zur Folge hatten, das die Abnehmer immer weniger akzeptierten[2]. Das Management erkannte, daß gerade bei Verfolgung der Strategie der Leistungsführerschaft **Innovationskosten, Komplexitätskosten, Qualitätskosten und Logistikkosten** genau quantifiziert und permanent "nach unten" beeinflußt werden müssen. Diese Erfordernisse erweitern das Aufgabenfeld des Kostenmanagements[3].

4. Deckungsbeitragsrechnung und marktorientiertes Ergebniscontrolling

Die Befürworter der Deckungsbeitragsrechnung haben nicht nur die allgemeinen, systemimmanenten Mängel der "Kostenüberwälzungsrechnung" kritisiert, sondern

---

[2] Siehe auch **Becker, W.**: Stabilitätspolitik für Unternehmen... **(1995)**, S. 250.
[3] Siehe hierzu auch **Dellmann, K. - Franz, K.-P.**: Neuere Entwicklungen im Kostenmanagement **(1994)**, insbesondere S. 17-22.

auch das grundsätzliche "Dilemma vollkostenrechnerischer Preiskalkulationen" herausgearbeitet. Besonders nachdrücklich belegte dies Paul Riebel mit seinem 1964 publizierten Fachbeitrag "Die Preiskalkulation auf Grundlage von Selbstkosten oder von relativen Einzelkosten und Deckungsbeiträgen"[4]. Seine kritische Auseinandersetzung mit konventionellen Methoden der Selbstkostenrechnung führte zwangsläufig zu einem nachdrücklichen Plädoyer für eine **primär marktorientierte Preispolitik** und eine ebenfalls **marktorientierte Ergebnissteuerung**.

Die Deckungsbeitragsrechner überlassen es den für das Marketing verantwortlichen Managern, durch welche Produkte und auf welchen Märkten sie die notwendige **Deckung fixer Gemeinkosten** sicherstellen. Sie verzichten zwar auf jegliche Gemeinkostenschlüsselung, bemühen sich aber um eine möglichst differenzierende Vorgabe von "Deckungsbedarfen".

Darüber hinaus quantifizieren sie langfristige und kurzfristige Preisuntergrenzen, letztere einerseits für Phasen der Unterbeschäftigung und andererseits für Zeiten der Voll- und Überbeschäftigung. Grundsätzlich messen sie die Umsatzrentabilität am umsatzbezogenen Deckungsbeitrag, also nicht am Nettoergebnis. Die so interpretierte Umsatzrendite wird in Relation zur notwendigen Deckung fixer Gemeinkosten gesehen. In dieser Grundausrichtung war die Deckungsbeitragsrechnung von Beginn an ein Konzept zur marktpreisorientierten Kosten- und Erfolgssteuerung. Vorrang hat dabei ohne Zweifel die **Planung, Kontrolle und Steuerung der durch das Umsatzvolumen determinierten Deckungsbeiträge**.

Die Deckungsbeitragsrechnung zeigt auf, wie das Deckungsbeitragsvolumen vom Umsatz abhängig ist und wie es auf Veränderungen des Produktions- und Absatzprogramms reagiert. Stärker differenzierende Deckungsbeitragsrechnungen belegen darüber hinaus die Erfolgsbeiträge einzelner **Märkte, Kundengruppen, Vertriebskanäle und Distributionswege**. Ziel ist es, die von den Marktpreisen abhängigen Deckungsbeiträge für Produktsparten und letztlich für ein Unternehmen insgesamt zu maximieren, um eine ausreichende Fixkostendeckung zu realisieren und darüber hinaus einen größtmöglichen Gewinn zu gewährleisten.

Die Fixkosten werden so erfaßt und abgebildet, wie sie für einzelne Ressourcenbereiche geplant und disponiert wurden. Heute ist man in der Lage, auch solche **Fixkostenobligos** differenzierend zu dokumentieren. Dies geschieht, um dem Management die von ihm jeweils selbst disponierte **Kostenremanenz** zu verdeutlichen. Doch haben sich die Befürworter der Deckungsbeitragsrechnung mit der **strategischen Steuerung fixer Kosten** nicht vorrangig beschäftigt. Im Vergleich dazu hatte die **differenzierende Steuerung des Deckungsbeitragsvolumens** zweifelsfrei Priorität.

4 **Riebel, P.**: Die Preiskalkulation auf Grundlage von Selbstkosten... **(1964)**, S. 549-612.

5. Marktpreis- und rentabiltitätsorientiertes Zielkostenmanagement

Neuerdings fordern auch die Befürworter des **Target Costing**[5] eine prinzipiell vom Marktpreis und von der angestrebten Rentabilität ausgehende Kostenpolitik. Nach dem Denkansatz des **Zielkostenmanagements** sind den retrograd kalkulierten markt- und rentabilitätskonformen Kosten die progressiv kalkulierten Produktkosten der aktuellen Technologie und Fertigungsstruktur gegenüberzustellen, wie das in **Abbildung 5-1** enthaltene Schema mit seinen Zahlenangaben erklärt. Dem liegt allerdings ein anderes Kosten- und Erfolgsverständnis zugrunde. Das Target Costing operiert mit **vollkostenrechnerisch ermittelten Produktkosten** und erfaßt die Rentabilität demzufolge als **umsatzbezogenes Nettoergebnis**. Insofern hat es mit der Deckungsbeitragsrechnung zunächst nur die Marktpreisorientierung gemeinsam. Den Unternehmenserfolg erklärt es nicht als Überschuß der Deckungsbeiträge über die Fixkosten, sondern als die Summe der Nettoergebnisse aller Produktarten. So gesehen greift das Target Costing zwar die methodische Grundausrichtung traditioneller Kalkulationskonzepte wieder auf, doch stellt es die Produktkostenkalkulation erklärtermaßen nicht in den Dienst der Preiskalkulation und Preispolitik, sondern - und dies ist bedeutsam - ausdrücklich und besonders vorrangig in den Dienst einer vom Marktpreis ausgehenden **produkt-, prozeß- und ressourcenorientierten Kostenpolitik**. Diese andersartige Ausrichtung und Zwecksetzung dürfen vergleichende Konzeptbeurteilungen nicht außer acht lassen.

Je weniger das Expertenwissen, die Entwicklungsergebnisse, die Ressourcen und die Fertigungsstruktur eines Unternehmens auf die spezifischen Erfordernisse gewollter Produktinnovationen ausgerichtet sind, desto größer ist die Wahrscheinlichkeit, daß die "drifting costs" der jeweils faktischen Gegebenheiten und Bedingungen (Technologien, Prozesse, Abläufe und Organisation) höher sind als die dem Preisniveau und dem Rentabilitätsstreben gemäßen, auf den Märkten über die Preise durchsetzbaren "allowable costs". In solchen Fällen müssen Konstrukteure Produktmodifikationen überdenken, die bei möglichst geringen Einbußen an Produktnutzen und Verkaufserlösen möglichst große Kostensenkungen versprechen: Vor allem die Produktkonfiguration, die Funktionalität einzelner Produktkomponenten, die Ausstattung der Erzeugnisse, das Eigen-Fremd-Verhältnis, Fertigungsverfahren, Produktionsabläufe, genutzte Technologien und der Materialeinsatz sind systematisch zu überprüfen. Das Analysieren solcher **Änderungen der Produktgestalt** verlangt unter Umständen **mehrfache Überarbeitungen der entwicklungs- und konstruktionsbegleitenden Produktkostenkalkulation**. Läßt sich die Kalkulationslücke zwischen "allowable costs" und "drifting costs" nicht schon zu Beginn der Produktions- und Vermarktungsphase schließen, sind unter gründlicher Beachtung von Erfahrungskurven- und Lernkurveneffekten Zielkosten in einem Niveau vorzugeben, das innerhalb des Produktlebenszyklus mengen- und zeitabhängig immer weiter so stark sinkt, daß über den gesamten

---

[5] Siehe dazu die Dissertation von **Seidenschwarz, W.**: Target Costing: Marktorientiertes Zielkostenmanagement... **(1993)**.

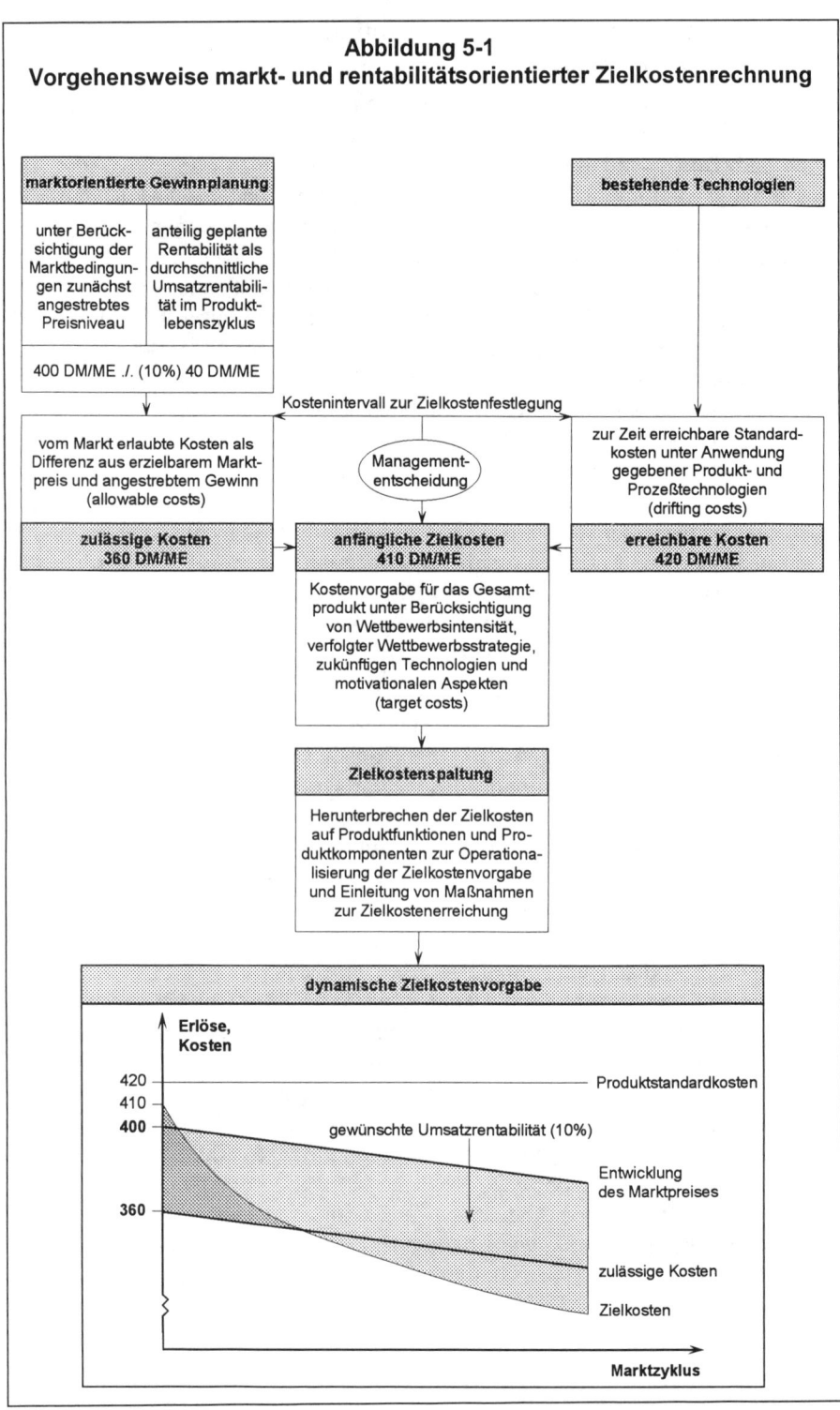

Abbildung 5-1
Vorgehensweise markt- und rentabilitätsorientierter Zielkostenrechnung

Lebenszyklus des Erzeugnisses hinweg die angestrebte Umsatzrentabilität tatsächlich erreicht wird. Derart **dynamisierte Zielkostenvorgaben** veranschaulicht die Graphik im unteren Teil der **Abbildung 5-1**.

Der Denkansatz des Target Costing steht in einer engen Beziehung zum **Cost Benchmarking**.[6] Das Benchmarking greift die Methodik zwischenbetrieblicher Vergleiche wieder auf. Es will eine wettbewerbsorientierte Unternehmenssteuerung organisatorisch festlegen, um zu erreichen, daß jeweils die weltweit besten Unternehmen ("best practice") als Maßstab zur Beurteilung der eigenen Leistungsfähigkeit herangezogen werden. Zur langfristigen Verbesserung von Effizienz und Effektivität sollen die unternehmenseigenen Prozesse, Verfahren und Strukturen permanent mit den "Besten der Besten" verglichen werden[7]. Grundanliegen des Benchmarking ist es, den Wettbewerb in das gesamte Unternehmen hineinzutragen. Auch für jene unternehmensinternen Prozesse und Ressourcen, die nicht in unmittelbarer Berührung mit dem Absatzmarkt stehen, sollen Wettbewerbssituationen geschaffen werden, wie etwa für dispositive und logistische Prozesse und für Serviceleistungen. Das Cost Benchmarking soll vor allem in gemeinkostenintensiven indirekten Bereichen Verbesserungspotentiale erschließen. Es kann sich daher - im Gegensatz zu traditionellen Betriebsvergleichen - nicht vorrangig und erst recht nicht ausschließlich auf publizierte Informationen stützen. Primär sind **prozeßorientierte Informationen über Kosten, Zeiten und Qualitäten** erforderlich, die sich für marktferne unternehmensinterne Bearbeitungsvorgänge und Dienstleistungen auch eher gewinnen lassen[8]. Auf ein stetiges Senken zielorientiert kalkulierter Produktkosten ausgerichtete Rationalisierungsvorgaben beschränken sich bei einem umfassenden Einsatz des Cost Benchmarking verständlicherweise nicht nur auf Materialkosten, Zulieferungskosten und die Kosten der eigenen Produktion. Vielmehr muß es auch um die permanente Rationalisierung fertigungsnaher Dienstleistungsbereiche (Arbeitsvorbereitung, Fertigungssteuerung, Materialwirtschaft, Einkauf und andere) gehen. Demzufolge müssen auch die Kosten dieser indirekten Bereiche differenziert in jene Produktkostenkalkulationen einbezogen werden, auf die sich das Target Costing stützt.

Wie bereits dargelegt, setzt das Target Costing - wie die Deckungsbeitragsrechnung - ebenfalls am Marktpreisniveau an und zielt in dieser Ausrichtung unter strikter Beachtung der jeweils unternehmensspezifisch angestrebten Rentabilität auf eine methodisch untermauerte Strategie der Kostensenkung ab. Allein schon wegen dieser Gemeinsamkeit des Denkansatzes und der Zielrichtung ist eine **wissenschaftliche Analyse der ansonsten bestehenden methodischen Unterschiede** erforderlich. Demgegenüber ist es nicht nur pauschal, sondern destruktiv und letztlich sicher nicht mit wissenschaftlicher Methodik vereinbar, den Befürwortern des Zielkostenmanagements vorzuwerfen, sie würden diesbezüglich nur infolge ihrer Verbindung mit Softwarehäusern "mit großer Emphase" unter

---

[6] Siehe dazu **Horváth, P. - Lamla, J.**: Cost Benchmarking... **(1995)**, S. 66-74; **Monden, J. - Hamada, K.**: Target Costing... **(1981)**, S. 16-34).

[7] Vgl. **Horváth, P. - Herter, R.**: Benchmarking... **(1992)**, S. 4 ff.).

[8] Vgl. dazu nochmals **Horváth, P. - Lamla, J.**: Cost-Benchmarking... **(1995)**, S. 66-74.

Verwendung englischer Termini "Modetrends" in Bewegung setzen und dabei nur "Schlagworte" herausstellen[9]. Wer sich in positiver Grundhaltung ernsthaft um kontinuierliche Verbesserungsprozesse für die Praxis bemüht, sollte das "Target Costing" keinesfalls ohne ins Detail gehende kritische Analyse als "Modetrend" abwertend verwerfen. Stattdessen sollte er sorgfältig prüfen, ob nicht dessen konzeptioneller Ansatz unter bestimmten Bedingungen doch über den Nutzwert der Deckungsbeitragsrechnung ergänzend hinausführen kann. Solche Fortschritte sind sicher möglich.

6. Prozeßkosteninformationen für das Produktkostenmanagement

Weniger komplexe Industriebetriebe des Mittelstands haben sicher eine gute Chance, das Instrumentarium der Deckungsbeitragsrechnung direkt für ein marktpreis- und rentabilitätsorientiertes Zielkostenmanagement zu nutzen. Sie sind vielfach erfreulicherweise noch so überschaubar, daß sie die Konsequenzen einer frühzeitigen Optimierung von Produktdeckungsbeiträgen gut beurteilen können. Komplexen industriellen Großunternehmen mit stark ausgeprägter, nicht selten immer noch primär funktionaler Arbeitsteilung gelingt dies meist nicht. Sie können eine langfristige Optimierung des Unternehmenserfolgs nicht einfach dadurch sicherstellen, daß sie den für die Entwicklung und Konstruktion neuer Erzeugnisse zuständigen Teams lediglich die Optimierung von Deckungsbeiträgen abverlangen. Für sie hat es sich - wie die Praxis belegt - durchaus als nützlich erwiesen, den Entwicklern und Konstrukteuren **Prozeßkosten als Richtwerte** vorzugeben und in die Produktkostenkalkulation einzubeziehen. Hinsichtlich dieser speziellen Verwendung sind **prozeßkostenrechnerische Informationen über Vorgänge der Qualitätssicherung, Fertigungssteuerung und Auftragsabwicklung sowie Prozeßkostenvorgaben für Entwicklungs- und Konstruktionstätigkeiten** durchaus von Wert[10], auch wenn es sich dabei wesensmäßig um nicht völlig unproblematische vollkostenrechnerische Richtgrößen handelt.

Freilich vermögen prozeßkostenrechnerische Kalküle nur abzubilden, welche Kosten anteilig auf einen einzelnen Prozeß entfallen, doch spiegelt die ausdrücklich auf Leistungen abstellende Prozeßkostenrechnung jene Kalkulationsresultate wider, die sich **bei einer konsequenten Anwendung des Prinzips der anteiligen Inanspruchnahme** für sämtliche Kalkulationsobjekte ergeben. Im Sinne solcher Richtwertvorgaben wird das Kostenmanagement etwa darüber informiert, welche Prozeßkosten für bestimmte repetitive Vorgänge der Entwicklung, Konstruktion und Fertigungsvorbereitung (so beispielsweise für den Aufbau von Stücklisten, für das Anlegen von Arbeitsplänen oder für Produktkostenkalkulationen) anteilig zu veranschlagen sind oder welche Prozeßkosten für die Abwicklung

---

[9] Vgl. diesbezüglich die unsachliche Kritik, die G. Laßmann anläßlich seiner Abschiedsvorlesung in Bochum vorgetragen hat: **Laßmann, G.**: Stand und Weiterentwicklung des Internen Rechnungswesen... **(1995)**, S. 29 f.

[10] Vgl. **Reichmann, T.**: Kosten- und Erfolgs-Controlling... **(1995)**, S. 12 f.

unterschiedlicher Typen von Kunden-, Fertigungs- und Bestellaufträgen anteilig quantifiziert wurden. Bei so vorgegebenen Prozeßkosten kann es sich verständlicherweise nicht um "verursachte Kosten" handeln. Doch können Prozeßkosten den Entwicklungs- und Konstruktionsteams zumindest annähernd jene Kostenveränderungen signalisieren, die auf lange Sicht zu erwarten sind, wenn sich bestimmte Prozeßvolumina erhöhen oder reduzieren. Ob Prozeßkostenniveaus in diesem Sinne tatsächlich über **langfristige Kostenreagibilitäten** informieren, hängt allerdings sehr stark davon ab, ob und inwieweit die Kosten der betrieblichen Ressourcen durch **quantitative Anpassungsmaßnahmen** an veränderte Prozeßvolumina angepaßt werden können. Speziell die besonders personalintensiven indirekten Bereiche können solche quantitative Anpassungen freilich am ehesten realisieren, sei es **durch gezielte Personalpolitik, durch Nutzung der natürlichen Fluktuation von Mitarbeitern, durch die Flexibilisierung von Arbeitszeiten, durch breitere Qualifizierung des Personals oder durch Umsetzungsmaßnahmen.** Es ist ein geradezu besonders vorrangiges Ziel der Prozeßkostenrechnung, das Kostenmanagement zu veranlassen, derartige Anpassungsprozesse frühzeitig einzuleiten. Allerdings kann diesbezüglich ein ausschließlich produktbezogenes Management wenig bewirken. Es kann selbst nur auf die Einsparung von Prozessen und auf das Reduzieren von Prozeßvolumina abzielen, doch muß parallel dazu das prozeß- und ressourcenbezogene Fixkostenmanagement dafür Sorge tragen, daß die Vermeidung unnötiger Prozesse letztlich auch zum Fixkostenabbau führt. Insofern sind produkt-, prozeß- und ressourcenbezogenes Kostenmanagement als konzeptionelle Einheit zu sehen.

Wenn den Produktentwicklern und -konstrukteuren prozeßkostenrechnerische Produktkostenkalkulationen präsentiert werden, sollen sie damit vor allem differenziert über **bewertete Ressourcenverbräuche** informiert und auf diese Weise dazu angeregt werden, gezielt die Volumina besonders kostenintensiver Prozesse zu reduzieren. Ihrem Sinn und Zweck nach so zu verstehende Prozeßkosteninformationen sind durchaus geeignet, schon im Rahmen der Entwicklung und Konstruktion industrieller Erzeugnisse das **Vermeiden von Ressourcenverschwendungen** anzustoßen. Wer wissenschaftlich verantwortlich urteilt, kann demzufolge ein prozeßkostenrechnerisches Zielkostenmanagement nicht einfach abwertend als "Modetrend" abtun.

Daß prozeßkostenrechnerischen Kalkülen die Problematik der Fixkostenproportionalisierung anhaftet, läßt sich nicht leugnen. Demnach ist der Wert von Prozeßkosteninformationen sicher vor allem dann begrenzt, wenn Fixkosten für relativ große Kapazitätsquanten auf lange Sicht disponiert werden. Lassen sich dagegen die **fixen Kosten größerer Leistungsbereiche, die aus zahlreichen Kapazitätsquanten bestehen,** kurzfristig wenigstens annähernd an schwankende Prozeßvolumina anpassen, sind Prozeßkosten das Resultat einer **Proportionalisierung sprunghaft variabler (sprungfixer) Kosten.** Die Praxis hat darüber zu befinden, ob die mit einer solchen Proportionalisierung sprunghaft variabler Kosten verbundene Vergröberung von Kosteninformationen unter gleichzeitiger Beachtung der damit verbundenen Vereinfachung als zweckmäßig erscheint. Wie schon zuvor ausgeführt, lassen sich in diesem Sinne sicher die **Personalkosten**

industrieller Dienstleistungsbereiche vielfach als zumindest auf längere Sicht volumenabhängige Prozeßkosten einstufen. So gesehen kann sich die Praxis beim Rechnen mit Prozeßkosten durchaus auch auf den Ansatz sprunghaft variabler Kosten beschränken, wenn sie für die verbleibenden, auch auf längere Sicht fixen Kosten anteilige "Deckungslasten" in anderer Form vorgibt. Die Befürworter der Prozeßkostenrechnung wollen allerdings diesen zweiten Weg soweit wie möglich vermeiden. Ihnen ist es ein Anliegen, das Kostenmanagement so weit wie möglich durch **Prozeßkostenvorgaben** anzuregen, die Kostenremanenz mit einem umfassenden Ansatz zu bekämpfen.

Ein hinsichtlich seiner Stoßrichtung so einzustufendes Zielkostenmanagement muß erklärtermaßen in frühen Phasen der Produktentwicklung ansetzen. Doch kann die Produktentwicklung Kostenlimits als "ökonomische Daumenschrauben" mit Hilfe "herkömmlicher Kostenrechnungsverfahren" nur begrenzt bestimmen, weil diesen Methoden der **konsequente Leistungs- bzw. Prozeßbezug** fehlt. Die Maschinenstundensatz- und die Systemstundensatzkalkulation konzentrieren sich auf den Produktionsbereich, Bezugsgrößen- und Vorgangskalkulationen führen darüber hinaus, durchgängig prozeßkonforme Gesamtlösungen bewirken eine konzeptionelle Abrundung. Insofern ist die prozeßkostenrechnerische Prozedur des Target Costing keinesfalls lediglich eine "angelsächsisch artikulierte Neuerung", die als "alter Wein" notwendigerweise "in alte Schläuche" zurückgefüllt werden sollte[11].

7. Methodik frühzeitiger Produktkostenkalkulationen

Die von der traditionellen Kostenrechnungsliteratur empfohlenen Kostenrechnungsmethoden stellen hauptsächlich auf die Phase der **Produktion und Vermarktung industrieller Erzeugnisse** ab. Insofern gehen sie von bereits konstruktiv festgelegten Erzeugnissen und deren Abbildung durch Stücklisten und durch Arbeitspläne aus. Dabei handelt es sich um ein Instrumentarium, das vorrangig auf das laufende **Produktionskostencontrolling** ausgerichtet ist, das der Steuerung der kosten- und auch erfolgsmäßigen Konsequenzen der Leistungserstellung und darüberhinaus auch der Leistungsverwertung dient. Durch **Plankalkulationen** sollen jene Parameter bereitgestellt werden, die als Meßlatten für **Nachkalkulationen** dienen und die Herstellkosten-Soll-Ist-Vergleiche ermöglichen sollen.

Der Produktions- und Vermarktungsphase gehen die Phasen des **Produktentwurfs,** der **Produktentwicklung** und **Produktkonstruktion** sowie die **Maßnahmen** zur **Vorbereitung der Produktionsprozesse** voraus. In leicht abweichender Terminologie unterteilt der Verein deutscher Ingenieure (VDI) die Phase der Produktkonstruktion in die Planungsphase, in der die Anforderungen an das zu fertigende Produkt festgelegt werden, die Konzipierungsphase, in der das Produkt in

---

[11] Vgl. diese irrige, keinesfalls fundiert vorgetragene Auffassung ebenfalls bei **Laßmann, G.**: Stand und Weiterentwicklung des Internen Rechnungswesens... **(1995)**, S. 36 f.

Teilfunktionen, für die alternative Lösungsprinzipien erarbeitet werden, aufgeglie-dert wird, die Entwurfsphase, in der die ausgewählten Lösungsprinzipien bis hin zu maßstäblichen Entwürfen verfeinert werden und die Ausarbeitungsphase, die den Kostruktionsprozeß mit der Fertigungsfreigabe abschließt.

Innerhalb der Einzelphasen der konstruktiven Ausreifung industrieller Erzeugnis-se bestehen die wesentlichen **kostenpolitischen Handlungsspielräume**, die mit fortschreitender Konkretisierung der Produktgestalt immer weiter abnehmen, weil neben der Gestalt der Produktkomponenten auch Eigen-Fremd-Relation, Produk-tionsverfahren, Fertigungsabläufe und einzelne Fertigungsvorgänge immer kon-kreter festgelegt werden. Auf dem von der Produktidee ausgehenden Weg, der über zunächst grobe Produktentwürfe zur Produktentwicklung und sodann zur Produktkonstruktion und letztendlich zur konkreten Vorbereitung der Produktion führt, geht es darum, die **Beziehung zwischen Produktnutzen, Produktgestalt, Produktfunktionalität, Produktpreis, Produkterlös und Produkterfolg** simul-tan zu optimieren, um für die Phase der Produktion und Vermarktung industrieller Erzeugnisse größtmögliche Erfolge sicherzustellen. Plankalkulationen für bereits konstruktiv festgelegte Erzeugnisse sind insofern nicht ausreichend, da die Ko-steninformationen nicht rechtzeitig zur Verfügung stehen. Techniker, Betriebs-wirte und Wirtschaftsinformatiker fordern deshalb in den letzten Jahren gemein-sam immer vehementer eine **entwicklungs- und konstruktionsbegleitende Produktkalkulation und Produkterfolgsrechnung.** Dabei geht es erstens um die Abbildung der Beziehungen zwischen Produktkosten und konstruktiv beding-ter Produktfunktionalität, zweitens um die Beziehung zwischen dieser Produkt-funktionalität und dem Spektrum des produktspezifischen Kundennutzens sowie drittens um die Abhängigkeit des Produkterfolges und demzufolge letztlich des Produkterlöses vom jeweils kundenspezifischen Produktnutzen. Die notwendige Optimierung dieses Gesamtzusammenhanges stellt abteilungsübergreifende Konstruktionsteams, an denen Kostenrechner und Controller zwingend mitwirken müssen, vor neue Aufgaben. Dabei geht es nicht allein um eine Verbesserung der rein kostenrechnerischen Methoden. Vielmehr muß die Produktkostenkalku-lation mit einem **wertanalytischen Kostenmanagement** verbunden werden[12].

Produktspezifische Wertanalysen müssen vor allem den Kundennutzen von Erzeugniskomponenten und einzelnen Funktionalitäten komplexer Produkte auf-decken. Es geht darum, gründlich und nachhaltig die Nützlichkeit einzelner Be-standteile und Funktionen komplexer Industrieerzeugnisse detailliert zu analysie-ren und aufzuzeigen. Andererseits müssen durch solche Wertanalysen auch pauschale Kosteneinsparungen vermieden werden, die mit der Gefahr verbunden sind, daß eine Unternehmung durch übertriebene Kosteneinsparungen in eine „Innovationsfalle" gerät, aus der sie sich nur schwerlich wieder befreien kann. Die Analyse der Abhängigkeit des Verkaufserlöses vom Produktnutzen ist eine bedeutsame Aufgabe der marktorientierten Produktpolitik bzw. des produktspezi-fischen Marketings. Aus all diesen Gründen ist eine enge Abstimmung von Zielen und Denkmustern erforderlich, vor allem eine organisatorische Integration aller an

---

[12] Siehe zu dieser Forderung **Jehle, E.**: Wertanalyse und Kostenmanagement... **(1995)**, S. 145 ff.

der Entwicklung neuer Erzeugnisse beteiligten Unternehmensbereiche und zwar jeweils über den gesamten Produktlebenszyklus hinweg.

Zur methodischen Unterstützung frühzeitiger Produktkalkulationen und Produkterfolgsrechnungen erarbeiteten Betriebswirte, Techniker und Wirtschaftsinformatiker während der zurückliegenden Jahre verschiedene Ansätze und Methodiken, die allesamt auf eine innovations- und konstruktionsbegleitende Kosten- und Erfolgsoptimierung abzielen, die bereits dann beginnt, wenn **Produktideen** konkrete Gestalt annehmen. Solange lediglich alternative **Produktentwürfe** verglichen und bewertet werden, lassen sich nur von globalen Produktmerkmalen ausgehende **Grobkalkulationen** erstellen, die auch **Schätzkalkulationen** genannt werden. Ein anschauliches Beispiel hierfür sind die in der Bauindustrie üblichen Kalkulationen, die vom Typ des zu bauenden Objektes, von dessen Standard sowie vom Volumen des umbauten Raumes und von ähnlichen grundlegenden Objektmerkmalen ausgehen. Analog dazu stellt die Literatur für nicht allzu komplexe Erzeugnisse die sogenannte **Kilogramm-Kosten-Methode** als einfaches Kalkulationsverfahren heraus. Derartige Grobkalkulationen unterscheiden weder nach einzelnen Produktmodulen noch nach einzelnen Kalkulationspositionen, wie etwa Materialkosten, Fertigungskosten, Werkzeugkosten u. dgl. Sie sehen nur eine **summarische Veranschlagung der Herstellkosten** vor und basieren auf statistisch erhobenen, in geeigneter Form aufbereiteten, ständig zu aktualisierenden Erfahrungswerten.

Für die Optimierung von Produktkosten und Produkterfolgen in der **Entwicklungs- und Konstruktionsphase** reichen grobe Schätzkalkulationen nicht aus. Sie sind nicht geeignet, die kostenmäßigen Konsequenzen konstruktiver Alternativen hinreichend genau aufzuzeigen. Demzufolge sind in zweifacher Hinsicht Differenzierungen geboten. Einerseits kommen die Konstruktionsteams nicht umhin, eine **modulare Produktkostenkalkulation** durchzuführen, die zumindest auf Baugruppen und möglicherweise darüberhinaus auf einzelne Bauelemente abstellt. Andererseits müssen sie die einzelnen Komponenten der Herstellkosten getrennt kalkulieren und insofern zumindest **Materialkosten, Fertigungskosten, Fremdleistungskosten, Werkzeugkosten und Prozeßkosten der Fertigung** unterscheiden. Von diesen Kalkulationspositionen spielen ohne Zweifel die Materialkosten und die Fertigungskosten die entscheidene Rolle.

Modulare Produktkostenkalkulationen werden vielfach auch als **Ähnlichkeitskalkulationen** bezeichnet, weil sie von den differenziert kalkulierten Herstellkosten von Standardvarianten ausgehen und im Verhältnis dazu die Kosten neuer Produktvarianten kalkulieren und simulieren. Mitunter divergieren derart neue Produktvarianten von den Standardvarianten nur hinsichtlich einzelner unterschiedlicher oder zusätzlicher Produktmodule oder nur bezüglich einzelner Fertigungsvorgänge.

Um für eine solche von Produktmodulen ausgehende Ähnlichkeitskalkulation ein einfaches und somit anschauliches **Beispiel** zu geben, läßt sich etwa für ein Unternehmen der Bekleidungsindustrie, das Damenblusen herstellt, folgende Kalkulationsmethodik beschreiben: Den **Stoffverbrauch** wird ein solcher Betrieb ausgehend vom geplanten Größensortiment für den kompletten Artikel erfassen, weil sämtliche Teile (wie Vorderteile und Knopfleiste, Rücken, Kragen, Ärmel, Manschetten und Taschen) normalerweise unter bestmöglicher Ausnutzung der Stoffbreite in mehreren Lagen übereinander gemeinsam zugeschnitten werden. In Materialpreisdateien sind die Standardpreise für verschiedene Stoffgruppen unter Differenzierung nach Qualitäten, Mustern, Farbzahl und Ausrüstung festgehalten. Der **Verbrauch an Zubehör** (Accessoires wie Knöpfe, Reißverschlüsse, Stickmuster und andere Applikationen) ergibt sich aus dem Produktdesign. Der Verbrauch an Garnen läßt sich regelmäßig als lineare Funktion der Nähzeiten erfassen. Ähnliches gilt für andere Hilfsstoffe. **Planzeiten für den Zuschnitt** sind in Betrieben der Bekleidungsindustrie meist in Abhängigkeit von der Größe der zuzuschneidenden Lage dokumentiert. Beim Veranschlagen von **Planzeiten für die Näharbeiten** kann häufig auf produkttypspezifische Erfahrungswerte zurückgegriffen werden. Für das Bügeln der Fertigerzeugnisse existieren wiederum artikelspezifische Planzeiten für Handarbeit einerseits und das Einsetzen von Bügelautomaten (Pressen) andererseits. Sobald sich die Produktgestalt konkretisiert, greifen die Kalkulatoren auf **teilspezifische Planzeitdaten** zurück. Diese unterscheiden insbesondere nach Größen (beispielsweise bei aufzunähenden Taschen) und nach Ausführungsvarianten (etwa für Manschetten, Kragen, Verschlußformen und dgl.). Wurde die Aufnahme eines neuen Artikels in die Kollektion beschlossen, können **Zeitstudien anläßlich der Musterfertigung** die zuvor veranschlagten Fertigungszeiten präzisieren.

Für den methodischen Aufbau von **modularen Variantenkalkulationen** ist entscheidend, ob die die Produktvariante charakterisierende Merkmalsausprägung **kontinuierlich** oder nur **diskret** variiert werden kann. Eine Vielzahl von Produktmerkmalen läßt sich kontinuierlich variieren (wie etwa Volumen, Größe, der Durchmesser von Bohrungen, Wandstärken u. dgl.). Die Abhängigkeit der Materialkosten und/oder Fertigungskosten bzw. der Herstellkosten solcher Produktvarianten von der jeweiligen Variation der Merkmalsausprägung läßt sich durch **Kostenfunktionen** abbilden. Dies setzt zunächst Annahmen über den jeweils relevanten **Grundtyp der Kostenfunktion** voraus. Dabei kann es sich um lineare, aber auch um progressive Kostenverläufe handeln. Mitunter ist man gezwungen, diese Kostenabhängigkeiten zunächst durch Regressionsanalysen festzustellen. Insofern spricht man abstellend auf diese Methodik auch von **Regressionskalkulationen**. Neuerdings ist die Wirtschaftsinformatik auch in der Lage mit Hilfe „neuronaler Netze" kalkulationsrelevante Kostenbeziehungen aufzudecken. Neuronale Netze können zwischen den Merkmalsausprägungen des zu kalkulierenden Produktes und den gesuchten Kosten auf der Basis von Kalkulationen bereits fertiggestellter Produkte einen nicht bekannten algorithmischen Zusammenhang herstellen und so die Produktkosten bereits in frühen Phasen des Konstruktionsprozesses ermitteln. **Wissensbasierte Systeme** dagegen werden meist im Sinne eines Konstruktionsberaters eingesetzt. In ihrer Wissensbasis enthalten sie Experten- und Erfahrungswissen über kostenrelevante Produktmerkmale, Kostenwirkungen von Parameteränderungen und die Einsetzbarkeit verschiedener

Kalkulationsverfahren und können damit die konstruktive Festlegung von Produktmerkmalen einerseits und die Kalkulation andererseits aktiv unterstützen.

Für die Kalkulation der Materialkosten, Fertigungskosten und letztendlich der Herstellkosten diskret abgestufter Produktvarianten empfehlen sich vor allem **Relativkostenkataloge**. Diese werden im Rahmen dieses Bandes in einem eigenständigen Beitrag behandelt.

8. Bedeutsame Kalkulationspositionen und Kostenkategorien

Das Reduzieren der Produktions- und Dienstleistungstiefe erhöht die Genauigkeit frühzeitiger Produktkostenkalkulationen und macht diese zugleich transparenter. Denn das Verstärken der Kooperation mit Zulieferernetzwerken und Dienstleistern hat zur Folge, daß der Anteil der **Materialeinzelkosten** an den gesamten Produktkosten steigt und daß auch immer mehr **Fremdleistungseinzelkosten** direkt objektspezifisch anfallen (z.B. Kosten der Anlieferung von Materialien, Kosten der Kommissionierung, Versandkosten, Distributionskosten). Doch steigt nicht nur die relative Höhe der Kostenträgereinzelkosten. Es verschiebt sich auch deren Struktur und Zusammensetzung. Während **Fertigungseinzelkosten** infolge der fortschreitenden Automatisierung und wegen der Änderung der Entlohnungsformen deutlich an Bedeutung verlieren, fällt - wie schon erwähnt - ein immer breiter werdendes Spektrum an Fremdleistungseinzelkosten an, nicht zuletzt auch für ausgegliederte Fertigungsvorgänge, die in Lohnarbeit bewältigt werden. Speziell in Unternehmen mit großer Produkt-, Varianten- und Kundenvielfalt spielen **Sondereinzelkosten der Fertigung und des Vertriebs** nach wie vor eine große Rolle. Bei reduzierter Fertigungstiefe machen die Fertigungskosten einen immer kleineren Anteil an den Gesamtkosten eines Erzeugnisses aus. Im Verhältnis dazu werden **Vorleistungskosten, Nachleistungskosten** und darüber hinaus die **Kosten der unmittelbar produktionsbegleitenden Prozesse** immer gewichtiger. So gesehen kommen zu den regelmäßig über Stundensätze kalkulierten **Fertigungskosten** immer weiter steigende Prozeßkosten hinzu. Deshalb ist das frühzeitige Kostenmanagement auch vorrangig als Prozeßkostenmanagement auszurichten.

Prozeßkostenrechnerisch erweiterte Produktkostenkalkulationen müssen danach differenzieren, ob die Kosten produktspezifischer Prozesse volumenabhängig, auftragszahlabhängig, periodenbezogen oder - wie Vorleistungs- und Nachleistungskosten - **lebenszyklusbezogen** (einmalig für den gesamten Produktlebenszyklus) anfallen. **Volumenabhängig** entstehen neben den eigentlichen Produktionskosten vor allem die Prozeßkosten der Qualitätsprüfung und der Logistik. Die Prozeßkosten der Abwicklung von Bestell-, Fertigungs- und Kundenaufträgen sind zwar **volumeninduziert**, wie sie aber tatsächlich mit dem Bereitstellungs-, Produktions- und Absatzvolumen variieren, hängt allerdings von der jeweiligen Entwicklung der Auftragsgrößen (Lose) ab. Zu den **periodenbezogen anfallenden Prozeßkosten** zählen vornehmlich die Kosten des Kundendienstes und der Lieferantenbetreuung. Zu den einmalig für den gesamten Lebenszyklus anfallenden **Vorleistungskosten** gehören insbesondere die Kosten der Forschung, Entwicklung, Konstruktion und Fertigungsvorbereitung. **Nachleistungskosten** fallen insbesondere deshalb an, weil zum Ende des Produktlebenszyklus nicht mehr benötigte Technologien entsorgt werden müssen. Gelingt anstelle der Verschrottung von Altanlagen ein echtes Recycling, werden Nachleistungskosten zu einem Teil sogar durch Verwertungserlöse kompensiert.

Bislang werden **Vor- und Nachleistungskosten** von den meisten Unternehmen jeweils zu Lasten der Perioden verrechnet, in denen sie anfallen. Das hat zur Folge, daß diese Kategorie von Gemeinkosten regelmäßig solche Produkte belastet, die diesen Kostenanfall mit Sicherheit nicht ausgelöst haben. Dadurch wird nicht nur die Aussagefähigkeit von Produktkostenkalkulationen beeinträchtigt, vielmehr werden auch falsche Periodenergebnisse ausgewiesen. Mit dem Anstieg der Vor- und Nachleistungskosten nimmt das Ausmaß solcher Verfälschungen der Kosten- und Ergebnisstrukturen zu. Dieser nachteilige Effekt läßt sich nur dadurch vermeiden, daß man Vorleistungskosten (Vorlaufkosten) einerseits und Nachleistungskosten (Nachlaufkosten) andererseits produktlebenszyklusbezogen als **zwei eigenständige Kostenkategorien** separat erfaßt und demzufolge auch getrennt kalkuliert.

Bedingt durch den verschärften Innovationswettbewerb sind die Kosten der Entwicklung, Konstruktion und Fertigungsvorbereitung in vielen Industriezweigen während der unmittelbar zurückliegenden Jahre nachhaltig angestiegen. Deshalb müssen solche Vorleistungskosten durch **produktbezogene Projektkostenrechnungen** exakt erfaßt werden. Dies ist eine Grundvoraussetzung exakter Produktkostenkalkulationen. Um solche Kosten auf die über den gesamten Produktlebenszyklus hinweg insgesamt produzierten und letztlich abgesetzten Mengen umrechnen zu können, benötigt man aussagefähige **Umsatzentwicklungsprognosen**.

9. Dynamische Zielkostenvorgaben und Kaizen Costing

Produktkostenkalkulationen müssen auch die zeitliche Entwicklung periodenbezogener, auftragsgrößenabhängiger und volumenabhängiger Prozeßkosten möglichst genau erfassen. Wie an anderer Stelle schon kurz angedeutet, müssen unter Beachtung von **Erfahrungs- und Lernkurveneffekten** Jahr für Jahr zusätzlich erschließbare Kostensenkungspotentiale durch **dynamische Zielkostenvorgaben** festgehalten werden. Diesbezüglich greift man in letzter Zeit vor allem konzeptionelle Weiterentwicklungen japanischer Unternehmen auf, die als **Kaizen Costing** präsentiert werden[13]. Die Kaizen-Philosophie zielt auf **permanente, kontinuierlich fortschreitende, langfristig andauernde Verbesserungsprozesse** ab, die durch **kooperative Teamarbeit in kleinen Schritten** vor allem für die **menschliche Arbeit** zu realisieren sind. Das Kaizen Costing formuliert außerhalb des konventionellen Budgetierungssystems Verbesserungsziele für über-

---

[13] Vgl. diesbezüglich **Horváth, P. - Lamla, J.**: Cost-Benchmarking... **(1995)**, S. 76-84.

greifende Geschäftsprozesse und leitet aus dieser Zielsetzung Maßnahmenpläne für die operative Ebene ab. Das Management steuert die Mitarbeiter nicht direkt ergebnisorientiert durch Budgetvorgaben, sondern durch das Aufzeigen von Wegen zur Kostenreduzierung, ergänzt durch grobe Abschätzungen von Kosteneffekten. Zielerreichungsgrade werden vorrangig durch Kennzahlen abgebildet.

10. Lebenszyklusrechnungen und periodische Ergebnissteuerung

Die vorausgehenden Ausführungen belegen, daß ein prozeßkostenrechnerisches Zielkostenmanagement nur dann erfolgreich sein kann, wenn das Rechnungswesen die Kostenstruktur der Produktlebenszyklen jeweils exakt erfaßt und dokumentiert[14]. Denn Entwicklungsteams müssen schon sehr frühzeitig Produktlebenszyklusergebnisse prognostizieren, planen und steuern. Demnach sind **Produktlebenszyklusrechnungen**[15] erforderlich, die das Zustandekommen von Produkterfolgen abbilden. Dabei handelt es sich um **Amortisationsrechnungen**, die von den aus der Produktion und Vermarktung von Erzeugnissen resultierenden Deckungsbeiträgen ausgehen, über den gesamten Produktlebenszyklus Periodenbeiträge kumulieren und den einmalig anfallenden Vorleistungs- und Nachleistungskosten gegenüberstellen. Sie behandeln Produkte oder sogar Produktionsprogramme so als wären es Investitionen. Solche Kalküle sollen periodenbezogene Kosten-, Erlös- und Ergebnisrechnungen nicht ablösen, sondern nur ergänzen. Denn für die rentabilitätsorientierte Unternehmensführung ist eine Orientierung an Periodenerfolgen unabdingbar, nicht zuletzt wegen des ausdrücklichen Periodenbezugs des externen Rechnungswesens, zu dem die Grundausrichtung des internenen Rechnungswesens nicht konträr sein darf. Das Planen, Überwachen und Steuern von Monats- und Jahresergebnissen ist insofern nicht verzichtbar.

Periodische Betriebsergebnisrechnungen sollten sich auf jene Differenzierungen beschränken, die für eine **erfolgsorientierte Steuerung der Produktion und des Absatzes** wesentlich sind. Sie sollten sich auf jene Parameter konzentrieren, die das auf die Produktion und Vermarktung von Erzeugnissen abstellende Ergebniscontrolling tatsächlich beeinflussen kann. Daraus folgt, daß die für das frühzeitige Produktkostenmanagement bereitgestellten Kostenkalkulationen nicht zwingend auch für das periodenbezogene Kosten- und Ergebniscontrolling relevant sind. Wer Erfahrungskurveneffekte, Lernkurveneffekte und die Ergebnisse kontinuierlicher Verbesserungsprozesse überwachen will, ist keinesfalls gezwungen, die laufende Kosten-, Erlös- und Ergebnisrechnung weiter zu verfeinern. Er kann diese Kostenentwicklungen statistisch erfassen und durch Kennzahlensysteme abbilden. Unter Beachtung dieser Istdaten sollten prozeßkostenrechnerische Produktkostenkalkulationen innerhalb des Produktlebenszyklus von Zeit zu

---

[14] Siehe auch **Berliner, C. - Brimson, J. A.**: Cost-Management... (**1988**), S. 139 ff.

[15] Siehe zu dieser Thematik die Dissertation von **Zehbold, C.**: Lebenszykluskostenrechnung... (**1995**).

Zeit wiederholt werden. Hierfür reicht das Festlegen größerer Intervalle grundsätzlich aus.

Die laufend (Monat für Monat) produzierten und abgesetzten Mengen müssen nicht in der Differenzierung kalkuliert und abgerechnet werden, die für den Aufbau von Produktkostenkalkulationen für das frühzeitige Kostenmanagement geboten ist. Ganz abgesehen davon sollten kurzfristige Erfolgsrechnungen nicht dem auf die strategische Kostenpolitik ausgerichteten Konzept der Prozeßkostenrechnung folgen, sondern als **Deckungsbeitragsrechnungen mit stufenweiser Fixkostendeckung** aufgebaut werden. Dies macht **Parallelkalkulationen** erforderlich.

Die Deckungsbeiträge der einzelnen Produktarten eines Unternehmens können bereits in der Entwicklungs- und Konstruktionsphase parallel zur prozeßkostenrechnerischen Produktkostenkalkulation bestimmt werden, vor allem dann, wenn neben einer exakten Erfassung aller Kostenträgereinzelkosten auch eine differenzierende Dokumentation der Kosten unterschiedlicher Prozeßtypen sichergestellt ist. Im Sinne des Target Costing müssen ohnehin **Standardsätze für Erlösschmälerungen** berechnet werden, damit ausgehend von den Marktpreisen die jeweiligen **Nettoerlöse der Erzeugnisarten** quantifiziert werden können. Zieht man vom Nettoerlös nicht nur die Kostenträgereinzelkosten, sondern auch nachweislich volumenproportionale Prozeßkosten ab, gelangt man rechnerisch auf unkomplizierte Weise zum Deckungsbeitrag. Das setzt allerdings eine stringente Definition volumenabhängiger Prozeßkosten voraus. Außerdem ist eine **Parallelkalkulation der proportionalen Fertigungskosten** notwendig. **Auftragszahlabhängige Prozeßkosten** lassen sich nur dann unproblematisch in retrograde Deckungsbeitragskalkulationen einbeziehen, wenn diese nur **volumeninduzierten Kosten** letztlich doch **volumenabhängig** anfallen, davon kann man dann ausgehen, wenn die Auftragsgrößenstruktur über das Jahr hinweg zumindest annähernd konstant bleibt.

Auf die periodenbezogene Ergebnissteuerung ausgerichtete Deckungsbeitragsrechnungen gehen von jenen **volumenabhängigen Standardkosten** aus, die sich nach Abschluß der Produktentwicklung und -konstruktion auf Basis von Stücklisten, Rezepturen und Arbeitsplänen relativ genau quantifizieren lassen. Innerhalb eines Geschäftsjahres rechnen zumindest Standardartikelhersteller die von ihnen produzierten und abgesetzten Mengen mit ihren **Standard-Deckungsbeiträgen** ab, doch werden auch solche Betriebe die Standard-Deckungsbeiträge ihrer verschiedenartigen Erzeugnisse zumindest im Jahresturnus neu berechnen, um ihr Ergebniscontrolling zu aktualisieren.

Relativkosten-Kataloge für das konstruktionsbegleitende Kostenmangement

1. Begriff, Wesen und Bedeutung von Relativkosten-Katalogen

Bekanntlich legen Konstrukteure schon frühzeitig einen Großteil jener Kosten fest, die während der Produktions- und Vermarktungsperiode letztlich für die Herstellung und den Vertrieb neu geschaffener Industrieerzeugnisse anfallen. Die Konstruktion determiniert nicht nur die sich aus der physischen Produktkonfiguration ergebenden **Materialkosten**, sondern auch die **Fertigungskosten**, die Werkzeugkosten und **Fremdleistungskosten** und darüber hinaus nicht zuletzt auch anläßlich der Herstellung und der Distribution produktspezifisch anfallende **Prozeßkosten**. Der Konstrukteur sollte die ihm zugänglichen kostenpolitischen Spielräume umfassend erkennen können, damit er die kostenmäßigen Konsequenzen seines Wirkens abschätzen und davon ausgehend **Kostensenkungsmaßnahmen** sehr frühzeitig einleiten kann.

Allerdings sollte sich der Konstrukteur selbst primär auf seine Kernaufgabe konzentrieren. Von ihm kann daher nicht erwartet und verlangt werden, komplexe Kostenberechnungen und Kostenvergleiche durchzuführen. Die Optimierung industrieller Erzeugnisse unter gleichzeitiger Berücksichtigung von Kostenaspekten ist deshalb ein Aufgabenkomplex, der von einem Team zu bewältigen ist, dem - neben den eigentlichen Konstrukteuren - auch Experten der Qualitätssicherung und der Fertigungsvorbereitung sowie Fachleute des Marketing und auch des Controlling angehören sollten. Zur Unterstützung der Kooperation innerhalb solcher Teams sind **zielsichere Kosteninformationen** erforderlich. Konstruktionsteams benötigen ein **leicht handhabbares, zuverlässiges und sie permanent motivierendes Instrumentarium zur schnellen Beurteilung der kostenmäßigen Konsequenzen alternativer Problemlösungen.** Solche Kosteninformationen müssen sich auf die konstruktive Detailebene beziehen, auf die die kostenwirksamen Entscheidungen der Produktgestaltungen abstellen. Speziell für sich gegenseitig ausschließende technisch-wirtschaftliche Konstruktions-Alternativen sind **direkt vergleichbare Kostenangaben** aufzubereiten. Die Bereitstellung solcher Informationen ist die Hauptaufgabe von Relativkosten-Katalogen.

DIN 32990 definiert Relativkosten als **"auf eine oder mehrere Bezugsgrößen bezogene Kosten eines Kalkulationsobjektes, relativiert auf die in gleicher Weise bezogenen Kosten eines Vergleichsobjektes"**[1]. Relativkosten sind demnach Bewertungszahlen für den kostenrechnerischen Vergleich konstruktiver Problemlösungsalternativen. Als **Verhältniszahlen** (Relativwerte) informieren Sie über die Kosten einer Konstruktionsalternative in Beziehung zu einer anderen Konstruktionsalternative.

---

[1] DIN 32990 1989, Nr. 41, S. 5.

Ferner regelt DIN 32990: "Ein Relativkosten-Katalog ist eine Zusammenstellung von Relativkosten-Blättern nach bestimmten Ordnungskriterien. Ein Relativkosten-Katalog enthält auch **Regeln zum Erstellen, Überarbeiten und Handhaben von Relativkosten-Zahlen.** Ein Relativkosten-Blatt (RK-Blatt) ist die textlich und grafisch aufbereitete Darstellung von Relativkosten-Zahlen für einen bestimmten, abgegrenzten Anwendungsfall. Die **Relativkosten-Zahl** ist der Quotient, gebildet aus den auf eine oder mehrere Bezugsgrößen bezogenen Kosten des zu untersuchenden Kalkulationsobjektes als Dividend und den in gleicher Weise bezogenen Kosten des Vergleichs- oder Bezugsobjektes als Divisor"[2].

In Relativkosten-Katalogen zusammengestellte Relativkosten können sich auf unterschiedliche **Relativkosten-Objekte** beziehen, so etwa auf Subsysteme, Baugruppen, Einzelteile, Verbindungselemente oder auch auf Fertigungsverfahren. Auf der sachlogischen Ebene der Einzelteile können **Halbzeuge und Werkstoffe, Normteile und Kaufteile, aber auch Formelemente, Schraubverbindungen** u. dgl. Relativkosten-Objekte darstellen. Grundsätzlich kommen diesbezüglich als Relativkosten-Objekte **alle konstruktiven Alternativen** in Betracht, vor allem jene, die sehr kostenintensiv sind, für die es vielfältige alternative Lösungsvarianten gibt, die sich ihrerseits kostenmäßig stark unterscheiden. Nach Ehrlenspiel sind bedeutsame Auswahlkriterien für Relativkosten-Objekte vor allem die **Häufigkeit des Vorhandenseins in verschiedenen Produkttypen,** die **Relevanz technisch zumindest annähernd gleichwertiger Alternativlösungen,** die **Variantenzahl** und die **Kostenintensität,** darüber hinaus neben der betriebsspezifischen auch die überbetriebliche (z.B. konzernweite) **Verwendbarkeit** der Relativkosten-Informationen[3]. Relevante Parameter sind diesbezüglich jene kostenbeeinflussenden Bezugsgrößen, die im Rahmen der Konstruktionsarbeit durch Wahlentscheidungen veränderbar sind, die demzufolge kostenpolitisch beeinflußt werden können[4]. Relativkosten-Informationen wird man demnach vor allem für solche Objekte bereitstellen, die hinsichtlich der Strategie der konstruktionsbegleitenden Kostensenkung besonders vielversprechend erscheinen. In diesem Sinn sind Relativkosten-Kataloge vor allem eine bedeutsame Informationsbasis zur **Vermeidung eines produktspezifischen Overengineerings.**

Für die Entwicklung von Relativkosten-Katalogen war unter anderem die Erkenntnis ausschlaggebend, daß sich für zahlreiche gängige Fertigungsmaterialien und Fertigungsvorgänge die **Kostenrelationen** über einige Zeit hinweg wesentlich weniger änderten als die **Absolutwerte der Kosten.** Demnach erschien es möglich, Relativkosten-Angaben zu erarbeiten, die auch bei verändertem Preisniveau ihre Aussagekraft behielten. Man bezog solche Relativkosten-Angaben teilweise auf Walzstahl USt 37-2, wählte also dieses häufig verwandte Fertigungsmaterial als Kostenbasis (Bezugsobjekt) und legte hierfür die Relativkosten-Zahl 1,0 fest. Die Erwartung, mit Hilfe solcher Relativkosten-Kalkulationen längerfristig **überbetriebliche Vergleiche** unterstützen zu können, wurde aber durch strukturelle Ein-

---

[2] DIN 32990 1989, Nr. 42-44, S. 5.
[3] Vgl. **Ehrlenspiel, K.**: Kostengünstig Konstruieren... **(1985)**, S. 272.
[4] Siehe **Schuppar, H.**: Rechnergestützte Erstellung und Aktualisierung... **(1977)**, S. 17.

zelentwicklungen bei verschiedenen Grundstoffen (Öl, Aluminium, Kupfer und auch Walzstahl) relativ schnell getrübt[5].

2. Erstellung von Relativkosten-Katalogen

Wenn viele Unternehmen in Relativkosten-Katalogen jeweils die **vollen Herstellkosten** konstruktionsrelevanter Problemlösungen festhalten, wollen sie damit lediglich die **prinzipiell auf lange Sicht (über den gesamten Produktlebenszyklus hinweg) beeinflußbaren Kosten** aufdecken, mithin also jenes Kostenniveau, das auf längere Sicht auch unter Nutzung **quantitativer Anpassungsprozesse** kostenpolitischen Strategien zugänglich ist. Man ist sich bei der vollkostenrechnerischen Auslegung von Relativkosten-Katalogen voll und ganz bewußt, daß die so konkretisierten vollen Herstellkosten nicht jene Kostenbeträge widerspiegeln, die in vollem Umfang kurzfristig beeinflußbar sind. Auf eine solche kurzfristige Kostenbeeinflussung ist aber das kostenpolitische Grundanliegen von Konstruktionsteams, die eher dem **strategischen Kostenmanagement** verpflichtet sind, auch nicht vorrangig ausgerichtet.

Relativkosten-Kataloge stellen - wie schon dargelegt - insbesondere auf konstruktive Problemlösungsalternativen ab, die wiederkehrend zur Diskussion stehen. Es geht um die Kalkulation der Kosten alternativer Werkstofftypen, Größen-, Ausführungs- und Oberflächenvarianten, um technisch unterschiedliche Verbindungselemente und um ähnliche Relativkosten-Objekte. Diesbezüglich liegen häufig schon Erfahrungen und **Kostenunterlagen (wie Stücklisten, Arbeitspläne, Planzeiten und Plankostensätze)** vor. Möglicherweise kann man beim Aufbau systematischer Relativkosten-Kataloge sogar auf **Herstellkostenkalkulationen** zurückgreifen. Ausgehend von diesem Erfahrungspotential sind zunächst die für das jeweilige **Bezugsobjekt** relevanten Herstellkosten zu analysieren und letztlich neu zu kalkulieren. Als Bezugsobjekt gilt meist jene technische Problemlösung, die besonders häufig gewählt werden muß und die insofern als **Standardversion** gelten kann. Im Verhältnis dazu gelten alternative technische Problemlösungen als **Vergleichsobjekte**. Durch Relativzahlen, bei denen es sich wesensmäßig um **Äquivalenzziffern** handelt, bringen Relativkosten-Kataloge zum Ausdruck, wie sich die Kosten der jeweils relevanten Vergleichsobjekte von den Kosten der Bezugsobjekte unterscheiden. Ins Detail gehende Relativkosten-Kataloge differenzieren diesbezüglich nach einzelnen **Kalkulationspositionen**. Sie folgen dabei den üblichen Kalkulationsschemata und unterscheiden demnach vor allem **Materialkosten, Fremdleistungskosten und Fertigungskosten**, darüber hinaus erforderlichenfalls auch **Werkzeugkosten sowie Prozeßkosten**, soweit diese in die Herstellkosten einzubeziehen sind. Durch geeignete **Kostenanalysen** muß festgestellt werden, wie und inwieweit sich die Herstellkosten der jeweiligen Vergleichsobjekte von den einzelnen Komponenten der Herstellkosten des jeweiligen Bezugsobjektes abheben.

---

5 Dies berichtet **Bronner, A.**: Entwicklungs- und konstruktionsbegleitende Kalkulation... (**1993**), S. 371.

Die vorrangig von Ingenieuren geschriebenen Fachbeiträge weisen vor allem nachdrücklich darauf hin, daß eine differenzierende Kalkulation der Relativkosten nicht allein der Genauigkeit wegen geboten ist, sondern auch wegen der notwendigen **Aktualisierbarkeit**. Verlangt wird vor allem, daß **Materialkosten, Bearbeitungskosten und Zusammenbaukosten** getrennt zu kalkulieren sind, dies übrigens auch in dem Bestreben, Relativkosten an unternehmensspezifische Bedingungskonstellationen leicht anpassen zu können[6]. Die umfangreiche betriebswirtschaftliche Fachliteratur zur Kalkulationslehre informiert näher über **moderne Methoden der Herstellkostenkalkulation**. Demnach ist vor allem eine **weitestgehend prozeßorientierte Kalkulation speziell der Bearbeitungs- und Zusammenbaukosten** anzustreben. Erst recht sollten Material- und Fertigungsgemeinkostenzuschläge wenn irgend möglich durch **prozeßkostenrechnerische Kalküle** ersetzt werden. Dem Konstrukteur soll die **Zusammensetzung der Herstellkosten** alternativer realisierbarer Konstruktionslösungen möglichst auch in graphischer Form an die Hand gegeben werden.

3. Grundaufbau und Ordnungskriterien

Relativkosten-Kataloge beziehen sich - wie schon ausgeführt - vor allem auf besonders häufig verwendete Bauteile und Baugruppen sowie auf vielfach angewandte Herstellverfahren. Die Relativkosten-Kataloge selbst sind als **offenes System** zu verstehen, das jeweils firmenspezifisch ergänzt und verfeinert werden kann[7]. Speziell im Maschinenbau entfallen oftmals 50% der Fertigungs- und Montagezeiten sowie mehr als 75% der gesamten Herstellkosten verschiedener Erzeugnisse auf das **Herstellen von Verbindungen**[8]. Demzufolge ist die **Verbindungstechnik** ein besonders bedeutsamer Anwendungsbereich für Relativkosten-Kataloge. Da sich technische Verbindungen aus mehreren Komponenten zusammensetzen, kommt es bei der inhaltlichen Konkretisierung von Relativkosten-Katalogen vor allem auf die **Vollständigkeit der Kosteninformationen** an. Einschlägige Relativkosten-Kataloge müssen die Gesamtkosten aller zu verbindenden Teile und Verbindungselemente und auch die Kosten jener Verfahren erfassen, die dem Erstellen der jeweiligen Verbindung dienen. Hinsichtlich der notwendigen Differenzierungen spielen die jeweilige Werkstoffart, die Art und die Größe der betreffenden Verbindung und deren konstruktive Gestaltung eine Rolle, ebenso Form, Festigkeit und andere Sonderanforderungen[9]. Wenn Relativkosten-Kataloge trotz zahlreicher technischer Konstruktionsalternativen ein **durchgängiges, leicht überschaubares Informationssystem** sein sollen[10], muß eine **mehrdimensionale Systematisierung der Relativkosten-Objekte** sichergestellt werden, die vor allem nach **Funktionen, Gestalt, Technologie, Werkstoffen**

---

[6] Vgl. zu dieser Forderung **Bauer, C. O.**: Relativkosten-Kataloge... **(1985)**, S. 223.
[7] Siehe **Albien, E. - Heller, W.**: Aufbau von Relativkosten-Katalogen... **(1980)**, S. 231.
[8] Siehe zu diesen Ergebnissen **Bauer, C. O.**: Relativkosten-Kataloge... **(1985)**, S. 222.
[9] Siehe nochmals **Bauer, C. O.**: Relativkosten-Kataloge... **(1985)**, S. 222.
[10] Vgl. **Albien, E. - Heller, W.**: Aufbau von Relativkosten-Katalogen... **(1980)**, S. 230.

und Maßangaben differenziert. Sämtliche relevanten Bauteile und Verbindungselemente sind in einen solchen **Klassifizierungsrahmen** einzuordnen, damit ein
rascher Zugriff auf Relativkosten-Informationen gewährleistet ist.

Als man vor mehr als 15 Jahren mit dem Aufbau von Relativkosten-Katalogen
begann, war die Gliederung solcher Informationssysteme ein besonders wichtiges
Anforderungskriterium, da es notwendig war den Konstrukteuren **eindeutige
Suchstrategien** an die Hand zu geben. Mittlerweile wird der Zugriff auf Relativkosten-Informationen durch eine Abspeicherung in einschlägigen DV-Systemen
ganz wesentlich erleichtert. Die Fachliteratur unterscheidet vor allem **alphabeti-
sche Ordnungen, Erzeugnisbegriffe, Funktionsbegriffe und Arbeitsprinzipi-
en** als praxisrelevante Ordnungskriterien[11]. Inzwischen geht es allerdings vor allem um die Integration des Grundprinzips der Relativkosteninformation in die Systematik der umfassenden DV-Unterstützung von Konstruktionsprozessen.

4. Vorteile und Nutzen von Relativkosten-Katalogen

Die durch Relativkosten-Kataloge aufbereiteten Informationen sind zunächst darauf ausgerichtet, konstruktive Alternativlösungen überhaupt aufzufinden, um sie
sodann technisch-wirtschaftlich überdenken zu können. Insofern dienen Relativkosten-Kataloge der **ökonomischen Alternativsuche**. Eine gute Aufbereitung
der einschlägigen Informationen soll eine **Beschleunigung kostenrechnerischer Vergleiche** bewirken, um letztlich eine nicht nur technische, sondern auch
wirtschaftliche Optimierung von Produkten schon während der Konstruktionsphase sicherzustellen. Relativkosten-Kataloge fördern insofern nicht nur das **Kostendenken**, sie sind auch eine wesentliche Grundvoraussetzung für ein koste-
noptimales Konstruieren, darüber hinaus auch dafür, daß Konstruktionsteams für
neue oder modifizierte Erzeugnisse die **Kostenverantwortung** übernehmen können. Für das Kooperieren innerhalb der für die Konstruktionsarbeit insgesamt
zuständigen Arbeitsgruppen sind Relativkosten-Kataloge ein wichtiges **Informa-
tions- und Koordinationsinstrument**. Sie fördern die **Zusammenarbeit technischer und betriebswirtschaftlicher Instanzen (Konstruktion, Marketing, Fertigung, Einkauf und Controlling)**. Letztlich sollen durch Relativkosten-
Informationen Konstruktionsvorhaben beschleunigt, die Auswahl der Ferti-
gungsalternativen und der Beschaffungsmöglichkeiten verbessert und Auftrags-
durchlaufzeiten verkürzt werden. Die **Wettbewerbsfähigkeit der Unternehmen**
soll durch ein frühzeitiges Kostenmanagement gesteigert und über die Unternehmen hinweg soll der Technologietransfer erleichtert und ausgebaut werden[12]. Die
praxisbezogene Fachliteratur berichtet darüber, daß die Einführung von Relativkosten-Katalogen vor allem im Maschinenbau und auch im Anlagenbau zu einem
positiven **Umbruch im Kostendenken** geführt hat, daß Produktqualitäten auf das

---

[11] Vgl. zu dieser Systematisierung **Albien, E. - Heller, W.**: Aufbau von Relativkosten-Katalogen... **(1980)**, S.
231-233.
[12] Siehe **Eberle, P. - Heil, H.-G.**: Relativkosten-Informationen für die Konstruktion... **(1992)**, S. 789; **Busch,
W.**: Relativkostenkataloge... **(1994)**, S. 255.

wirtschaftlich sinnvolle Maß ausgerichtet wurden und daß zahlreiche Betriebe erhebliche Senkungen ihrer Herstellkosten erreichen konnten. Insgesamt gesehen hat sich die durch Relativkosten-Kataloge erreichte **Steigerung der Kostentransparenz** bei vielen Unternehmen sehr positiv ausgewirkt[13].

5. Präsentation der Relativkosten-Informationen

Wie zuvor schon kurz angemerkt, werden Relativkosten grundsätzlich als **Äquivalenzziffer** oder auch als **Faktor** ausgedrückt. Zu diesem Zweck werden die einzelnen Kalkulationspositionen der relevanten Vergleichsobjekte zu den entsprechenden Kalkulationspositionen des Bezugsobjektes ins Verhältnis gesetzt. Solche **Relativzahlen** werden möglicherweise nur für **einzelne Kalkulationspositionen** oder aber - das ist die Regel - summarisch für die **gesamten Herstellkosten** angegeben.

Es kann sich auch als zweckmäßig erweisen, Relativkosten-Informationen direkt für einen **paarweisen Vergleich alternativer technischer Problemlösungen** aufzubereiten. Dieser Weg wird dann gewählt, wenn Konstrukteure immer wieder zwischen mehreren zumindest annähernd gleichwertigen Konstruktionsalternativen zu wählen haben. Eine solche Methodik veranschaulicht **Abbildung 6-1** nach DIN 32991[14]. Als tabellarische Matrix informiert **Abbildung 6-1** über die relative Höhe der Kosten einer bestimmten Oberflächenbehandlung im Vergleich zu einer technisch anderen Behandlung der Oberfläche eines bestimmten Werkstoffs (St-12 03 DIN 1541). Exemplarisch sind für diesen Grundstoff **drei verschiedene Oberflächenbehandlungen** in Betracht gezogen und hinsichtlich ihrer relativen Kosten durchkalkuliert worden. Die in den einzelnen Feldern der Matrix ausgewiesenen Relativkosten-Zahlen informieren den Konstrukteur da- rüber, welche Kostenersparnisse er realisieren kann bzw. welche Mehrkosten er hinnehmen muß, wenn er von einer bestimmten Art der Oberflächenbehandlung des betreffenden Werkstoffs zu einer anderen Oberflächenbehandlung überzugehen gedenkt.

Stehen für die Konstruktionsarbeit regelmäßig zahlreiche unterschiedliche Problemlösungen zur Diskussion, erweisen sich **Relativkosten-Kataloge zur direkten Unterstützung für einen paarweisen Vergleich technischer Problemlösungen** allerdings als zu aufwendig. Wenn bestimmte Problemlösungen innerhalb des größeren Alternativenraumes als eine Art **technische Standardvariante** gelten können, bietet es sich an, solche **vorrangig relevanten Alternativen** als **Bezugsbasis** für vergleichsobjektspezifische Relativkosten-Informationen zu wählen.

Die Präsentation von Relativkosten-Informationen durch grafische Relativkosten-Diagramme veranschaulicht **Abbildung 6-2**. Den Relativkosten-Angaben liegt als **Bezugsbasis** eine technisch determinierte Befestigungslösung mit einem Senk-

---

[13] Dies berichtet **Busch, W.**: Relativkostenkataloge... **(1994)**, S. 256.
[14] Von Rundungsdifferenzen der Zahlangaben bereinigte Abbildung nach DIN 32991 1987, S. 5.

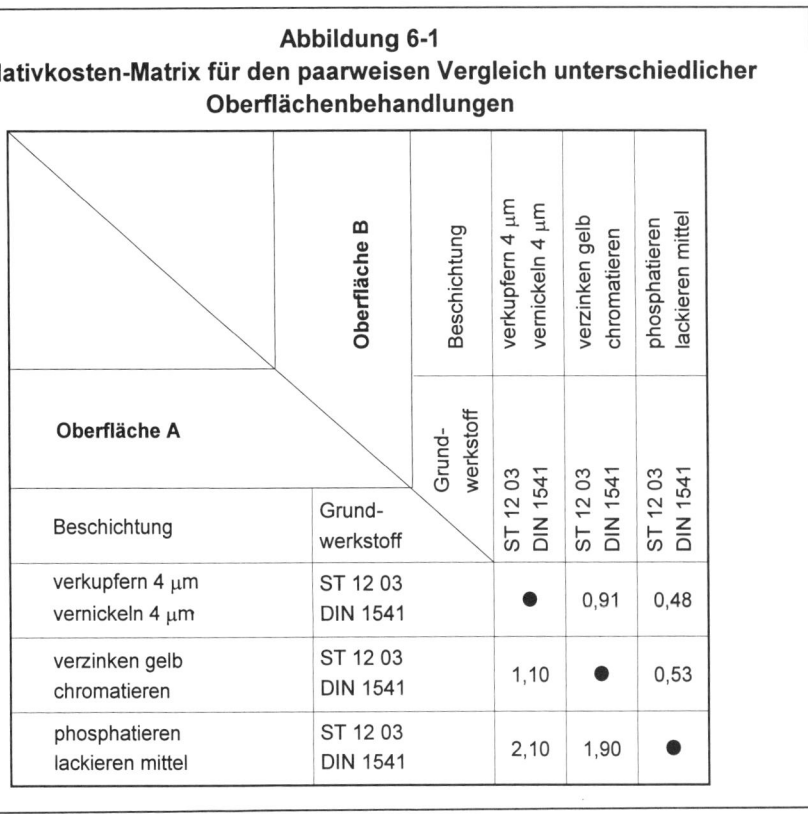

Abbildung 6-1
Relativkosten-Matrix für den paarweisen Vergleich unterschiedlicher Oberflächenbehandlungen

Oberfläche A	Oberfläche B →	Grundwerkstoff	Beschichtung Grundwerkstoff	verkupfern 4 μm vernickeln 4 μm ST 12 03 DIN 1541	verzinken gelb chromatieren ST 12 03 DIN 1541	phosphatieren lackieren mittel ST 12 03 DIN 1541
Beschichtung	Grundwerkstoff					
verkupfern 4 μm vernickeln 4 μm	ST 12 03 DIN 1541			●	0,91	0,48
verzinken gelb chromatieren	ST 12 03 DIN 1541			1,10	●	0,53
phosphatieren lackieren mittel	ST 12 03 DIN 1541			2,10	1,90	●

durchmesser von 40 mm zugrunde[15]. Die Kosten dieser **technischen Standard-version** sind auf 100% veranschlagt, so daß sich hierfür die **Relativkosten-Zahl 1,0** ergibt. Das durch **Abbildung 6-2** präsentierte Relativkosten-Diagramm informiert zunächst über die relative Höhe der Kosten, die bezüglich derselben Befestigungslösung für kleinere und größere Senkdurchmesser (in der Bandbreite zwischen 22 mm und 190 mm) zu veranschlagen sind. Dieselbe Informationsstruktur wird zusätzlich noch für zwei weitere, jeweils kostengünstigere Befestigungslösungen ausgewiesen, einmal für das "Senken von unten" und zum anderen für das "Senken von oben". Insofern informiert das Relativkosten-Diagramm den Konstrukteur nicht nur über die **Abhängigkeit der Kosten** vom jeweiligen Senkdurchmesser. Vielmehr können mit der Konstruktionsarbeit befaßte Mitarbeiter auch erkennen, welches Kostenniveau technisch **unterschiedliche Befestigungslösungen** verursachen.

Abbildung 6-3 zeigt ein Relativkosten-Diagramm für **unterschiedliche Typen von Schraubenverbindungen**[16]. Konkret handelt es sich dabei um Schraubenverbindungs-Varianten, die aus einer Zylinderschraube mit Innensechskant DIN

---

[15] Vgl. **Busch, W.**: Relativkostenkataloge... **(1994)**, S. 266.
[16] Vgl. DIN 32991, Beiblatt 1, 1990, S. 6.

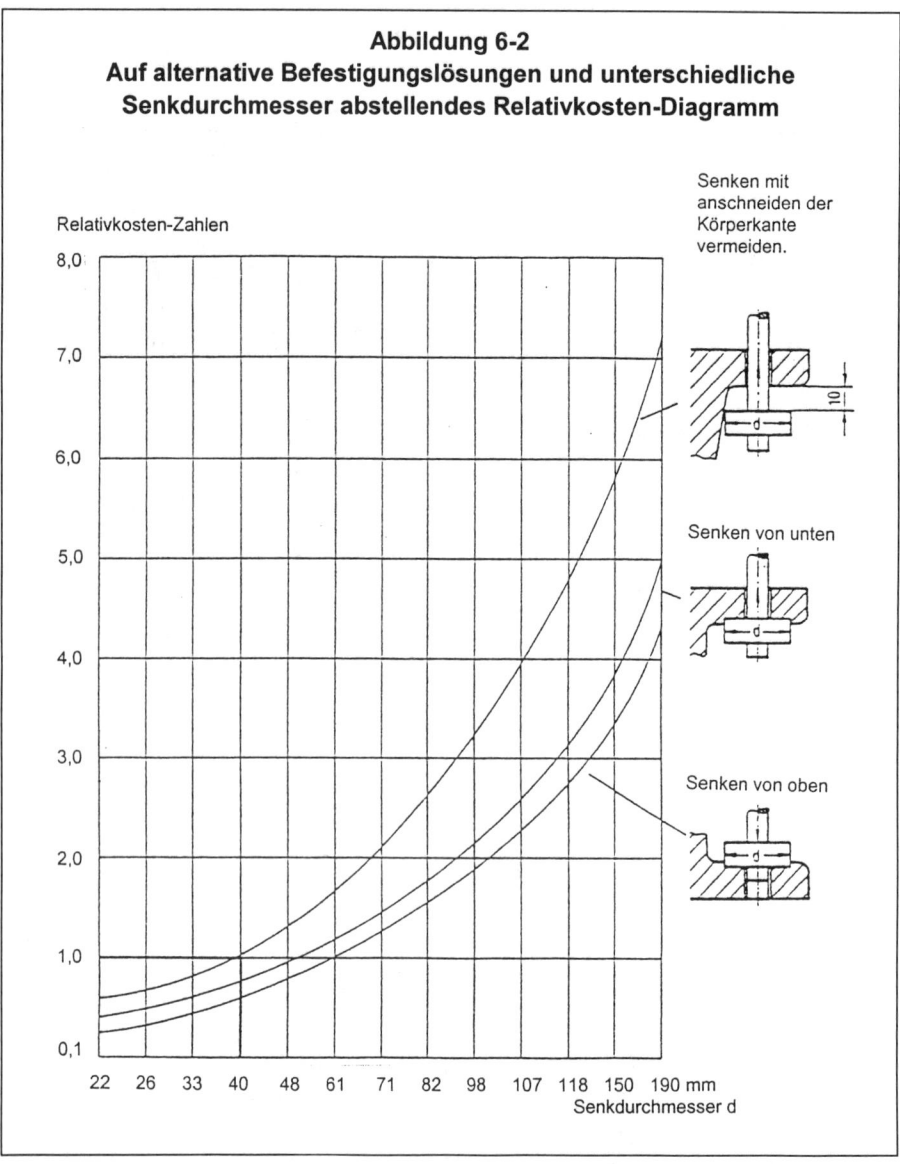

Abbildung 6-2
Auf alternative Befestigungslösungen und unterschiedliche
Senkdurchmesser abstellendes Relativkosten-Diagramm

912-M6 x 35-8.8 (und gegebenenfalls) aus einer Sechskantmutter DIN 934-M6-8 bestehen. Die insgesamt zehn verschiedenartigen Schraubenverbindungen unterscheiden sich - wie die grafische Darstellung erkennen läßt - durch mehrere Merkmale. Unter Berücksichtigung dieser unterscheidungsrelevanten Einzelmerkmale wurden die betreffenden Schraubenverbindungen in Orientierung an der Höhe der Relativkosten in eine Rangfolge gebracht. Die Relativkosten-Informationen stellen grundlegend auf eine Schraubenverbindung für ein Durchgangsloch von 6 mm ab. Diesbezüglich ist für den **Schraubentyp 1** auch die **Relativkosten-Zahl 1,0** ausgewiesen. Der Konstrukteur kann dem Relativkosten-

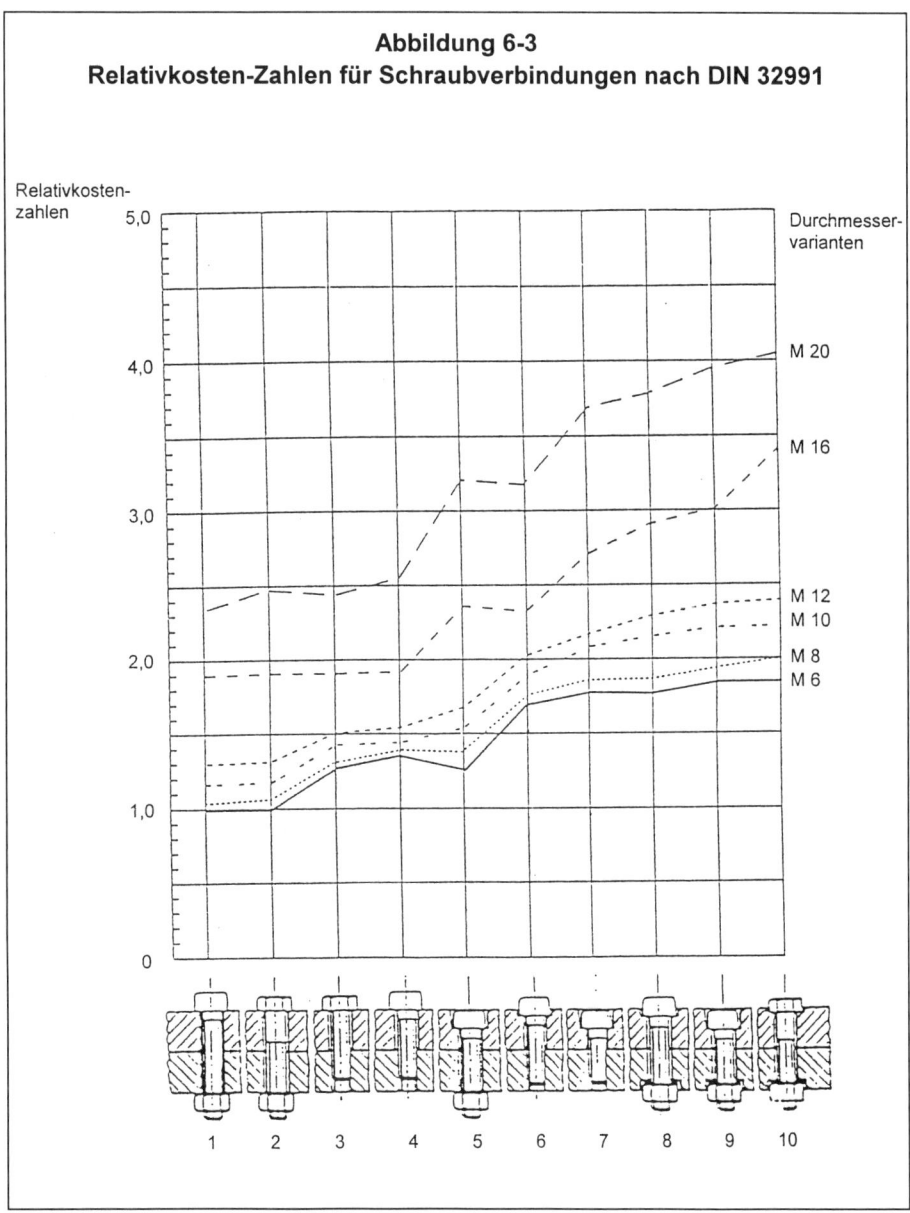

Abbildung 6-3
Relativkosten-Zahlen für Schraubverbindungen nach DIN 32991

Diagramm leicht entnehmen, daß das Kostenniveau des aufwendigsten Schraubenverbindungstyps 10 beim 1,8-fachen des Schraubenverbindungstyps 1 liegt. Dieselbe Informationsstruktur wird darüber hinaus auch für Schraubenverbindungen mit größeren Durchgangslöchern (M 8, M 10, M 12, M 16 und M 20) angegeben.

6. Zugriff auf Relativkosten-Informationen

Wie schon die vorausgehenden Ausführungen erkennen lassen, kommen für die **Dokumentation und Aufbereitung von Relativkosten-Informationen** unterschiedliche Modalitäten in Betracht. Für den paarweisen Vergleich der Kosten alternativer Problemlösungen ist das Zusammenstellen der jeweiligen Relativkosten in einer **Matrix** zu empfehlen, die jeweils direkt die Mehr- oder Minderkosten der zusätzlich in Betracht gezogenen technischen Alternative erkennen läßt. Wie schon das Wort "Relativkosten-Katalog" erkennen läßt, bietet sich ansonsten das Anlegen von **Tabellen** an, die die Relativkosten des Bezugsobjektes und der alternativ relevanten Vergleichsobjekte in einer zweckmäßigen Reihenfolge ordnen. Gegenüber solchen **tabellarischen Relativkosten-Katalogen** erweisen sich **grafische Relativkosten-Diagramme** deshalb als besonders informativ, weil sie die jeweils relevanten Kostenabhängigkeiten direkt visualisieren. Die mit der Konstruktionsarbeit beauftragten Fachkräfte erkennen unmittelbar, welche Kosteneinsparungen realisiert werden können, wenn man zu technisch weniger anspruchsvollen Lösungen übergeht.

Speziell zweidimensionale **grafische Darstellungen** zeichnen sich durch ihre Übersichtlichkeit aus[17]. Demgegenüber können tabellarische Darstellungen mehr als drei relativkostenrelevante Parameter erfassen und abbilden. Mittlerweile ist es möglich, Relativkosten-Angaben in die **konstruktionsrelevanten Softwaresysteme** aufzunehmen, so daß sie den Konstrukteuren im **Bildschirmdialog** immer dann zur Verfügung stehen, wenn produktspezifische Objekte (Einzelteile, Normteile, Verbindungselemente usw.) zu prüfen und letztlich konstruktiv festzulegen sind. Auch für **CAD-Konstruktionen** können Relativkosten direkt als Entscheidungshilfe dann an der Bildschirmoberfläche präsentiert werden, wenn Einzelelemente, bestimmte konstruktive Ausführungen und andere Konstruktionsdetails festzulegen sind[18]. Eine solche Verknüpfung von Relativkosten-Informationen mit unmittelbar konstruktionsrelevanten Stammdaten erweist sich als sehr wertvoll. Zweifelsfrei ist dieser Weg besonders effektiv. Er unterstützt eine konstruktionsbegleitende Kostenpolitik am besten.

7. Aktualisierung und Pflege von Relativkosten-Katalogen

Verständlicherweise müssen die in Relativkosten-Katalogen festgehaltenen Kostenniveaus und Kostenrelationen **ständig aktualisiert** werden, wenn diese Informationen für das konstruktionsbegleitende Kostenmanagement geeignet bleiben sollen. Da von Anfang an damit zu rechnen ist, daß sich Relativkosten aus zahlreichen technisch-wirtschaftlichen Gründen im Zeitablauf verändern können, ist für Relativkosten-Kataloge ohnehin stets der **Zeitpunkt der Erstellung** kon-

---

[17] Vgl. **Ehrlenspiel, K.**: Kostengünstig Konstruieren... (**1985**), S. 271; **Eberle, P. - Heil, H.-G.**: Relativkosten-Informationen... (**1992**), S. 788.

[18] Vgl. dazu **Busch, W.**: Relativkosten-Kataloge... (**1994**), S. 258.

kret anzugeben und festzuhalten[19]. Auch sollten von Beginn an **Aktualisie-rungsmechanismen** organisiert und festgelegt werden[20]. Bezüglich unternehmensspezifischer Relativkosten-Kataloge resultiert das Aktualisierungserfordernis allein schon aus der **Weiterentwicklung unternehmensinterner technisch-organisatorischer Bedingungen,** wie etwa aus dem von einer Unternehmung realisierten technischen Fortschritt und aus der Fortentwicklung der Fertigungsorganisation. Ganz allgemein sind Relativkosten-Kataloge in kurzen Zeitabständen deshalb zu aktualisieren, **weil sich Kostenänderungen weder gleichgewichtig noch in gleicher Höhe auf die Kosten alternativer Problemlösungen auswirken.** Preis- und Kostenänderungen betreffen die konstruktiven Alternativen meist unterschiedlich, so daß Kostenrelationen unweigerlich niemals langfristig stabil bleiben. Die primär technisch ausgerichtete Fachliteratur weist auf diese Problematik nachdrückl ich hin. So betont etwa Bauer: "Da der Wert von Kosteninformationen mit ihrer Zeitnähe und der Aussagefähigkeit für heutige Entscheidungen mit zukünftigen Auswirkungen auf die Kosten steht und fällt, liegt in der Lösung dieses Problemteils der Schlüssel (zum) Wert und (zur) Bedeutung aller Relativkosten-Kataloge"[21].

---

[19] Siehe dazu ausführlich **Ehrlenspiel, K.**: Möglichkeiten zum Senken der Produktkosten... **(1980)**, S. 173-178.
[20] Vgl. zu dieser Anforderung **Ehrlenspiel, K.**: Genauigkeit, Gültigkeit, Grenzen zur Aktualisierung der Erkenntnisse... **(1980)**, S. 487-492.
[21] **Bauer, C. O.**: Relativkosten-Kataloge... **(1985)**, S. 224.

Zunehmende Technisierung und Modernisierung der Kostenrechnung

1. Merkmale und Dimensionen zunehmender Technisierung

Durch die fortschreitende Technisierung verschiebt sich die relative Bedeutung der Produktionsfaktoren zusehends. Generell nimmt die Anlagenintensität zu. Die **Substitution menschlicher Arbeit durch maschinelle Technologien** findet ihre konsequente Fortsetzung in der **Automatisierung und Roboterisierung** der Produktion. Die Jahresabschlüsse belegen das Anwachsen der Investitionen speziell in das Sachanlagevermögen. Finanzkapital wird immer weniger im Umlaufvermögen, stattdessen mehr und mehr in Sachinvestitionen gebunden. Insbesondere wird eine Verringerung der Kapitalbindung im Vorratsvermögen und eine Reduzierung der Forderungsbestände angestrebt. Die **zunehmende Anlagenintensität** verschiebt auch das Verhältnis von Personalaufwand und den Aufwendungen, die für das Bereitstellen und Bereithalten von Technologien hingenommen werden müssen. In vielen Industrieunternehmen haben die Anlagenkosten mittlerweile einen höheren Anteil an den Herstellkosten als die Personalkosten.

Moderne Technologien präsentieren sich als **große Potentialquanten mit mehrjähriger technisch-wirtschaftlicher Nutzungsdauer**. In vielen Industriesektoren ist die Größe technischer Anlagen kontinuierlich gestiegen. Um in den Vorteil von Kostendegressionen zu gelangen, wurden Anlagen mit immer größerem Kapazitätsquerschnitt eingesetzt. Eindrucksvolle Beispiele hierfür liefern die Eisen- und Stahlindustrie, die chemische Industrie, die Zellstoff- und Papierindustrie und verwandte Industriezweige. Der Einsatz solcher Potentiale mit großem Kapazitätsquerschnitt erweist sich nur dann als rentabel, wenn diese über mehrere Jahre hinweg möglichst kontinuierlich genutzt werden können. Erst in letzter Zeit lassen sich Entwicklungen feststellen, die eine Reduzierung der Größe maschineller Einrichtungen einleiten.

Moderne Technologien sind regelmäßig **hochautomatisierte Systeme mit computergestützter Prozeßsteuerung**. Sie wickeln nicht nur die eigentliche Produktionstätigkeit ab, sondern übernehmen auch weitgehend die Prozeßüberwachung, -steuerung und -regelung. Diese weitreichende Form der Automatisierung wurde durch den Einsatz von moderner Meß- und Regelungstechnik in Verbindung mit hochleistungsfähiger Software und Hardware möglich.

Die funktionale Komplexität moderner Technologien induzierte zwangsläufig technische Komplexität. Trotz intensiver Anstrengungen der Anlagenplaner und der Anlagenbauer läßt sich speziell wegen dieser technischen Komplexität keine dauerhaft stabile Verfügbarkeit solcher Systeme erreichen. Trotz permanenter technischer Optimierung sind demzufolge **Ressourcen, Strategien und Maßnahmen zur Sicherung der Verfügbarkeit moderner Technologien** unentbehrlich. Dadurch hat die Bedeutung der Anlageninstandhaltung zugenommen.

Moderne Technologien zeichnen sich - im Trend gesehen - durch eine hohe **Flexibilität gegenüber unterschiedlichen Fertigungsaufgaben** aus. Ingenieure haben mit großen Anstrengungen daran gearbeitet, kapitalintensive technische Systeme leicht umstellbar bzw. umrüstbar zu machen. Rüstzeiten, die den wertschöpfenden Tätigkeiten die Ressourcen entziehen, sollten minimiert und die Nutzungszeit der Ressourcen erhöht werden. Demzufolge entstanden - sowohl in bezug auf den Werkstück- als auch auf den Werkzeugwechsel - umrüstfreundliche Fertigungstechnologien als flexible Fertigungssysteme (FFS). Ein **schnelles Umrüsten moderner Technologien** wird vor allem dadurch erreicht, daß die Umrüstarbeiten auf Vorsysteme ausgegliedert werden, die ihrerseits verhältnismäßig schnell ausgewechselt werden können. Umrüstvorgänge können infolgedessen parallel zu der laufenden Produktion vorgenommen werden. Im Vergleich dazu sind moderne Industrieroboter noch flexibler, weil für sie ohne jegliches Umrüsten beim Wechsel der Produktionsaufgaben unverzüglich adäquate Prozeßsteuerungsprogramme von zentralen Leitrechnern abgerufen werden können. Beim Einsatz von am Produkt fixierten mobilen Datenträgern kann die Prozeßsteuerungslogik direkt mittels Sensortechnik auf das Prozeßsteuerungssystem des Roboters übertragen werden. Die auf diesem Wege herbeigeführte Flexibilisierung moderner technischer Systeme reduziert die Problematik der Erfassung, Verrechnung und Kalkulation von Rüstkosten.

Auch auf dem Gebiet der materialflußgerechten Verkettung von technischen Produktionssystemen hat der **Einsatz hochautomatisierter Förderanlagen** stetig zugenommen. Speziell in Industrieunternehmen mit Sorten- bzw. Variantenfertigung sind flexible Funktionssysteme technisch und auch fördertechnisch zu umfassenden Produktionslinien verkettet worden. Die Installation entsprechend umfassender Steuerungssysteme macht die flexible Fertigung unterschiedlicher Produktvarianten in relativ freien Abfolgen möglich. Mittlerweile sind unter dem Stichwort "fahrerlose Transportsysteme (FTS)" Entwicklungen im Gange, die die technische Verkettung von Produktionssystemen ihrerseits hochflexibel gestalten wollen.

2. Ausbau der Anlagenkostenrechnung

Mit zunehmender Technisierung nimmt die Anlagenintensität und damit auch die relative Bedeutung der Anlagenkosten zu. Mit fortschreitender Substitution der Ressource Mensch durch die Ressource Technologie steigt die relative Höhe der **Kosten für das Bereitstellen, Bereithalten und Entsorgen von Technologien** rapide. In vielen Industrieunternehmen ist der Anteil der Anlagenkosten an den Herstellkosten oder sogar an den Selbstkosten höher als der Anteil der Personalkosten. Die konventionellen Kostenartenstrukturierungen und Kostenartenpläne tragen dieser Entwicklung nicht Rechnung. Anlagenkosten sind eine sich aus mehreren primären Kostenarten zusammensetzende Kostenart. Dazu zählen neben kalkulatorischen Abschreibungen und kalkulatorischen Zinsen auf das im Anlagevermögen gebundene Kapital Instandhaltungskosten, Kosten für Sachversicherungen, Betriebsstoffkosten, Kosten für Werkzeuge, darüber hinaus auch Anlagenmieten, Pachten und in zunehmendem Maße Leasinggebühren. Anlagenintensiven Unternehmen ist anzuraten, ihre Kostenartenpläne und Kostenberichte so umzugestalten, daß die verschiedenen Arten von Anlagenkosten als eine Kostenartengruppe zusammengefaßt, identifiziert, geplant, erfaßt, überwacht und gesteuert werden können. Dies ist unabdingbar, wenn die kostenmäßigen Konsequenzen einer fortschreitenden Anlagenintensität unmittelbar ersichtlich werden sollen.

Die exakte Erfassung von Anlagenkosten setzt prinzipiell eine **Differenzierung nach Phasen des Anlagenlebenszyklus** (vgl. **Abbildung 7-1**) voraus. Vor dem Beginn der Nutzungsdauer anfallende Vorlaufkosten (Kosten der Anlagenprojektierung, Anlagenplanung und Anlagenbereitstellung) sind ebenso einmalig für den gesamten Lebenszyklus anfallende Kosten wie die Kosten der Ausmusterung, Entsorgung und Verwertung von Anlagen, deren Bedeutung derzeit stark zunimmt. Für den gesamten Anlagenlebenszyklus einmalig anfallende Kosten für Vorleistungen oder Nachleistungen müssen zur Einbeziehung in periodische kostenrechnerische Kalküle auf Teilperioden der wirtschaftlichen Nutzungsdauer umgerechnet werden. **Vorleistungskosten** werden wie Investitionen behandelt und durch kalkulatorische Abschreibungen auf Teilperioden des Lebenszyklus unmittelbar produktionsmengenproportional verrechnet. Für **Nachleistungskosten** müssen innerhalb der Nutzungsdauer Rückstellungen aufgebaut werden.

In Analogie zu Produktlebenszyklen dürfte auch für Technologielebenszyklen gelten, daß **Kostenfestlegungen und Kostenbeeinflussungen** (im Sinne eines langfristigen Kostenmanagements) im wesentlichen nur **innerhalb der frühen Phasen des Anlagenlebenszyklus** möglich sind. Hierauf muß die Planung und Steuerung der Anlagenkosten ausgerichtet werden. Maßnahmen zur Steuerung der Anlagenkosten müssen demzufolge bereits in der Phase der Projektierung und Planung von Anlagenkosten eingeleitet werden. Die effektivsten Beiträge zur Senkung der Instandhaltungskosten lassen sich beispielsweise durch eine frühzeitige technische Optimierung, konkret durch das Konstruieren und Produzieren besonders instandhaltungsarmer und instandhaltungsfreundlicher Technologien erreichen. Schwerpunktmäßig verlagern sich die Aufgaben des Anlagencontrollings in die frühen Phasen des Anlagenlebenszyklus.

3. Anlagenleistungsrechnung als Instrument zur Steuerung der Nutzung technischer Ressourcen

Moderne technische Systeme sind relativ große und langlebige Potentialquanten. Im Streben nach Ausnutzung der Kostendegression wurde ihre Periodenkapazität tendenziell immer weiter gesteigert. Ihr Einsatz erweist sich nur bei stabil hoher Kapazitätsauslastung über einen längeren Zeitraum hinweg als rentabel. Dies macht eine permanente und detaillierte **Überwachung der Nutzung solcher technischer Kapazitäten** notwendig. In einer umfassenden, differenzierenden Anlagenleistungsrechnung müssen zunächst jene Zeiten aufgedeckt werden, in

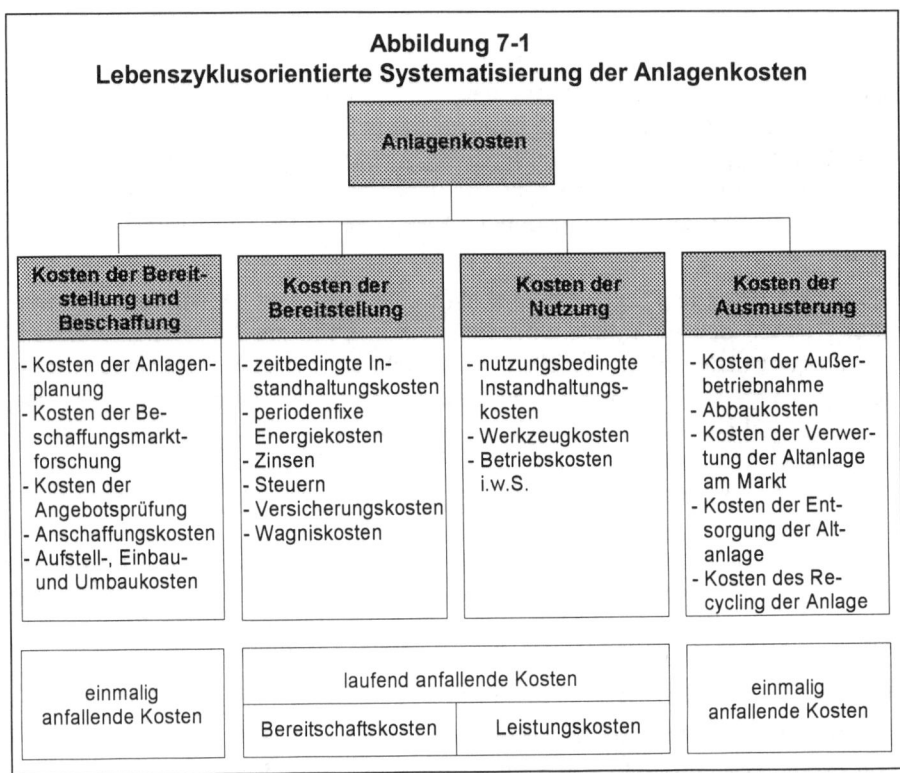

Abbildung 7-1
Lebenszyklusorientierte Systematisierung der Anlagenkosten

denen Anlagen aus verschiedenen Gründen überhaupt nicht zum Einsatz kommen können (mangelnde Beschäftigung, reduzierte Betriebszeit, reduzierter Schichtbetrieb u. dgl.). Weitere Kategorien nicht genutzter Kapazität sind technisch bedingte und andere Störzeiten. Die verbleibenden potentiellen Kapazitätsnutzungszeiten sollten zumindest weiter in Rüstzeiten und Zeiten der tatsächlichen Produktbearbeitung unterteilt werden. Durch eine in dieser Grundstruktur in der Praxis verständlicherweise weiter zu detaillierende Anlagenleistungsrechnung läßt sich dokumentieren und verfolgen, in welchem Ausmaß kapital- und kostenintensive technische Systeme tatsächlich genutzt werden. Ihr **Auslastungsgrad** (Beschäftigungsgrad) wird evident. Registriert man neben Nutzungszeiten auch ausgebrachte Mengen, erschließt man für das Managementinformationssystem auch **Leistungsgrade** (Leistungsintensität).

Der Ausbau der Anlagenleistungsrechnung ist unbedingt erforderlich, wenn man sich um eine optimale Dimensionierung von Kapazitäten bemüht. Diese ist wiederum die **Grundvoraussetzung für das Senken der Fixkosten** anlagenintensiver Fabriken. Fixe Kosten entstehen für das Bereitstellen und Bereithalten der Kapazitäten. Wenn es gelingt, durch die Programmpolitik und die Auslastungs- und Reihenfolgeplanung eine möglichst hohe Auslastung, durch gezielte Instandhaltung eine Reduzierung der Verfügbarkeitsverluste und durch die Qualitätssicherungsstrategie eine Reduzierung der Qualitätsverluste zu erreichen sowie weitere Arten der Verschwendung von Ressourcen zu verringern, so läßt sich der gesamte Kapazitätsbedarf und damit die Fixkosten verringern. Auf diese Weise unterstützt die dem Management der Nutzung technischer Ressourcen dienende Leistungsrechnung letztlich die Steuerung fixer Anlagenkosten. Mit fortschreitender Technisierung wird daher der Ausbau der Leistungsrechnung von mehreren Seiten gefordert. Für die Optimierung der Ressourcennutzung bestehen in einem hohen Maß Synergien zwischen dem Grundgedanken des Total Productive Maintenance-Konzepts (TPM), dem Grundgedanken des KAIZEN (Vermeidung jeglicher Verschwendungen) und dem ebenfalls auf eine optimale Ressourcennutzung ausgerichteten Activity-Based-Costing (ABC).

Für die ergebnisorientierte Steuerung anlagenintensiver Produktionsstrukturen sind damit zwei Kernpunkte zu identifizieren. Zum einen werden mit den Daten aus einer auf das Fixkostencontrolling ausgerichteten Anlagenkostenrechnung und den Informationen über die Strukturierung von Fixkosten in Fixkostenobligorechnungen Entscheidungen über den Auf- und Abbau von Kapazitäten unterstützt und eine Optimierung der Fixkosten in bezug auf die Kapazitätsdimensionierung angestrebt. Zum anderen muß auf Basis einer ausgebauten Leistungsrechnung eine Steuerung der Anlagenverfügbarkeit erfolgen. In Verbindung mit einer konsequenten Produktionsprogramm- und Preisniveaupolitik kann auf Basis einer engpaßbezogenen Deckungsbeitragsrechnung eine optimale Nutzung der zur Verfügung stehenden Ressourcen erreicht werden (vgl. **Abbildung 7-2**).

4. Planung und Steuerung von Instandhaltungskosten und technischer Verfügbarkeit

Auch bei großem Engagement im Rahmen der Anlagenprojektierung und Anlagenplanung lassen sich während der Nutzungsdauer komplexer technischer Systeme Anlagenausfälle und Störungen der Leistungsfähigkeit nicht vermeiden. Eine dauerhafte, stabile technische Verfügbarkeit speziell hoch verketteter Systeme läßt sich nur dadurch sicherstellen, daß auch während der Nutzungsdauer permanent auf die **Analyse, Bekämpfung und Beseitigung von technischen Schwachstellen** einerseits sowie auf die möglichst **planmäßige Instandhaltung** solcher Systeme andererseits geachtet wird. Empirische Erhebungen belegen die zunehmende Bedeutung der planmäßigen Instandhaltung und der permanenten technischen Optimierung.

Diese Strategien und Maßnahmen verursachen ihrerseits Kosten. Bislang haben Industrieunternehmen für die Sicherstellung der Instandhaltungsaufgaben in einem sehr hohen Maß eigene Werkstätten vorgehalten. Im Streben nach einer Erhöhung der Kostenflexibilität und nach einer Senkung von Komplexitätskosten werden vor allem Reinigungs-, Inspektions-, Wartungs- und Instandhaltungsmaßnahmen immer weiter ausgegliedert und an Dienstleister sowie an die Kundendienstorganisationen der Anlagenhersteller übertragen. Neben dem Erfassen und Steuern der **Eigeninstandhaltungskosten** als Kosten innerbetrieblicher Leistungen erweist sich die Steuerung der **Fremdinstandhaltungskosten** als eine immer bedeutsamer werdende Aufgabe.

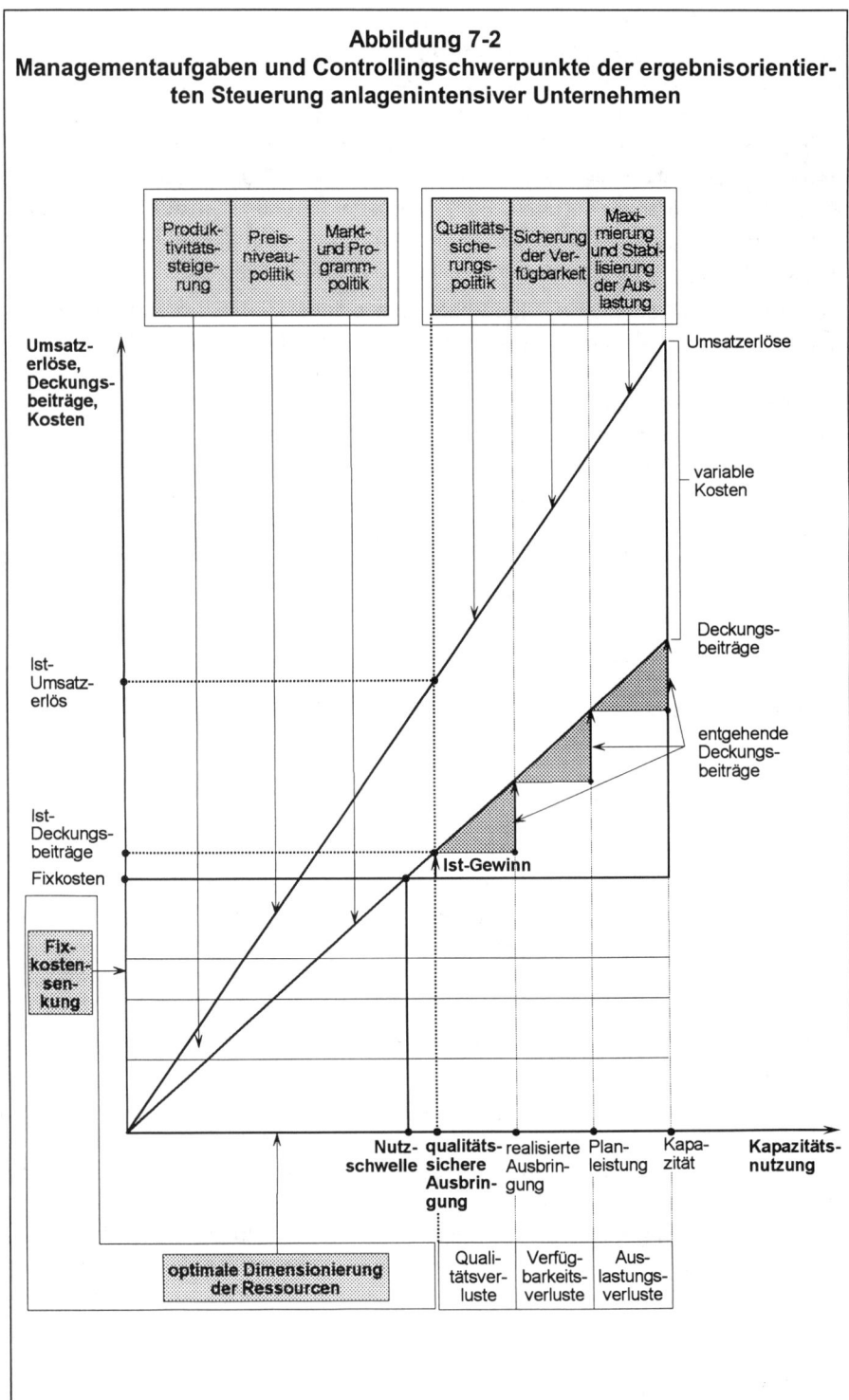

Abbildung 7-2
**Managementaufgaben und Controllingschwerpunkte der ergebnisorientier-
ten Steuerung anlagenintensiver Unternehmen**

Einerseits sind die Kosten der technischen Optimierung (im Streben nach Reduzierung von Instandhaltungsbedarfen) und Kosten der Instandhaltung und Reparatur in ihrem Verhältnis zu optimieren, andererseits sind - darüber hinausgehend - diese beiden Kostenkategorien in Relation zur jeweils erreichten technischen Verfügbarkeit zu optimieren. Dies zeigt, daß die Überwachung der Kosten für technische Optimierungsprozesse und Instandhaltung nur unter Bezugnahme auf die durch die Anlagenleistungsrechnung zu registrierende technische Verfügbarkeit erreicht werden kann.

5. Konsequente Ablösung der Zuschlagskalkulation durch die Maschinen- und Systemstundensatzrechnung

Für hochautomatisierte und zugleich flexibilisierte technische Systeme reduziert sich der **Personalaufwand im Bereich der Disposition, Steuerung und Regelung der Fertigung** erheblich. Speziell beim Einsatz flexibler Fertigungsautomaten für die Fertigung von Produktvarianten stellt sich wegen drastisch reduzierter Rüstzeiten das Problem der exakten Reihenfolgeplanung und Maschinenbelegungsplanung nur in wesentlich verringertem Umfang. Infolgedessen fallen geringere Fertigungsgemeinkosten im Bereich der Fertigungssteuerung an. Dadurch erhöht sich die Kalkulationsgenauigkeit auch in Systemen, die noch mit Gemeinkostenzuschlagssätzen in den Fertigungsbereichen arbeiten.

In hochtechnisierten Fertigungsbereichen sind Technologien die systemdominante Ressource (im Gegensatz zu arbeitsintensiven Fabrikbereichen). Demzufolge ist eine konsequente Ablösung der auf direkten Fertigungslöhnen basierenden Zuschlagskalkulation durch die Maschinenstundensatzrechnung geboten. In die Maschinenstundensätze können die Kosten für das Maschinenbedienpersonal und die Kosten für die Maschinenüberwachung und -steuerung einbezogen werden sowie darüber hinaus auch die Kosten für die in zunehmendem Maße dezentralisierten, fertigungsnahen Instandhaltungsressourcen. Demzufolge erfaßt der Maschinenstundensatz nicht nur die **Kosten der Technologien** selbst, sondern auch die **Kosten der Steuerung, Bedienung, Überwachung und Instandhaltung dieser Potentiale**. Dies vereinfacht die Kalkulation der Fertigungskosten und erhöht zugleich die Kostentransparenz.

Für **hochverkettete Produktionssysteme** stellt sich die Frage, ob die Kalkulation der Produkte bzw. Produktvarianten noch weiter dadurch vereinfacht werden kann, daß die Systemdurchlaufzeit einzelner Erzeugnisse mit Systemstundensätzen bewertet wird. Diese kompakte Kalkulationsmethodik läßt sich insbesondere dann rechtfertigen, wenn die Systemdurchläufe der verschiedenartigen Erzeugnisse nicht zu unterschiedlich sind und wenn die zu einem integrierten Produktionssystem zusammengefaßten Technologien nicht zu unterschiedlich hohe leistungsabhängige Kosten verursachen. Für den Fall, daß die proportionalen Kosten der zu einer Transferstraße oder zu einer Produktionslinie zusammengefaßten Technologien nicht sehr hoch und zudem nicht sehr unterschiedlich sind, löst der von Erzeugnis zu Erzeugnis verschiedene Systemdurchlauf ohnehin keine stark zu Buche schlagenden Kostenunterschiede aus.

Sind die Voraussetzungen für eine Systemstundensatzkalkulation von Produkten bzw. Produktvarianten hinreichend erfüllt, vermindert sich der Aufwand sowohl für die Kostenträgerrechnung als auch für die Kostenstellenrechnung. Im **erzeugnisspezifischen Arbeitsplan** muß statt einer ansonsten sehr differenzierten Arbeitsgangliste lediglich die Systemdurchlaufzeit hinterlegt werden. Innerhalb der **Kostenstellenrechnung** können die Kosten für alle Teilsysteme hochintegrierter Produktionsanlagen zusammenfassend geplant und erfaßt werden. Man kann darauf verzichten, Kostensätze für einzelne Bearbeitungsstationen zu bestimmen. Unter solchen Bedingungen dürfte es sich meist auch nicht als notwendig erweisen, als Kostenstelle abzubildende Produktionssysteme weiter in einzelne Kostenplätze zu untergliedern. Denn auch für die **Kontrolle und Steuerung der Kosten integrierter Produktionssysteme** ist meist keine Verfolgung der Kosten jeder einzelnen Produktionsanlage erforderlich, weil die Kapazitäts- und Leistungskosten (im Sinne fixer und proportionaler Kosten) solcher Ressourcen weitgehend technisch determiniert sind. Man wird allenfalls die Instandhaltungskosten für Einzelanlagen getrennt planen, dokumentieren und überwachen. Auf die Erfassung solcher Differenzierungen sind die verfügbaren Instandhaltungs-Softwaresysteme ausgelegt. Sie ermöglichen eine auf den Lebenszyklus einzelner Instandhaltungsobjekte abstellende Kostenverfolgung ("Instandhaltungskosten-Historien"). Innerhalb der Kostenstellenrechnung werden die Kosten aller Instandhaltungsobjekte, die zu einer als Kostenstelle abgebildeten Produktionslinie gehören, zusammengefaßt.

6. Genaue Beschäftigungsgrad-Planung für Vollkostenkalkulationen

Moderne technische Systeme sind in hohem Maße fixkostenintensiv. **Leistungsabhängige Kosten** fallen - neben der gebrauchsbedingten Abnutzung von Werkzeugen - meist nur in Form von Energiekosten, Betriebsstoffkosten, teilweise auch Instandhaltungs- und Ersatzteilkosten an. Lediglich im Falle eines stark nutzungsbedingten Anlagenverschleißes wird man die kalkulatorischen Abschreibungen leistungsabhängig ermitteln. Zu den **fixen Kosten** der eigentlichen Produktionsmittel kommen Kosten für Räume, Flächen, Infrastruktur, Ver- und Entsorgungssysteme sowie Kosten für das Bedienungs- und Überwachungspersonal hinzu. Wegen der aus diesen Gründen ausgeprägten Fixkostenintensität muß beim **Festlegen von Vollkostensätzen** zur Untermauerung vollkostenrechnerischer Kalküle (Selbstkostenermittlung zur Bestimmung langfristiger kostenmäßiger Preisuntergrenzen) besonderes Augenmerk auf den Beschäftigungsgrad gelegt werden. Mit zunehmender Kapazitätsauslastung sinken die Vollkostensätze fixkostenintensiver Produktionssysteme stark degressiv.

Über den gesamten Lebenszyklus technisch moderner Fertigungssysteme hinweg läßt sich regelmäßig keine durchgängig gleiche **Kapazitätsauslastung** erreichen. Nicht selten ist der Auslastungsgrad in den ersten (möglicherweise auch in den letzten) Perioden der Nutzungsdauer relativ niedrig. Würde man bei der Festlegung von Kostensätzen auf eine anfangs nur geringe Kapazitätsauslastung abstellen, ergäben sich möglicherweise extrem hohe Kostensätze. Diese würden in der Kalkulation zu einem Produktkostenniveau führen, das auf den Märkten über die Preise kaum durchgesetzt werden kann. Im Streben nach Vermeidung solcher Effekte empfiehlt es sich, bei der auf die Kostensatzermittlung ausgerichteten **Festlegung des Beschäftigungsgrades** prinzipiell auf die für den Technologielebenszyklus **durchschnittlich erreichbare Auslastung** abzustellen, die man auch der Berechnung der Investitionsrentabilität zugrundelegen wird. Verständlicherweise wird bei einem solchen Vorgehen innerhalb der ersten Teilperioden der Nutzungsdauer im Falle eines tatsächlich geringen Beschäftigungsgrades keine Vollkostendeckung erreicht. Um feststellen zu können, inwieweit derartige Kostenunterdeckungen durch Kostenüberdeckungen in späteren Teilperioden der Nutzungsdauer kompensiert werden, muß man einerseits die effektiv auflaufenden Anlagenkosten sowie andererseits die über Stundensätze auf die produzierten Mengen verrechneten Kosten Periode für Periode über den gesamten Anlagenlebenszyklus hinweg kumulieren und vergleichend gegenüberstellen.

7. Gegenüberstellung von Fixkosten und Deckungsbeiträgen

Das Einbeziehen der für das Vorhalten moderner Technologien anfallenden Fixkosten in vollkostenrechnerische Maschinen- oder Systemstundensätze zielt allein auf das Ermitteln von Selbstkosten ab, wie es die Praxis zur Absicherung der langfristigen Preisniveaupolitik für notwendig, zumindest jedoch für wünschenswert erachtet. Nach jahrelangen Auseinandersetzungen sind sich Wissenschaft und Praxis mittlerweile darüber einig, daß das Rechnen mit Vollkosten und Nettoergebnissen für die kurz- und mittelfristige ergebnisorientierte Steuerung der Ressourcennutzung nicht das geeignete Konzept sein kann. Denn auf kurze und mittlere Sicht fallen die kapazitätsabhängigen Fixkosten moderner Fertigungstechnologien ihrem Wesen nach unabhängig von der Nutzung dieser Ressourcen an. Demzufolge muß man bei der **Bewertung unterschiedlicher Möglichkeiten der Ressourcennutzung** von den durch die Vermarktung von Produkten **erzielbaren Deckungsbeiträgen** ausgehen. Zur Bestimmung von Deckungsbeiträgen für Erzeugnisse müssen neben den für die Selbstkostenermittlung relevanten vollen Kosten pro Maschinen- oder Systemstunde auch die proportionalen Kosten pro Maschinen- oder Systemstunde ermittelt werden. Um gleichzeitig selbstkostenrechnerische Kalküle und Deckungsbeitragsrechnungen erstellen zu können, ist demgemäß eine **Parallelkalkulation der proportionalen und der vollen Anlagenkosten** erforderlich.

Das Gegenüberstellen von Deckungsbeiträgen und Fixkosten offenbart die **Rentabilität kapitalintensiver Fertigungstechnologien** insbesondere dann, wenn über den gesamten Technologielebenszyklus hinweg die Periode für Periode auflaufenden Überschüsse der Deckungsbeiträge über die Fixkosten kumuliert und den einmalig in Kauf zu nehmenden Kosten der Projektierung, Planung und Bereitstellung solcher Anlagen unter Berücksichtigung der Ausmusterungs- und Verwertungskosten gegenüberstellt werden. Auf diese Weise werden periodische Deckungsbeitragsrechnungen in **lebenszyklusorientierte Amortisationsrechnungen** überführt.

Zur kurzfristigen Steuerung der Rentabilität moderner Fertigungstechnologien sind die durch das Vermarkten von Erzeugnissen realisierbaren Deckungsbeiträge auf die Maschinenbelegungszeit bzw. auf die Systemdurchlaufzeit zu beziehen. Die so ermittelten **engpaßbezogenen Deckungsbeiträge** zeigen auf, welche Produkte oder Produktvarianten die knappen, fixkostenintensiven Ressourcen am besten nutzen. Gelingt es, diese besonders zu fördern, steigt die Rentabilität. Solange Unklarheit über die realisierbaren Produktions- und Absatzprogramme besteht, läßt sich mit Hilfe computergestützter Simulationsrechnungen ausgehend von den engpaßbezogenen Deckungsbeiträgen leicht bestimmen, wie sich das gesamte Deckungsbeitragsvolumen bei Programmverschiebungen erhöht oder reduziert. All dies belegt die große Bedeutung moderner Deckungsbeitragsrechnungen für hochtechnisierte Unternehmen.

8. Zusammenfassung der wichtigsten Kostenrechnungs-Anforderungen

Mit fortschreitender Technisierung müssen insbesondere industrielle Unternehmen die **Kosten für das Bereitstellen, Bereithalten sowie für das Nutzen und auch für das spätere Entsorgen von Technologien** komplett und systematisch zusammenfassen. Die so aggregierten Anlagenkosten sind über den gesamten Lebenszyklus moderner Technologien hinweg zu planen, zu überwachen und zu steuern. Die Kosten der Projektierung, der Planung und der Systeme gewinnen zunehmend an Bedeutung, desgleichen die Kosten der Ausmusterung und Verwertung.

Unternehmen, die moderne Konzepte der flexiblen Plankostenrechnung und der Deckungsbeitragsrechnung nutzen wollen, müssen sich um eine möglichst exakte **planmäßig-analytische Kostenauflösung** bemühen, um fixe Kapazitätskosten und Proportionalleistungskosten zu separieren. Ohne eine genaue Erfassung der Abhängigkeit der Kosten vom Leistungsvolumen moderner technischer Systeme ist weder eine kostenstellenbezogene Kostensteuerung noch eine marktorientierte Ergebnissteuerung möglich. Die meisten der zu den Anlagenkosten zählenden Kostenarten lassen sich ohne große Schwierigkeiten entweder als Fix- oder als Proportionalkosten identifizieren. Besondere Probleme wirft jedoch insbesondere die Einordnung der Instandhaltungskosten und auch der kalkulatorischen Abschreibungen auf. Für die Kategorisierung der Instandhaltungskosten ist neben den Ursachen des Anlagenverschleißes vor allem die jeweils verfolgte Instandhaltungsstrategie relevant. Da sich moderne Technologien vornehmlich im Zuge des technisch-wirtschaftlichen Fortschritts entwerten, drängt sich die lineare kalkulatorische Abschreibung auf. Wegen der über den gesamten Lebenszyklus moderner Technologien hinweg schwankenden Kapazitätsauslastungen ist dennoch zu überdenken, ob sich eine volumenabhängige Abschreibung (leistungsorientierte Abschreibung) letztlich nicht doch zweckmäßiger erweist.

Maßnahmen zur Senkung der Fixkosten müssen möglichst früh im Anlagenlebenszyklus einsetzen. Da die Höhe der Fixkosten von der jeweils vorzuhaltenden Kapazität abhängig ist, kommt es darauf an, Kapazitäten optimal zu dimensionieren. Hierfür erweist sich der Ausbau der Leistungsrechnung als dringend notwendig. Diese muß Ausfallzeiten, Störzeiten und Rüstzeiten neben den eigentlichen wertschöpfenden Fertigungszeiten gesondert ausweisen. Das **Leistungscontrolling** muß auf die permanente Reduzierung nicht wertschöpfender Ressourcennutzungen ausgerichtet werden. Differenzierende Deckungsbeitragsrechnungen müssen festhalten, welche Ergebnisse letztlich aus der Vermarktung von Anlagenleistungen erwirtschaftet werden. Durch das Gegenüberstellen von Deckungsbeiträgen und Fixkosten läßt sich die Rentabilität hochtechnisierter Systeme kontinuierlich verfolgen.

Prozeßorientiertes Ressourcencontrolling

1. Konventionelle Verbrauchsorientierung der Kostentheorie und des Kostencontrollings

Die Betriebswirtschaftslehre muß auf dem Feld der **ergebnisorientierten Unternehmenssteuerung** einen einschneidenden Paradigmawechsel vollziehen. Das Ergebniscontrolling wurde zwar schon durch die konzeptionelle Ausreifung marktorientierter, mehrdimensionaler und zugleich stufenweiser Deckungsbeitragsrechnungen wesentlich weiterentwickelt, doch zielt das in die Ergebnissteuerung eingebundene Kostencontrolling immer noch vorrangig auf die **Beeinflussung von Kostengüterverbräuchen.** Schon die sehr stark durch Gutenberg geprägte Produktionstheorie stellt mit ihren Produktionsfunktionen primär auf die kapazitäts- und leistungsbedingten Kostengüterverbräuche ab. Die **Produktions- und Kostentheorie** folgte diesem Leitgedanken, der seinerseits die Verfeinerung der Konzepte der **Plankostenrechnung** prägte.

Im Rahmen dieser fachlichen Fokussierung unterschied die Betriebswirtschaftslehre zwar schon immer zwischen **Verbrauchsgütern** und **Potentialfaktoren**, doch wurden solche **menschlichen, technischen, immateriellen und andere Ressourcen** vor allem hinsichtlich jener Kostengüterverbräuche untersucht, die durch das Aufrechterhalten der Betriebsbereitschaft und durch die Leistungserstellung hervorgerufen werden. Von dieser Sichtweise ist das Kostenstellencontrolling und das Kostenträgercontrolling gleichermaßen geprägt.

2. Anforderungen steigender Fixkostenintensität an die Ergebnissteuerung

Die nicht nur in der Industrie, sondern auch in der vielfältigen Dienstleistungswirtschaft sehr stark gestiegene Fixkostenintensität machte die **Grenzen einer primär verbrauchsorientierten Kostensteuerung** transparent.

Praxis und Wissenschaft erkannten, daß die Steuerung der Kosten und Ergebnisse fixkostenintensiver Unternehmen nur dann die angestrebte Wirkung entfalten kann, wenn das Ergebniscontrolling vorrangig an dem **Einsatz und an der Verwendung der kostenverursachenden Ressourcen** ansetzt.

Diese Erkenntnis hat zwischenzeitlich erfreulicherweise dazu geführt, daß man die funktional und objektbezogen abgegrenzten Unternehmensbereiche nicht mehr nur als Kostenstellen, sondern zugleich - und dies vorrangig - als **Leistungsstellen** bzw. **Prozeßstellen** betrachtet und untersucht. Einer solchen leistungswirtschaftlichen Betrachtung hat sich schon die Grenzplankostenrechnung mit ihrer Differenzierung nach Kosteneinflußgrößen bzw. Bezugsgrößen zugewandt. Demzufolge betonen die Befürworter dieses bewährten Steuerungsinstrumentes heute auch zu recht, daß es sich dabei um eine **prozeßkonforme Grenzplankostenrechnung** handelt.

Allerdings führt die Differenzierung nach Leistungsarten, die nach wie vor nur als **Kosteneinflußgrößen** begriffen werden, nicht über die traditionelle Sichtweise hinaus. Ein entscheidender Fortschritt kann nur erreicht werden, wenn die Kostenrechnung durch eine zumindest gleichgewichtige **Leistungsrechnung** ergänzt wird und wenn das Controlling vorrangig an den **unternehmensinternen Leistungsströmen**, insofern also am innerbetrieblichen **Prozeßgeflecht** ansetzt. Dies betrifft nicht nur die Kalkulation, sondern das gesamte interne Rechnungswesen.

3. Steuerung von Ressourcen, Prozessen und Produkten im Leistungszusammenhang

Für die ergebnisorientierte Unternehmensführung stellt sich aus den genannten Gründen vor allem die Aufgabe, die Beziehungen zwischen Ressourcen, Prozessen und Produkten, die in **Abbildung 8-1** veranschaulicht werden, im einzelnen aufzudecken. Dies betrifft zunächst speziell die **Beziehungen zwischen Kapazität und Leistung.** In diesem Sinne muß ein ressourcenorientiertes Leistungscontrolling differenzierend auf mehrere Leistungsebenen abstellen. Es muß die einzelnen **Leistungsarten** erfassen und dabei zwischen **wertschöpfenden und nicht wertschöpfenden Leistungen** unterscheiden. Unter Differenzierung nach diesen Leistungsarten ist das Spektrum der **Leistungszeiten** fixkostenintensiver Ressourcen zu planen, zu erfassen und zu kontrollieren. Über die jeweiligen **Leistungsintensitäten** sind die **Leistungszeiten** mit den **Leistungsmengen** verknüpft. Da eine Null-Fehler-Produktion niemals vollständig gelingen kann, spielt darüber hinaus die Leistungsqualität eine große Rolle, mithin also die Differenzierung nach „guten" und „schlechten" Leistungen. Insofern muß sich das ressourcenorientierte Leistungscontrolling auch der Qualitätsdimension zuwenden und demzufolge auch Nichtqualitäten und Minderqualitäten erfassen. Nur dann, wenn die Beziehungen zwischen Kapazitäten, Leistungsarten, Leistungszeiten, Leistungsintensitäten, Leistungsmengen und Leistungsqualitäten im einzelnen analysiert und verfolgt werden, kann eine ergebnisorientierte Unternehmenssteuerung wirklich erfolgreich sein. Denn die ins Gewicht fallenden **Erfolgseinbußen** entstehen aus heutiger Sicht weniger durch den Mehrverbrauch einzelner Kostengüter, sondern durch die in mehrfacher Hinsicht schlechte, **zu geringe und zu wenig wertschöpfende Nutzung der vor allem Fixkosten verursachenden Ressourcen.**

4. Verschwendungsvermeidung zur Steigerung des Unternehmenserfolgs

Wenn sich das Kostenmanagement zu einem ressourcenorientierten Erfolgsmanagement weiterentwickeln soll, ist eine **verstärkte Prozeßorientierung** unent-

Abbildung 8-1
Ressourcen, Prozesse und Produkte im Leistungszusammenhang

Kapazität
Leistungsvermögen einer betrieblichen Einheit in einem Zeitabschnitt
Leistungszeit
Fertigungszeiten, Rüstzeiten
Leistungsmengen
Stückzahlen (Gut- und Schlechtstücke), Prozeßmengen

behrlich. Denn die Verschwendung fixkostenintensiver Ressourcen kann nur durch differenzierende Prozeßanalysen aufgedeckt werden. Diesbezüglich sollte das Controlling die Erkenntnisse der primär durch Organisatoren **entwickelten Theorien der Vermeidung von Verschwendungen** nutzen. **Abbildung 8-2** zeigt eine Systematisierung von Verschwendungsursachen mit einer Einteilung in Verfügbarkeits-, Auslastungs- und Qualitätsverluste.

Neben dem häufig angeführten **KAIZEN**, das nach einer umfassenden kontinuierlichen Verbesserung von Geschäftsprozessen strebt, sind eine Reihe weiterer Konzepte auf die gezielte Vermeidung von Verschwendung gerichtet. Das **Human Resource Management** umfaßt die Optimierung, die Förderung und die Weiterentwicklung von Motivation, Fähigkeiten und Fertigkeiten der Mitarbeiter mit dem Ziel, das Potential der Mitarbeiter möglichst nutzbringend auszuschöpfen. Für das Potential technischer Anlagen wird mit dem Konzept des **Total Productive Maintenance (TPM)** ein partnerschaftlicher Ansatz für alle Funktionen der Organisation, insbesondere der Fertigung und der Instandhaltung vorgeschlagen. Das **Total Quality Management (TQM)** fokussiert auf die kontinuierliche Verbesserung der Qualität von Prozessen mit dem Ziel der vollständigen Fehlervermeidung, wobei eine umfassende teamorientierte Zusammenarbeit ein bedeutsamer Ansatzpunkt ist. Auch die **Just-in-Time-Strategie** trägt letztlich zur Verschwendungsvermeidung bei und schafft so die Voraussetzung für eine bessere Nutzung von vorhandenen Potentialen und Kapazitäten. Das **Lean Management** und verschiedene Ansätze des **Reengineering** dienen durch die Suche nach wirtschaftlichen produkt- und kundenbezogenen Strukturen und Abläu-

---

Abbildung 8-2
Bedeutsame Verlustquellen

Bedeutsame Verlustquellen

- **Verfügbarbeitsverluste**
  Brachzeiten (1-Schicht-Betrieb)
  Störzeiten
  Instandhaltungszeiten
  Anlaufzeiten
  Rüstzeiten
- **Auslastungsverluste**
  Unterbeschäftigung
  Auslastung mit Nebenleistung
  niedrige Bearbeitungsgeschwindigkeit
- **Qualitätsverluste**
  Ausschuß
  Nacharbeit

---

fen ebenfalls der Verschwendungsvermeidung. Anläßlich der Reorganisation von Industrieunternehmen werden solche Konzepte derzeit sehr lebhaft erörtert. Dabei geht es darum, die wesentlichen „Verlustquellen" aufzudecken. Mittlerweile ist bekannt, daß es sich dabei im wesentlichen um **Verfügbarkeitsverluste**, zum Beispiel durch **Störzeiten, Anlaufzeiten und Rüstzeiten**, um **Auslastungsverluste** und um **Qualitätsverluste** handelt. Verschiedene Varianten des Total Productive Management systematisieren diese Verlustquellen zwar unterschiedlich, im Kern aber doch annähernd gleich. Sie zielen allesamt darauf ab, eine **Bilanzierung von Ressourcenverwendungen** zu ermöglichen, um aufzuzeigen, wo die Verbesserung der Auslastung kostenintensiver Potentiale vorrangig ansetzen sollte.

5. Prozeßkostenrechnung als Instrument des Ressourcencontrollings

Die nicht nur auf die Verfeinerung der Produktkostenkalkulation abstellende **Prozeßkostenrechnung** ist ebenfalls auf dieses Ziel ausgerichtet. Auch diese von der Praxis heute sehr stark beachtete Konzeption unterscheidet ausdrücklich ressourcenbezogen verschiedene Prozeßtypen und Prozeßarten und klassifiziert diese hinsichtlich ihrer Wertschöpfungsbeiträge. Sie erfaßt darüber hinaus auch die Beziehungen zwischen einzelnen ressourcenspezifischen Teilprozessen und

übergreifenden Hauptprozessen. Erst dadurch wird es möglich, die Beziehungen zwischen Ressourcen, Prozessen und Produkten zu erfassen. Insofern wird die Prozeßkostenrechnung zu einem unverzichtbaren Bindeglied zwischen Kostenstellenrechnung (besser: Prozeßstellenrechnung) und Kostenträgerrechnung. Insofern muß die **klassische Einteilung der Teilgebiete** des innerbetrieblichen Rechnungswesens sicher neu überdacht und in geeigneter Weise weiterentwickelt werden.

Auf Aktivitäten abstellende Konzeptionen des innerbetrieblichen Rechnungswesens sind vor allem wegen der Prozeßorientierung selbst wertvoll. Der **Kalkulation von Prozeßkosten** kommt demgegenüber eher nur eine sekundäre Bedeutung zu. Viel wichtiger ist es, den nach wie vor komplex organisierten Unternehmen ein **Instrument zur Analyse, Planung und Steuerung der Prozeßstrukturen** an die Hand zu geben. Die konventionelle Betriebsabrechnung im Sinne der Verrechnung der Kosten innerbetrieblicher Leistungen ist hierfür nur ein wenig wertvoller Beitrag.

Auch die **Informationsversorgungsfunktion des Controlling** muß der großen Bedeutung der Leistungs- bzw. Prozeßorientierung vermehrt Rechnung tragen. Management-Informationssysteme sollten demnach bezüglich des innerbetrieblichen Rechnungswesens nicht nur Kosteninformationen präsentieren, sondern verstärkt jene **Leistungsinformationen**, die für die unterschiedlichen Funktionalbereiche und Wertschöpfungsketten zentral bedeutsam sind. Demgemäß sind beispielsweise für die industrielle Logistik **Entwicklungen der Bestände, Umschlagsgeschwindigkeiten, Lagerreichweiten und Servicegrade** sehr viel bedeutsamere Informationen als differenzierende Kostenkennzahlen. Für die besonders kostenintensiven Bereiche der Entwicklung und der Produktion gilt diese Forderung gleichermaßen.

Planung, Kontrolle und Verrechnung von Forschungs- und Entwicklungskosten

1. Zunahme der Bedeutung von Forschung und Entwicklung

Während der zurückliegenden Jahre sind in Folge stetiger Liberalisierung und forciert durch immer weiter verbesserte Logistikkonzepte großräumige Märkte entstanden. Die **Globalisierung** von Märkten intensiviert den **Wettbewerb**. Weltweit konkurrieren inzwischen Länder miteinander, deren Lohn- und Gehaltsniveau sich außerordentlich stark unterscheidet. Industriell sehr weit fortgeschrittene Volkswirtschaften können wegen ihres in der Regel sehr hohen Personalkostenniveaus rein kostenmäßig dem Drängen von Niedriglohnländern bei der Bewältigung von Produktionsaufgaben nur noch mit Schwierigkeiten standhalten. Sie reduzieren daher konsequent ihre Produktionstiefe und gliedern die Fertigung von Baugruppen und Komponenten aus. Im Zuge dieses "Outsourcing" werden immer mehr Produktionsaufgaben in Länder mit niedrigem Lohn- und Gehaltsniveau verlagert.

Trotz solcher Kostensenkungsstrategien können hoch industrialisierte Länder ihre Wettbewerbsposition nicht mehr vorrangig durch besonders preisgünstige Offerten halten oder gar ausbauen. Sie bemühen sich immer mehr, **Wettbewerbsvorteile** durch eine besonders große **Flexibilität**, durch **technische Perfektion** sowie durch ein hohes und zugleich sicheres Qualitätsniveau zu verschaffen. Von noch größerer Bedeutung ist der Wettbewerbsfaktor Innovation, genauer: **Innovationsgeschwindigkeit**. Auf den Märkten sind jene Unternehmen besonders erfolgreich, die nicht nur auf Kundenwünsche flexibel reagieren, sondern durch eigene rasche Innovation funktional perfekte und qualitätssichere Erzeugnisse anzubieten vermögen. In Folge dieser Verschiebung der Bedeutung der Wettbewerbsfaktoren sind **Forschung und Entwicklung** für die **Sicherung des Unternehmenserfolgs und der Unternehmensexistenz** immer bedeutsamer. Zukunftsorientiert agierende Industrieunternehmen müssen zwar auch weiterhin für ihre horizontal und vertikal segmentierte Fertigung besonders leistungsfähige und demzufolge hoch automatisierte, zugleich flexible, computergesteuerte Technologien bereitstellen, zugleich müssen sie aber ihre Forschungs- und Entwicklungsressourcen immer weiter verbessern und ausbauen.

2. Anstieg der Forschungs- und Entwicklungskosten

Infolge der großen Bedeutung von Innovationen sollten die Forschungs- und Entwicklungsabteilungen im internen Rechnungswesen nicht als Hilfsbetriebe (Hilfskostenstellen) abgebildet werden. **Forschungs- und Entwicklungsleistungen** können **nicht länger als innerbetriebliche Leistungen** eingestuft werden, mit der Konsequenz, daß ihre Kosten in die Fertigungsgemeinkosten eingehen. Wissenschaft und Praxis haben in der zurückliegenden Zeit erkannt, daß Forschung und Entwicklung nicht zu den indirekten Bereichen zählen. Geforscht und entwikkelt wird letztlich immer produktbezogen. Forschungsaktivitäten liefern die Basis für die ungebundene Entwicklung, an deren Ergebnissen die gebundene, produktspezifische Entwicklung anknüpft. Demzufolge läßt sich auch ein großer Teil speziell der **Entwicklungskosten produktspezifisch erfassen und verrechnen**.

Die Kosten der Entwicklung spezieller Erzeugnisse sind die bedeutsamste Komponente der sogenannten **Vorlaufkosten**, die in der Vorlaufphase, also vor der Produktions- und Vermarktungsphase, im Produktlebenszyklus anfallen. Die Vorlaufkosten nehmen nicht nur absolut, sondern auch relativ - im Verhältnis zu den wiederkehrenden Produktionskosten - deutlich in ihrer Bedeutung zu. Demzufolge beeinflußt ihre Höhe die **Rentabilität von Investitionen in neue Produkte** zunehmend. Zu hohe Kosten der Forschung und Entwicklung können durch Einsparungen bei den Produktionskosten meist nicht mehr kompensiert werden.

Die Kosten der Forschung und Entwicklung müssen aus den zuvor genannten Gründen nicht nur genauer erfaßt, sondern auch frühzeitig geplant, budgetiert, überwacht und gesteuert werden. Dies betrifft die **Kosten der Ressourcen, der Prozesse und der Projekte** sowie letztendlich auch der Produkte. Speziell in der pharmazeutischen Industrie muß beispielsweise die Höhe der Kosten von Neuentwicklungen deshalb genau bekannt sein, weil man die wirtschaftlichen Konsequenzen des Abbruchs möglicherweise nicht erfolgreicher Entwicklungsvorhaben kennen muß.

Für Forschungs- und Entwicklungsaktivitäten werden sehr **kostenintensive Ressourcen** vorgehalten. Dazu zählt hauptsächlich das für die Produktion von Knowhow regelmäßig hoch zu entlohnende Personal. Der relative Anteil der Personalkosten macht für Forschungs- und Entwicklungsbereiche 60%-80% der betreffenden Gesamtkosten aus. Es kommt hinzu, daß für diese Aktivitäten auch verhältnismäßig hohe Raumkosten, Laborkosten, Kosten für Geräte und Vorrichtungen, Kosten für spezielle Materialien und Fremdleistungskosten anfallen. Die für die Ressourcen des Forschungs- und Entwicklungsbereichs anfallenden Kosten sind **überwiegend fix** und sie müssen regelmäßig in großen Quanten und für relativ lange Zeiträume disponiert werden. Deshalb kommt ihrer frühzeitigen Planung und Steuerung eine große Bedeutung zu. Die für personelle und sonstige FuE-Kapazitäten disponierten Kosten sollten zweckmäßigerweise in **Fixkostenobligorechnungen** festgehalten werden.

3. Controlling von FuE-Kosten mit Hilfe der Plankostenrechnung

Zur Unterstützung des Kostencontrolling und des Kostenmanagement wurde die Methodik der **Plankostenrechnung** in den letzten Jahren immer weiter verfeinert. Das Instrumentarium moderner Plankostenrechnungskonzepte läßt sich prinzipiell für sämtliche Arten von Kostenstellen nutzen. Einsatzschwerpunkt der Plankostenrechnung war bisher jedoch der Produktionsbereich. In umfassende Plankostenrechnungskonzepte müssen künftig auch die Kostenstellen des Forschungs-

und Entwicklungsbereich einbezogen werden. Auch für diese sind Plankosten festzulegen, in Sollkosten umzurechnen und Soll-Ist-Vergleiche durchzuführen.

Zur Planung der für Forschungs- und Entwicklungskostenstellen anfallenden Kosten lassen sich bewährte Methoden (analytische Kostenplanung) einer modernen Grenzplankostenrechnung im wesentlichen unmodifiziert nutzen. Besonderheiten ergeben sich freilich für die **Planung der Leistungsniveaus und der Leistungsspektren** von FuE-Kostenstellen. Denn die Leistung dieser Kostenstellen leitet sich im Gegensatz zur Leistung der Fertigungskostenstellen verständlicherweise nicht aus den Absatz- und Produktionsplänen ab. Vielmehr muß die Leistungsplanung für FuE-Kostenstellen **von den strategischen Innovationsplänen ausgehen**. Diese konkretisieren sich für einzelne Planjahre in inhaltlich festgelegten Entwicklungsvorhaben und Forschungsaktivitäten. Für geplante FuE-Projekte sollte auch deren Inanspruchnahme einzelner FuE-Kostenstellen geplant werden. Durch Verfolgung dieser Zusammenhänge läßt sich ausgehend von den Innovationsplänen das voraussichtliche Leistungsniveau und zudem auch das Tätigkeitsspektrum von Forschungs- und Entwicklungskostenstellen ableiten. Mitunter begnügen sich manche Unternehmen freilich damit, das für die Forschung und Entwicklung insgesamt fixierte Kostenbudget verhältnismäßig pauschal (global) zunächst für einzelne FuE-Projekte und ausgehend davon für FuE-Kostenstellen(bereiche) vorzugeben. Wenn für das Kostencontrolling möglichst präzise Meßlatten zur Verfügung stehen sollen, sind derartige globale Budgetierungsprozesse möglichst durch die systematische Ableitung der Leistungspläne aus den Innovationsplänen abzulösen. Dies setzt allerdings eine **Verfeinerung der Leistungsplanung** für FuE-Projekte voraus, die sich prinzipiell deshalb schwierig gestaltet, weil sich das Produzieren von neuem Know-how kaum so genau abschätzen, prognostizieren und festlegen läßt, wie die Produktion bestimmter Mengen konstruktiv festgelegter Erzeugnisse.

Da im Forschungs- und Entwicklungsbereich wegen dessen **Fixkostenintensität** regelmäßig nicht allzu hohe proportionale Kosten anfallen, sind dort Verbrauchsabweichungen keinesfalls von so großer Bedeutung wie im Produktionsbereich. Im Vergleich dazu sind Beschäftigungsabweichungen bedeutsamer. Das pauschale Aufdecken solcher **Kapazitätsauslastungsabweichungen** reicht aber für eine effektive Steuerung der FuE-Kosten nicht aus. Es ist unumgänglich, den Gründen einer schwankenden, sich auch strukturell verschiebenden Auslastung der FuE-Ressourcen durch ein **gezieltes Leistungscontrolling** nachzugehen. Das Etablieren eines ressourcenorientierten Leistungscontrolling für den FuE-Bereich ist eine Grundbedingung für eine effektive Steuerung der relativ hohen Fixkosten der Forschungs- und Entwicklungskostenstellen. Denn die Höhe der Fixkosten dieses Unternehmensbereichs hängt unmittelbar von der Größe der Kapazitäten ab, die für Forschungs- und Entwicklungstätigkeiten planmäßig vorgehalten werden. Ohne eine genaue Überwachung der Nutzung dieser Ressourcen läßt sich keine optimale Kapazitätsdimensionierung und demzufolge letztlich auch keine erfolgreiche Fixkostensteuerung erreichen.

4. Leistungscontrolling für FuE-Ressourcen

Speziell für die fixkostenintensiven **personellen Ressourcen** von FuE-Bereichen ist nicht nur das Verhältnis von Auslastung und Nicht-Auslastung durch Plan-Ist-Vergleiche zu verfolgen. Es kommt auch auf eine Planung, Dokumentation und Überwachung des Leistungsspektrums (Tätigkeitsspektrums) an. Dabei sollten unmittelbar produkt- bzw. projektspezifische Tätigkeiten von solchen Aktivitäten separiert werden, die ihrem Wesen nach Vorleistungen der eigentlichen Forschung oder Entwicklung sind oder lediglich administrativen Charakter haben. In diesem Sinne postulieren die Befürworter der Prozeßkostenrechnung richtigerweise das getrennte Registrieren **wertschöpfender und nicht-wertschöpfender Tätigkeiten**.

Das sorgfältige, ins Detail gehende **Aufdecken des Tätigkeitsspektrums** von Forschungs- und Entwicklungsabteilungen macht Art und Ausmaß nicht effektiver Einsätze der Ressource Mensch evident. Auf diese Weise kann man in Erfahrung bringen, daß beispielsweise hochqualifizierte und demzufolge auch teuere Mitarbeiter möglicherweise mit viel zu umfangreichen administrativen Tätigkeiten oder mit zeitraubenden Details der Personalführung belastet werden, so daß ihr hohes Know-how viel zu wenig für kreative Tätigkeiten genutzt werden kann. Um das Leistungsspektrum von Forschungs- und Entwicklungsabteilungen genauer erfassen und sodann auch besser planen und überwachen zu können, sollte für die betreffenden Ressourcen eine zweckmäßige **Systematik von Prozeßarten** festgelegt werden, die durch die weitere Untergliederung von Prozeßarten in Teilprozeßarten noch verfeinert werden kann. Das methodische **Instrumentarium der Prozeßkostenrechnung** erweist sich hierfür als sehr nützlich.

Sobald erste Erfahrungen über die Volumina einzelner Prozeßarten und Teilprozeßarten vorliegen, wird es immer leichter fallen, solche **Prozeßvolumina und Prozeßstrukturen auch periodenbezogen zu planen**. Zentrale Aufgabe des ressourcenorientierten Leistungscontrolling ist es, rasch auf Prozeßarten und Prozeßstrukturen abstellende Plan-Ist-Vergleiche durchzuführen. Ein gut ausgebautes Leistungscontrolling ermöglicht eine bessere Dimensionierung personeller FuE-Kapazitäten und schafft damit die Voraussetzungen für eine nicht ausschließlich auf Kostensenkung ausgerichtete **Fixkostensteuerung**. Insofern ist ein organisiertes Leistungscontrolling speziell - aber keineswegs nur - für den Forschungs- und Entwicklungsbereich wesentlich effektiver als sporadisch teilweise durchgeführte Gemeinkostenwertanalysen.

Das auf FuE-Ressourcen abstellende Leistungscontrolling ist darüber hinaus auch von zentraler Bedeutung für die **Bestimmung von Kostensätzen**, die man für eine leistungsbezogene Verrechnung von Forschungs- und Entwicklungsleistungen benötigt. Denn einerseits deckt das Leistungscontrolling die Entwicklung der Auslastung von FuE-Kapazitäten auf und andererseits macht es zugleich deutlich, welches Ausmaß administrativer Tätigkeiten und ähnlicher Vor- oder Nebenleistungen in die Kalkulation von Kostensätzen für produkt- bzw. projektspezifische Tätigkeiten einbezogen werden müssen.

5. Projektkostenrechnung und Projektcontrolling

Nicht nur für Entwicklungstätigkeiten, sondern auch für die Grundlagenforschung und die angewandte Forschung lassen sich konkrete **Vorhaben** definieren. Im Sinne einer möglichst gründlichen Planung von Innovationen ist dies unumgänglich. Forschungs- und Entwicklungsvorhaben sind Handlungsprogramme, deren Abwicklung sich meistens **über eine längere Zeit erstreckt**. Regelmäßig handelt es sich um komplexe Aktivitätsfelder. Hierfür können ohne größere Schwierigkeiten Ziele, angestrebte Ergebnisse, Strategien und einzuleitende Maßnahmen im voraus festgelegt werden. Eine ins Detail gehende **Planung von Maßnahmen** ist jedoch umso schwieriger, je mehr Entwicklungs- und erst recht Forschungsaktivitäten auf die Erarbeitung von neuem produkt- und prozeßbezogenen Know-how, somit also nicht nur auf Weiterentwicklungen, Modifikationen und Ergänzungen ausgerichtet sind.

Ein vorrangiges Anliegen ist es, für Forschungs- und Entwicklungsvorhaben zumindest die für solche Projekte auflaufenden Kosten so genau wie möglich zu erfassen. Dem dient die **Projektkostenrechnung**. Diese dient der Erfassung und Fortschreibung sämtlicher Kosten, die für die Abwicklung eines inhaltlich zumindest grob festgelegten Forschungs- oder Entwicklungsvorhabens letztlich insgesamt (möglicherweise über einen langen Zeitraum hinweg) anfallen. Die Projektkostenrechnung behandelt **Forschungs- und Entwicklungsvorhaben** wie **Kostenträger**, deren Erstellung in den meisten Fällen mehrere Kostenstellen insbesondere des FuE-Bereichs in Anspruch nimmt. Demzufolge kann sich die Projektkostenrechnung methodisch auch auf bewährte Verfahren der Kostenträgerrechnung stützen. Für FuE-Projekte sind **Projekteinzelkosten** und **Projektgemeinkosten** zu erfassen. Bei ersteren handelt es sich um Materialkosten, Kosten für Werkzeuge, Vorrichtungen und Sonderbetriebsmittel, Fremdleistungskosten und dergleichen. Hinzu kommen - der konventionellen Terminologie der Kalkulationslehre gemäß als Projektgemeinkosten bezeichnet - die Kosten der Inanspruchnahme der verschiedenen Ressourcen des Forschungs- und Entwicklungsbereichs. Wenn diese Kategorie von Kosten möglichst genau projektbezogen erfaßt werden soll, ist ein Vorgehen nach den Grundprinzipien der Prozeßkostenrechnung unbedingt erforderlich.

Der FuE-Bereich sollte möglichst differenziert in **Kostenstellen**, möglicherweise noch feiner in **Kostenplätze** untergliedert werden. Für diese müssen ihrem Tätigkeitsspektrum gemäß **Prozeßarten**, möglicherweise sogar Teilprozeßarten unterschieden werden. Für diese sind jeweils die **Maßeinheiten zur Messung der Prozeßvolumina** festzulegen. Auf diese Maßeinheiten abstellend sind **Prozeßkostensätze** - regelmäßig als Standardkostensätze - zu kalkulieren. Dabei müssen die Kosten für nicht unmittelbar der Wertschöpfung dienende, somit also für nicht direkt projektspezifische Tätigkeiten in geeigneter Weise berücksichtigt werden. Sind die zuvor genannten Bedingungen erfüllt, lassen sich prinzipiell für sämtliche Forschungs- und Entwicklungsprojekte die unterschiedlichen Arten der Ressourceninanspruchnahme (Prozeßarten) und deren Kosten (Prozeßkosten) registrieren. Diese Prozeßkosten kommen zu den direkt projektspezifisch erfassbaren primären Kosten für Material, Vorrichtungen, Werkzeuge, Geräte, Sonder-betriebsmittel, Fremdleistungen und dergleichen hinzu. Auf diese Weise lassen sich die im Laufe der Zeit **kumulierten Kosten der Erstellung von Forschungs- oder Entwicklungsprojekten erfassen und dokumentieren**.

Gerade in der erschwerten Detailplanung von Forschungsvorhaben, aber auch von Entwicklungsvorhaben ist allein die **mitlaufende Nachkalkulation von Projektkosten** des FuE-Bereichs von hohem Wert. Die Nachkalkulation deckt die Zusammensetzung der Istkosten und deren Entwicklung im Zuge des Projektfortschritts auf. Dadurch erhalten innovative Unternehmen Informationen über die Höhe und die Zusammensetzung der Kosten einzelner Teilleistungen ("Teilpakete") von FuE-Vorhaben. Schon lange vor dem Abschluß solcher Projekte läßt sich zumindest grob abschätzen, ob mit einem überproportionalen Kostenanfall gerechnet werden muß oder ob die auflaufenden Kostenbeträge den zumindest grob veranschlagten (geschätzten) Projektkosten entsprechen werden.

Je mehr Erfahrungen ein innovatives Unternehmen durch projektkostenrechnerische Nachkalkulationen sammeln kann, desto eher wird es in der Lage sein, für neue Forschungs- und Entwicklungsvorhaben Projektkosten zumindest systematisch zu budgetieren. Wenn beispielsweise ein Unternehmen der pharmazeutischen Industrie ein neues Medikament zu entwickeln beginnt, vermag es Schlüsse aus vorausgehenden Entwicklungen ähnlicher Arzneimittel zu ziehen und dann ausgehend hiervon **Projektkostenbudgetierungen** vorzunehmen. Dies gilt für andere forschungs- und entwicklungsintensive Unternehmen gleichermaßen. Kostenbudgets lassen sich bei stetiger Erhöhung der Kostentransparenz des FuE-Bereichs später dann **auch für Teilleistungen** komplexer, langfristiger Forschungsvorhaben vorgeben. Für derartige Projekte lassen sich projektabschnittsspezifische Kostenbudgets vorgeben. Je besser eine solche Detailierung von Budgetvorgaben gelingt, desto größer werden die Chancen für den Ausbau der Projektkostenrechnung zum Projektcontrolling. Denn **projektabschnittsspezifische Kostenbudgets** sind eine gute Meßlatte für die Überwachung der für ein Forschungs- oder Entwicklungsvorhaben anfallenden Istkosten. Letztere werden dann nicht mehr nur im Zeitablauf kumuliert. Sie können mit den vorgegebenen Kostenbudgets verglichen werden. Je nach Ausmaß der dabei festgestellten Abweichungen werden **Abweichungsanalysen** angestoßen. Diese können umso besser ins Detail gehen, je mehr es aufgrund gesammelter Erfahrungen gelingt, bei der Vorgabe projektabschnittsspezifischer Kostenbudgets nach unterschiedlichen Kostenarten (Projekteinzelkosten und Kosten der Inanspruchnahme von Forschungs- und Entwicklungsressourcen im Sinne von Projektgemeinkosten) zu differenzieren. Unternehmen, die beim Aufbau eines FuE-Controlling bereits Erfolge zu verzeichnen haben, budgetieren Projektkosten regelmäßig projektabschnittsbezogen und differenzieren dabei nach Kostenarten, zumindest nach Kostenartengruppen. Sie werden - weiter ins Detail gehend - den **projektabschnittsspezifischen Anfall der Kostenarten auch Zeitabschnitten zuordnen**. Dies führt zu einer weiteren Verfeinerung der Projektkostenbudgetierung, die dann unumgänglich ist, wenn projektspezifische Kostenbudgets mit periodenbezogenen Budgets für die Forschungs- und Entwicklungstätigkeiten möglichst genau abgestimmt werden sollen. Die Projektkostenbudgetierung läßt sich zur Projektkostenplanung weiter verfeinern, wenn es gelingt, unterschiedliche Arten von Forschungs- und Entwicklungsleistungen im einzelnen zu planen und hierfür ressourcenspezifische Prozeßvolumina zu veranschlagen.

6. Verrechnung von FuE-Kosten

Forschungsvorhaben und Entwicklungsprojekte sind, wenn sie für eigene Zwecke durchgeführt werden, ihrem Wesen nach **Zwischenkostenträger**. Denn es handelt sich um **Wiedereinsatzleistungen**. Gemäß der Terminologie der Prozeßkostenrechnung kann man komplexe FuE-Projekte als **Hauptprozesse** bezeichnen. Ein solcher Hauptprozeß setzt sich regelmäßig aus unterschiedlichen ressourcenspezifischen Prozeßarten oder sogar Teilprozeßarten zusammen. Mit anderen Worten ausgedrückt: An dem erfolgreichen Abschluß eines Forschungs- oder Entwicklungsvorhabens wirken regelmäßig unterschiedliche Kostenstellen mit. Die Kosten der Inanspruchnahme dieser verschiedenen FuE-Kostenstellen lassen sich prozeßkostenrechnerisch kalkulieren (Bewertung der gemessenen Volumina unterschiedlicher Prozeß- bzw. Teilprozeßarten mit Prozeßkostensätzen). So gesehen ähnelt die Gesamtkalkulation eines komplexen FuE-Projektes durchaus der Kalkulation eines Produktes.

Forschungs- und Entwicklungsergebnisse stellen als erarbeitetes und konkretisiertes Know-how **immaterielle Potentiale** dar, die Voraussetzung für eine erfolgreiche Produktion und Vermarktung von Erzeugnissen sind. Demzufolge sind die Kosten abgeschlossener Forschungs- und Entwicklungsprojekte Kosten einer speziellen Kategorie: Sie sind **Vorleistungskosten**. Forschungs- und Entwicklungskosten fallen einmalig vor dem Beginn der Produktion und Vermarktung von Erzeugnissen an. Kostenrechnungstheorie und Kostenrechnungspraxis haben bis heute vor allem die Trennung proportionaler und fixer Kosten in den Vordergrund gerückt. **Fixe Kosten**, die auch als Bereitschaftskosten oder Kapazitätskosten bezeichnet werden, interpretieren Wissenschaft und Praxis regelmäßig als **periodisch leistungsunabhängig anfallende Kosten**. Hiervon unterscheiden sich **Vorleistungskosten** deutlich, da sie nicht laufend Periode für Periode, sondern - wie zuvor ausgeführt - **einmalig vor dem Anfang der Produktions- und Vermarktungsphase anfallen**. Den selben Charakter haben Konstruktionskosten sowie Kosten der Arbeits- und Fertigungsvorbereitung.

Als Kostenkategorie lassen sich Forschungs- und Entwicklungskosten mit den für materielle Potentiale aufgewandten **Anschaffungskosten oder Herstellungskosten** vergleichen. Sie haben - wie diese - investiven Charakter. Nach Handels- und Steuerrecht dürfen für selbsterstellte, immaterielle Potentiale hingenommene Kosten nicht aktiviert werden. Diesem Aktivierungsverbot folgen die Unternehmen regelmäßig auch im internen Rechnungswesen. Sie **verzichten auf die Aktivierung von Forschungs- und Entwicklungskosten** und verrechnen sie demzufolge erfolgswirksam in der Periode ihres Anfalls. Dies hat zur Folge, daß die innerhalb eines Geschäftsjahres aufgewendeten Kosten für Produktentwicklungen nicht verursachungsgerecht weiterverrechnet werden. Denn sie mindern die erfolgswirksamen Überschüsse der in dem betreffenden Jahr vermarkteten Erzeugnisse. Es ist Praxis der Kostenrechnung, die in einer Periode anfallenden Forschungs- und Entwicklungskosten letztlich in die Fertigungsgemeinkosten einzubeziehen, die **meist über Zuschläge oder als Komponente von Verrechnungssätzen den innerhalb des betreffenden Zeitraums hergestellten Produkten angelastet** werden. Für die solchermaßen kalkulierten Produkte besteht dann aber die Gefahr, daß der Markt sie zu einem kostenorientierten kalkulierten Preis nicht annimmt.

Unternehmen, die Wert auf eine möglichst **genaue Produktkalkulation** legen, sollten die in ihrer Höhe immer mehr steigenden Kosten der Forschung und Entwicklung innerhalb ihres internen Rechnungswesens aktivieren und sodann **über die Nutzungsdauer der immateriellen Forschungs- und Entwicklungspotentiale hinweg abschreiben**. Die handels- und steuerrechtlichen Bestimmungen stehen diesem Prozedere nicht entgegen. Denn sie determinieren lediglich die externe Rechnungslegung. Werden Forschungs- und Entwicklungskosten projektbezogen erfaßt, können sie als Gesamtbeträge aus den periodisch anfallenden Kosten herausgerechnet, aktiviert und über den Zeitraum der Nutzung der betreffenden immateriellen Potentiale verrechnet werden. Um genau zu sein, muß zugegeben werden, daß es sich dabei um eine **anteilige Verrechnung von Periodengemeinkosten** handelt. Dies kann jedoch in der Kalkulation entsprechend deutlich gemacht werden.

Für die Verrechnung unternehmensintern aktivierter Forschungs- und Entwicklungskosten bieten sich **zwei unterschiedliche Vorgehensweisen** an. Entweder kann man die periodisch anteilig verrechneten Kosten der Forschung bzw. Entwicklung **den periodischen Fixkosten hinzufügen**. Andererseits ist es auch möglich, Kosten der Forschung und vor allem der Entwicklung **anteilig auf produzierte Mengeneinheiten zu verrechnen**. In beiden Fällen handelt es sich um **anteilige Kostendeckungsvorgaben**. Vieles spricht für den zweiten der beiden geschilderten Wege. Um diesen gehen zu können, muß, am Beispiel von Entwicklungsvorhaben erläutert, **die von einem entwickelten Produkt voraussichtlich insgesamt produzierbare bzw. absetzbare Menge** prognostiziert werden. Dies mag schwierig erscheinen, doch ist eine erfolgsorientiert agierende Unternehmung im Grunde bereits beim Beginn eines Entwicklungsvorhabens gezwungen, entsprechende Schätzungen anzustellen. Diese lassen sich zum Zeitpunkt des Abschlusses eines Entwicklungsvorhabens ohne Zweifel konkretisieren.

Innerhalb der Produktkalkulation sollten anteilige Kosten der Entwicklung, möglicherweise auch der Forschung, als **separate Kalkulationsposition** deutlich gemacht werden. Demgemäß ist der Herstellkostenbegriff weiter zu fassen. Wird für eine Produktart deutlich gemacht, welcher anteilige Betrag für Forschung und Entwicklung für eine Mengeneinheit eines Erzeugnisses in der Kalkulation anzusetzen ist, verbessern sich die **Möglichkeiten der produktbezogenen Beein-**

flussung von Forschungs- und Entwicklungskosten im Sinne eines modernen Kostenmanagements.

7. Forschungs- und Entwicklungskosten in Lebenszyklusrechnungen

Um produktspezifische Vorkalkulationen als vollkostenrechnerische Standardkalkulationen aufbauen zu können, müssen Kosten der Forschung und Entwicklung - wie zuvor ausgeführt - als **anteilige Deckungslasten** (Kostendeckungsvorgaben) letztlich in Kostenträgerstückrechnungen einbezogen werden. Da es regelmäßig sehr schwer fällt, die von einem Erzeugnis insgesamt herstellbare und absetzbare Menge ex ante genau abzuschätzen, muß durch **geeignete Kontrollrechnungen** erfaßt werden, in welchem Ausmaß anteilig verrechnete Forschungs- und Entwicklungskosten über produktspezifische Nachkalkulationen tatsächlich weiter verrechnet und in periodische Ergebnisrechnungen eingegangen sind. Ansonsten könnte es dazu kommen, daß für eine Erzeugnisart insgesamt deutlich mehr oder viel zu wenig Forschungs- und Entwicklungskosten in die Produktions- und Absatzergebnisrechnungen einbezogen wurden, als in der Vorleistungsphase hierfür tatsächlich angefallen sind. Dieses Anliegen deckt sich mit dem **Erfordernis der Überwachung des Ansatzes und der Verrechnung** von kalkulatorischen Abschreibungen: Für jede Anlage wird man verfolgen, ob über deren gesamte Nutzungsdauer hinweg die geplante Abschreibungssumme insgesamt verrechnet oder ob sich ungedeckte Restbuchwerte, möglicherweise auch "Abschreibungen unter null" ergeben haben. Analoges gilt für die Amortisation von Werkzeugkosten.

Das Berechnen, Vorgeben und Verrechnen anteiliger Forschungs- und Entwicklungskosten auf produzierte und letztlich abgesetzte Produktmengen steht primär im Dienst **vollkostenrechnericher, strategischer Produktkalkulationen**. Abgesehen davon ist diese Verrechnungsprozedur auch für den **Aufbau periodischer Nettoergebnisrechnungen** erforderlich. Das innerbetriebliche Rechnungswesen ist sehr stark vom Denken in periodischen Nettoergebnissen geprägt. Monatliche Betriebsergebnisrechnungen werden durch Aufsummierung der Monatsergebnisse zur jahresbezogenen Betriebsergebnisrechnung eines Unternehmens fortgeführt. Kritische Auseinandersetzungen mit der Zurechenbarkeit von Kosten haben seit den 60er Jahren die Erkenntnis zutage gefördert und gefestigt, daß streng genommen insbesondere für verhältnismäßig **kurze Abschreibungsperioden keine Nettoergebnisse** bestimmt werden können, weil Kosten für Potentiale mit mehrperiodischer Nutzungsdauer nur dem jeweiligen Potentialnutzungsraum insgesamt direkt zugerechnet werden können, wenn das Verursachungsprinzip in seiner strengen Interpretation nicht verletzt werden soll. Demgemäß rechnen immer mehr besonders fortschrittliche Unternehmen den Monaten und Quartalen als Abrechnungszeiträumen lediglich die speziell für diese kurzen Zeiträume disponierten Kosten zu und bestimmen demzufolge für diese Zeitabschnitte konsequent Monatsdeckungsbeiträge bzw. Quartalsdeckungsbeiträge, die sie über das

Jahr hinweg aufsummieren. Selten wird jedoch bisher der Tatsache Rechnung getragen, daß der Anfall von Kosten für Potentiale mit mehrjähriger Nutzungsdauer **auch der Bestimmung von Jahresnettoergebnissen Grenzen** setzt. Erst in der jüngsten Zeit wird wegen der zunehmenden Bedeutung von Kosten der zuvor angesprochenen Kategorie immer nachdrücklicher der **Aufbau periodenübergreifender, lebenszyklusorientierter Kosten-, Erlös- und Ergebnisrechnungen** gefordert, in dem Vorleistungskosten unverfälscht als einmalig vor dem Beginn der Produktions- und Vermarktungsphase von Erzeugnissen anfallende Kosten ausgewiesen werden. Die **zunehmende Bedeutung der Forschungs- und Entwicklungskosten**, aber **auch der Konstruktions- und Fertigungsvorbereitungskosten** läßt das Etablieren lebenszyklusorientierter Ergebnisrechnungen immer dringlicher erscheinen. Nur durch solche Kalküle läßt sich bestimmen, ab welcher Länge des Produktlebenszyklus und bei welchen Produktions- und Absatzvolumina innerhalb der Produktions- und Absatzperiode sich die einmalig in Kauf genommenen Kosten der Forschung, Entwicklung, Konstruktion und Fertigungsvorbereitung effektiv amortisieren. Als **Amortisationsrechnungen** sind lebenszyklusorientierte Ergebnisrechnungen **zeitbezogene Nutzschwellenkalküle**. Sie stellen den Vorleistungskosten jene Periodendeckungsbeiträge gegenüber, die durch die Herstellung und den Vertrieb einer Erzeugnisart über deren gesamten Lebenszyklus hinweg erwirtschaftet werden können. Ergänzend müssen in solchen Lebenzyklus-Ergebnisrechnungen auch **Rückstellungen für Nachleistungskosten** einbezogen werden, die für den Abbau und die Entsorgung jener Potentiale entstehen, die für die Produktion und Vermarktung ursprünglich geschaffen wurden.

Die Kosten der Forschung und Entwicklung machen einen immer höheren Anteil der Vorleistungskosten aus. Deshalb bestimmt ihre Höhe die Rentabilität von Investitionen in neue Erzeugnisse maßgeblich. **Lebenszyklusorientierte Ergebnisrechnungen decken die Rentabilität von Produktinvestitionen auf.** Sie offenbaren auf diese Weise, inwieweit sich die Rentabilität der Herstellung und des Vertriebs bestimmter Erzeugnisarten durch eine gezielte Rationalisierung der Forschungs- und Entwicklungsaktivitäten steigern läßt. Insofern sind produktlebenszyklusorientierte Ergebnisrechnungen ein besonders bedeutsames Instrumentarium des auf die **frühen Phasen von Produktlebenszyklen abstellenden Kostenmanagements**. Unternehmen, die dieses Instrumentarium effektiv nutzen, erkennen, wie wichtig es ist, nicht allein durch eine entwicklungs- und konstruktionsbegleitende Kalkulation die Produktionskosten zu senken, sondern ebenso nachdrücklich und gezielt Maßnahmen einzuleiten, die die Kosten für die Forschungs- und Entwicklungsvorhaben auf das wirtschaftlich notwendige Maß begrenzen. Diesbezügliche Versäumnisse können häufig auch durch lange Produktlebenszyklen, große Produktionsvolumina und hohe Deckungsbeiträge aus der Produktion und Vermarktung nicht mehr ausgeglichen werden. Aus diesem Grund wird neben dem mittlerweile hinreichend mit geeigneten Informations- und Steuerungsinstrumenten versorgten Produktionscontrolling ein konzeptionell geschlossenes und methodisch gut abgesichertes Forschungs- und Entwicklungscontrolling immer wichtiger.

Literaturverzeichnis

Adam, Dietrich – Hering, Thomas: Kalkulation von Abwassergebühren, in: Zeitschrift für das öffentliche und gemeinwirtschaftliche Unternehmen, Band 18, 1995, H. 3, S. 259-276.

Adam, Dietrich: Grenzkostenrechnung, in: Handwörterbuch des Rechnungswesens (HWR), hrsg. von K. Chmielewicz und M. Schweitzer, 3. Aufl., Stuttgart 1993, Sp. 824-832.

Albien, Ernst - Heller, Wedo: Aufbau von Relativkosten-Katalogen für Norm- und Kaufteile, Werkstoffe und Halbzeuge, in: DIN-Mitteilungen, 59. Jg. (1980), Nr. 4, S. 229-240.

Arbeitskreis Internes Rechnungswesen der Schmalenbach-Gesellschaft – Deutsche Gesellschaft für Betriebswirtschaft: Interne Unternehmensrechnung: aufwandsorientiert oder kalkulatorisch?, hrsg. von Schweitzer, Marcell – Ziolkowski, Ulrich, in: Zeitschrift für betriebswirtschaftliche Forschung und Praxis, Sonderheft 42, Düsseldorf/Frankfurt am Main 1999.

Becker, Wolfgang: Stabilitätspolitik für Unternehmen, Zukunftssicherung durch integrierte Kosten- und Leistungsführerschaft, Bamberg 1995.

Berliner, Callie - Brimson, James A. (Hrsg.): Cost Management for Today's Advanced Manufacturing - The CAM-I Conceptual Design, Boston 1988.

Bierich, Marcus: Substanzerhaltungsrechnungen in der Praxis, in: Betriebswirtschaftliche Forschung und Praxis, 25 Jg. (1973), H. 10, S. 521-535.

Bönner, Udo: Die Kalkulation administrierter Preise unter dem Aspekt der Substanzerhaltung. Kostendeckende Erlöse der Elektrizitätsversorgungsunternehmen im Rahmen der Tarifgenehmigung, in: Zeitschrift für Energiewirtschaft, 16. Jg. (1992), H. 4, S. 229-258.

Bronner, Albert: Entwicklungs- und konstruktionsbegleitende Kalkulation, in: Kostenrechnungspraxis (krp), o. Jg., (1993), H. 6, S. 364-373.

Busch, Werner: Relativkostenkataloge, in: Kostenbewußtes Entwickeln und

Busch, Werner: Relativkostenkataloge, in: Kostenbewußtes Entwickeln und Konstruieren, hrsg. v. E. Gerhard u.a., Renningen-Malmsheim 1994, S. 253-280.

Busse von Colbe, Walther: Gutachten zur Bestimmung ausreichender Tarifanhebungen im Strompreis-Genehmigungsverfahren, Bochum 1987.

Busse von Colbe, Walther: Zur Anpassung der Rechnungslegungsnormen von Kapitalgesellschaften an internationale Normen, in: Betriebswirtschaftliche Forschung und Praxis, o. Jg. (1995), H. 4, S. 373-391.

Coenenberg, Adolf G.: Einheitlichkeit oder Differenzierung von internem und externem Rechnungswesen: Die Anforderungen der internen Steuerung, in: Der Betrieb, 48. Jg. (1995), H. 42, S. 2077-2083.

Coenenberg, Adolf Gerhard: Jahresabschluß und Jahresabschlußanalyse, 16. Auflage, Landsberg am Lech 1997.

Coenenberg, Adolf Gerhard: Kostenrechnung und Kostenanalyse, 4. Aufl., Landsberg am Lech 1999.

Cooper, Robin - Kaplan, Robert S.: Activity-Based Costing: Ressourcenmanagement at its best, in: Harvard manager (1991), H. 4, S. 87-94.

Cooper, Robin - Kaplan, Robert S.: Prozeßorientierte Systeme: Die Kosten der Ressourcennutzung messen, in: Kostenrechnungspraxis, Sonderheft 2/93 Prozeßkostenrechnung. Methodik, Anwendung und Softwaresysteme, S. 7-14.

Dellmann, Klaus - Franz, Klaus-Peter.: Neuere Entwicklungen im Kostenmanagement, Bern u.a. 1994.

Eberle, Peter - Heil, Hans-Günter: Relativkosten-Informationen für die Konstruktion, in: Handbuch Kostenrechnung, hrsg. v. W. Männel, Wiesbaden 1992, S. 782-790.

Ebert, Günter: Kosten- und Erlösrechnung, 4. Aufl., Wiesbaden 1987.

Ebisch, Hellmuth - Gottschalk, Joachim: Preise und Preisprüfungen bei öffentlichen Aufträgen, 6. Auflage, München 1994.

Ehrlenspiel, Klaus: Genauigkeit, Gültigkeit, Grenzen zur Aktualisierung der Erkenntnisse und Hilfsmittel zum kostengünstigen Konstruieren, in: Konstruktion, 32. Jg. (1980), H. 12, S. 487-492.

Ehrlenspiel, Klaus: Kostengünstig Konstruieren, Berlin u.a. 1985.

Ehrlenspiel, Klaus: Möglichkeiten zum Senken der Produktkosten - Erkenntnisse aus einer Auswertung von Wertanalysen, in: Konstruktion, 32. Jg. (1980), H. 5, S. 173-178.

Ehrlenspiel, Klaus: Produktkosten-Controlling und Simultaneous Engineering, in: Effektives und schlankes Controlling, hrsg. von P. Horváth, Stuttgart 1992, S. 289-308.

Eisele, Wolfgang: Technik des betrieblichen Rechnungswesens, 6. Aufl., München 1998.

Franz, Klaus-Peter: Ansatz kalkulatorischer Kosten, in: Handbuch Kostenrechnung, hrsg. von W. Männel, Wiesbaden 1992, S. 423-435.

Freidank, Carl-Christian: Kostenrechnung, 4. Aufl., München 1992.

Gabele, Eduard - Fischer, Philip: Kosten- und Erlösrechnung, München 1992.

Haberstock, Lothar: Grundzüge der Kosten- und Erfolgsrechnung, 3. Aufl., München 1982.

Hax, Herbert: Kostenbewertung mit Hilfe der mathematischen Programmierung, in: Zeitschrift für Betriebswirtschaft, 35. Jg. (1965), H. 4, S. 197-210.

Hax, Karl: Die Substanzerhaltung der Betriebe, Köln/Opladen 1957.

Heine, Peter: Direct-Costing, eine anglo-amerikanische Teilkostenrechnung, in: Zeitschrift für handelswissenschaftliche Forschung (ZfhF), (1958), S. 1 ff.

Henzel, Fritz: Die Zuschlagskalkulation in der Kritik, in: Zeitschrift für Betriebswirtschaft (ZfB), 33. Jg. (1963), S. 157-166.

Hoitsch, Hans-Jürgen: Kosten- und Erlösrechnung, 2. Auflage, Berlin u.a. 1997.

Horváth, Péter - Herter, Ronald: Benchmarking - Vergleich mit den Besten der Besten, in: Controlling 4. Jg. (1992), Heft 1, S. 4-11.

Horváth, Péter - Lamla, Joachim: Cost Benchmarking und Kaizen Costing, in: Handbuch Kosten- und Erfolgs-Controlling, hrsg. v. T. Reichmann, München 1995, S. 63-88.

Horváth, Péter - Mayer, Reinhold: Prozeßkostenrechnung - Konzeption und Entwicklungen, in: Kostenrechnungspraxis, Sonderheft 2/93 Prozeßkostenrechnung. Methodik, Anwendung und Softwaresysteme, S. 15-28.

Horváth, Péter - Niemand, Stefan - Wolbold, Markus: Target Costing - State of the Art, in: Target Costing, hrsg. v. P. Horváth, Stuttgart 1993, S. 1-27.

Hummel, Siegfried - Männel, Wolfgang: Kostenrechnung 1, 4. Aufl., Wiesbaden 1986.

Hummel, Siegfried - Männel, Wolfgang: Kostenrechnung 2, 3. Aufl., Wiesbaden 1983.

Jehle, Egon: Wertanalyse und Kostenmanagement, in: Handbuch Kosten- und Erfolgs-Controlling, hrsg. v. T. Reichmann, München 1995, S. 145-165.

Jost, Helmuth: Kosten- und Leistungsrechnung, 4. Aufl., Wiesbaden 1985).

Kern, Werner: Betriebswirtschaftliche Aspekte der Tarifgenehmigung, in: Probleme des § 12a BTO Elt, hrsg. v. P. Badura, Baden-Baden 1983, S. 63-76.

Kilger, Wolfgang: Einführung in die Kostenrechnung, 3. Aufl., Wiesbaden 1987.

Kilger, Wolfgang: Flexible Plankostenrechnung und Deckungsbeitragsrechnung, 10. Aufl., Wiesbaden 1993.

Kloock, Josef - Sieben,Günter - Schildbach, Thomas: Kosten- und Leistungsrechnung, 6. Aufl., Düsseldorf 1991.

Köhler, Richard: Die Prämissen der Vollkosten-Trägerrechnung, in: Neue Betriebswirtschaft, 17. Jg. (1964), H. 2, S. 43-47.

Küpper, Hans-Ulrich: Unternehmensplanung und -steuerung mit pagatorischen oder kalkulatorischen Erfolgsgrößen, in: Zeitschrift für betriebswirtschaftliche Forschung (ZfbF), Sonderheft 34/1995, S. 19-50.

Küting, Karl-Heinz – Weber, Claus-Peter: Handbuch der Rechnungslegung, 4. Aufl., Stuttgart 1995.

Laßmann, Gert: Stand und Weiterentwicklung des Internen Rechnungswesens, in: Festveranstaltung zur Abschiedsvorlesung von G. Laßmann am 14.06.1995, hrsg. v. der Fakultät für Wirtschaftswissenschaft, Institut für Unternehmensführung und Unternehmensforschung, Ruhr-Universität Bochum, Arbeitsbericht Nr. 59, Juli 1995.

Männel, Wolfgang: Abschreibungen und Zinsen, Lauf an der Pegnitz 1998a.

Männel, Wolfgang: Bedeutung der Erlösrechnung für die Ergebnisrechnung, in: Männel, Wolfgang (Hrsg.): Handbuch Kostenrechnung, Wiesbaden 1992, S. 631-655.

Männel, Wolfgang: Einführende Thesen zur Bedeutung der Prozeßkostenrechnung, in: Kostenrechnungspraxis (krp), Sonderheft 2/93 Prozeßkostenrechnung. Methodik, Anwendung und Softwaresysteme, S. 1-4.

Männel, Wolfgang: Integration des Rechnungswesens für ein durchgängiges Ergebniscontrolling, in: Kostenrechnungspraxis, 43. Jg. (1999), H. 1, S. 11-21.

Männel, Wolfgang: Kalkulatorische Abschreibungen, Zinsen, Gewinne und Substanzerhaltungsrücklagen in der Strompreiskalkulation, Lauf a.d. Pegnitz 1996.

Männel, Wolfgang: Kann die Vollkostenrechnung durch den Ausweis „gesonderter Fixkostenbeiträge" gerettet werden?, in: Zeitschrift für Betriebswirtschaft (ZfB), 37. Jg. (1967), S. 759-782.

Männel, Wolfgang: Kostenmanagement als Aufgabe der Unternehmensführung, in: Kostenrechnungspraxis (krp), o. Jg. (1993), Heft 4, S. 210-213.

Männel, Wolfgang: Kostenrechnung, Kostencontrolling und Kostenmanagement für Forschung und Entwicklung, in:Kostenrechnungspraxis, 37. Jg. (1993), H. 3, S. 165-170.

Männel, Wolfgang: Reorganisation des führungsorientierten Rechnungswesens durch Integration der Rechenkreise, in: Kostenrechnungspraxis (krp), 41. Jg. (1997), H. 1, S. 9-19.

Männel, Wolfgang: Zinsen im innerbetrieblichen Rechnungswesen, in: Kostenrechnungspraxis, 42. Jg. (1998b), H. 2, S. 83-96.

Mellerowicz, Konrad: Neuzeitliche Kalkulationsverfahren, Freiburg i. Br. 1966.

Michel, Rudolf - Torspecken, Hans-Dieter: Grundlagen der Kostenrechnung, 3. Auflage, München 1989.

Monden, Yasuhiro - Hamada, Kazuki: Target costing and kaizen costing in Japanese automobile companies, in: Journal of Management Accounting Research, 3. Jg. (1991), S. 16-34.

Olfert, Klaus: Kostenrechnung, 9. Auflage, Ludwigshafen 1994.

Pampel, Jochen R. - Viertelhaus, Mirja: Substanzerhaltung und kalkulatorische Abschreibung in der Praxis - Eine Auswertung von Verbandsempfehlungen, in: Kostenrechnungspraxis (krp), 41. Jg. (1997), Sonderheft 1, S. 14-23.

Plinke, Wulff: Industrielle Kostenrechnung, 2. Auflage, Berlin u.a. 1991.

Reichmann, Thomas: Kosten- und Erfolgs-Controlling - Neuere Entwicklungen in der Führungsunterstützung, in: Handbuch Kosten- und Erfolgs-Controlling, hrsg. von T. Reichmann, München 1995, S. 3-24.

Riebel, Paul: Deckungsbeitragsrechnung, in: Handwörterbuch des Rechnungswesens (HWR), hrsg. v. K. Chmielewicz u. M. Schweitzer, 3. Aufl., Stuttgart 1993, Sp. 364-379.

Riebel, Paul: Die Mängel der Vollkostenrechnung, in: Aufwand und Ertrag, Zeitschrift für Buchhaltungsfachleute, 10. Jg. (1964), H. 1, S. 5-9.

Riebel, Paul: Die Preiskalkulation auf Grundlage von Selbstkosten oder von relativen Einzelkosten und Deckungsbeiträgen, in: Zeitschrift für betriebswirtschaftliche Forschung (ZfbF), 16. Jg. (1964), S. 549-612.

Scherrer, Gerhard: Kostenrechnung, 2. Aufl., Stuttgart/New York 1991.

Schildbach, Thomas: Substanz- und Kapitalerhaltung, in: Handwörterbuch des Rechnungswesens (HWR). hrsg. von K. Chmielewicz und M. Schweitzer, 3. Aufl., Stuttgart 1993, Sp. 1188 - 1901.

Schneider, Dieter: Betriebswirtschaftslehre - Band II: Rechnungswesen, München 1994.

Schneider, Dieter: Entscheidungsrelevante fixe Kosten, Abschreibungen und Zinsen zur Substanzerhaltung, in: Der Betrieb, 49. Jg. (1984), H. 37, S. 2521-2528.

Schumacher, Peter: Scheingewinne durch Preissteigerungen beim abnutzbaren Sachanlagevermögen und Maßnahmen zur Verhinderung ihrer Ausschüttung, in: Betriebswirtschaftliche Forschung und Praxis (BfuP), 25. Jg. (1973), H. 10, S. 563-576.

Schweitzer, Marcell - Küpper, Hans-Ulrich: Systeme der Kosten- und Erlösrechnung, 6. Auflage, München 1995.

Schweitzer, Marcell - Troßmann, Ernst: Break-even-Analysen, Stuttgart 1986.

Seicht, Gerhard: Moderne Kosten- und Leistungsrechnung, 6. Aufl., Wien 1990.

Seidenschwarz, Werner: Target Costing: marktorientiertes Zielkostenmanagement, München 1993.

Sieben, Günter - Schildbach, Thomas: Substanzerhaltung und anteilige Fremdfinanzierung. Ein Beitrag zur Behandlung des Schuldenproblems in Jahresabschlüssen bei Geldentwertung, in: Betriebswirtschaftliche Forschung und Praxis (BfuP), 25. Jg. (1973), H. 10, S. 577-592.

Swoboda, Peter: Die Kostenbewertung in Kostenrechnungen, die der betrieblichen Preispolitik oder der staatlichen Preisfestsetzung dienen, in: Zeitschrift für betriebswirtschaftliche Forschung (ZfbF), 25. Jg. (1973), H. 4, S. 353-367.

Tanaka, Masayasu: Cost Planing and Control Systems in the Design Phase of a New Product, in: Japanese Management Accounting, hrsg. von Y. Monden und M. Sakurai, Cambridge/Norwalk 1989, S. 49-71.

Weber, Jürgen: Einführung in das Rechnungswesen II, Kostenrechnung, 4. Auflage, Stuttgart 1995.

Wenz, Edgar: Kosten- und Leistungsrechnung mit einer Einführung in die Kostentheorie, Herne/Berlin 1992.

Wildemann, Horst: Kosten- und Leistungsrechnung für präventive Qualitätssicherungssysteme, München 1994.

Zehbold, Cornelia: Lebenszykluskostenrechnung, Diss. Nürnberg 1995.

Ziegler, Hasso: Neuorientierung des internen Rechnungswesens für das Unternehmens-Controlling im Hause Siemens, in: Zeitschrift für betriebswirtschaftliche Forschung (ZfbF), 46. Jg. (1994), H. 2, S. 175-188.

Zimmermann, Gebhard: Unternehmenserhaltung, Kostenhöhe und Finanzstruktur, in: Kostenrechnungspraxis (krp), 41. Jg. (1997), Sonderheft 1, S. 25-33.